Presença da Literatura Brasileira

História e Antologia

O Museu Nacional de Belas Artes, criado em 1937, é o herdeiro oficial de parte do acervo da Academia Imperial de Belas Artes. Localizado no antigo prédio da Escola Nacional de Belas Artes, possui uma das mais representativas coleções da América Latina.

Nesses 60 anos a divulgação do acervo tem sido uma das metas institucionais. O lema tornou-se *divulgar para conhecer.*

Assim, com o Projeto "Arte na Capa", a BERTRAND BRASIL assume importante parceria com o MNBA na difusão e preservação de seu acervo.

Antonio Candido
J. Aderaldo Castello

Presença da Literatura Brasileira
História e Antologia

II. Modernismo

16ª edição

Copyright © 1996 *by* Antonio Candido e José Aderaldo Castello

Capa: projeto gráfico de Leonardo Carvalho, utilizando tela "Auto-Retrato", de Tarsila do Amaral, 1923, óleo s/tela, assinado, 73 x 60,5 cm, tombo 831 do Museu Nacional de Belas Artes.

Editoração eletrônica: Imagem Virtual, Nova Friburgo, RJ

2012
Impresso no Brasil
Printed in Brazil

CIP-Brasil. Catalogação na fonte
Sindicato Nacional dos Editores de Livros, RJ.

C223p 16ª ed. v.2	Candido, Antonio, 1918- Presença da literatura brasileira: história e crítica / Antonio Candido e J. Aderaldo Castello. – 16ª ed. – Rio de Janeiro: Bertrand Brasil, 2012. 446p. Conteúdo: v.1. Das origens ao realismo (8ª ed., 2001) – v.2 modernismo (11ª ed., 2001) Inclui bibliografia ISBN 978-85-286-0347-7 1. Literatura brasileira – História e crítica. 2. Antologias (Literatura brasileira). I. Castello, J. Aderaldo (José Aderaldo), 1921- . II. Título: Modernismo.
97-0034	CDD – 869.909 CDU – 869.0(81).09

Todos os direitos reservados pela
EDITORA BERTRAND BRASIL LTDA.
Rua Argentina, 171 – 2º andar – São Cristóvão
20921-380 – Rio de Janeiro – RJ
Tel.: (0XX21) 2585-2070 Fax: (0XX21) 2585-2087

Não é permitida a reprodução total ou parcial desta obra, por quaisquer meios, sem a prévia autorização por escrito da Editora.

Atendimento e venda direta ao leitor:
mdireto@record.com.br ou (21) 2585-2002

Sumário

Bibliografia 7

Modernismo 9

MANUEL BANDEIRA 38
GUILHERME DE ALMEIDA 65
OSWALD DE ANDRADE 76
MÁRIO DE ANDRADE 103
CECÍLIA MEIRELES 136
CASSIANO RICARDO 139
ANTÔNIO DE ALCÂNTARA MACHADO 152
CARLOS DRUMMOND DE ANDRADE 169
MURILO MENDES 203
JORGE DE LIMA 227
AUGUSTO FREDERICO SCHMIDT 258
JOSÉ AMÉRICO DE ALMEIDA 267
RACHEL DE QUEIROZ 279
JOSÉ LINS DO REGO 291
JORGE AMADO 320
GRACILIANO RAMOS 341
ÉRICO VERÍSSIMO 366
CORNÉLIO PENA 378
CYRO DOS ANJOS 394
VINÍCIUS DE MORAES 407
RUBEM BRAGA 418
GUIMARÃES ROSA 434

BIBLIOGRAFIA

AMADO, Jorge — "Apontamentos sobre o moderno romance brasileiro" in *Lanterna Verde*, Rio de Janeiro, nº 1, maio de 1934, págs. 48-51.

ANDRADE, Almir de — *Aspectos da Cultura Brasileira*, Rio de Janeiro, Schmidt, 1939.

ANDRADE, Mário de — *O Movimento Modernista*, Rio de Janeiro, Casa do Estudante do Brasil, 1942.

ANDRADE, Oswald de — *Ponta de Lança*, S. Paulo, Martins, s/d.

ARANHA, Graça — *Espírito Moderno*, S. Paulo, Monteiro Lobato, 1925.

BRITO, Mário da Silva — *História do Modernismo Brasileiro* — I — *Antecedentes da Semana de Arte Moderna*, S. Paulo, Saraiva, 1958.

IDEM — *Panorama da Poesia Brasileira* — vol. VI — *O Modernismo*, Rio de Janeiro, Civilização Brasileira, 1959.

CASTELLO, José Aderaldo — *Antologia do Ensaio Literário Paulista*, S. Paulo, Comissão de Literatura — C.E.C., 1960.

CAVALHEIRO, Edgar — *Evolução do Conto Brasileiro*, Rio de Janeiro, M.E.C. — Serviço de Documentação, 1954.

COELHO, Saldanha — *Modernismo*, Rio de Janeiro, Revista Branca, 1954.

DI CAVALCÂNTI, Emiliano — *Viagem da Minha Vida*, Rio de Janeiro, Civilização Brasileira, 1955.

FREYRE, Gilberto — *Interpretação do Brasil*, Rio de Janeiro, José Olympio, 1947.

IDEM — *Manifesto Regionalista*, Recife, Região, 1952.

HOURCADE, Pierre —*Tendências e Individualidades do Romance Brasileiro Contemporâneo*, Coimbra, Universidade de Coimbra, 1938.

LESSA, Luiz Carlos — *O Modernismo Brasileiro e a Língua Portuguesa*, Rio de Janeiro, Fundação Getúlio Vargas, 1966.

LIMA, Alceu Amoroso — *Quadro Sintético da Literatura Brasileira*, Rio de Janeiro, Agir, 1956.

MACHADO, Lourival Gomes — *Retrato da Arte Moderna do Brasil*, São Paulo, Departamento de Cultura, 1948.

MARTINS, Wilson —*A Literatura Brasileira* — vol. VI — *O Modernismo*, São Paulo, Cultrix, 1965.

MIGUEL-PEREIRA, Lúcia — *Cinqüenta Anos de Literatura*, Rio de Janeiro, M.E.C. — Serviço de Documentação, 1952.

MILLIET, Sérgio —*Panorama da Moderna Poesia Brasileira*, Rio de Janeiro, M.E.C. — Serviço de Documentação, 1932.

MURICY, José Cândido Andrade —*A Nova Literatura Brasileira*, Porto Alegre, Globo, 1936.

NIIST, John — *The Modernist Movement in Brazil, A literary study*, Austin and London, University of Texas Press, 1967.

PEREGRINO JÚNIOR — *O Movimento Modernista*, Rio de Janeiro, M.E.C. — Serviço de Documentação, 1954.

SILVEIRA, Tasso da — *Definição do Modernismo Brasileiro*, Rio de Janeiro, Forja, 1932.

VICTOR, Nestor — *Cartas à Gente Nova*, Rio de Janeiro, Anuário do Brasil, 1924.

MODERNISMO

Um movimento e o seu tempo

A denominação de Modernismo abrange, em nossa literatura, três fatos intimamente ligados: um movimento, *uma* estética *e um* período. *O movimento surgiu em São Paulo com a famosa Semana de Arte Moderna, em 1922, e se ramificou depois pelo País, tendo como finalidade principal superar a literatura vigente, formada pelos restos do Naturalismo, do Parnasianismo e do Simbolismo. Correspondeu a ele uma teoria estética, nem sempre claramente delineada, e muito menos unificada, mas que visava sobretudo a orientar e definir uma renovação, formulando em novos termos o conceito de literatura e de escritor. Estes fatos tiveram o seu momento mais dinâmico e agressivo até mais ou menos 1930, abrindo-se a partir daí uma nova etapa de maturação, cujo término se tem localizado cada vez mais no ano de 1945. Convém, portanto, considerar encerrada nesse ano a fase dinâmica do Modernismo.*

* * *

Uma simples inspeção dos números mostra que o Modernismo se vincula estreitamente a certas transformações da sociedade, determinadas em geral por fenômenos exteriores, que vêm repercutir aqui. 1922 é um ano simbólico do Brasil moderno, coincidindo com o Centenário da Independência. A Guerra Mundial de 1914-1918 influiu no crescimento da nossa indústria e no conjunto da economia, assim como nos costumes e nas relações políticas. Não apenas surge uma mentalidade renovadora na educação e nas artes, como se principia a questionar seriamente a legitimidade do sistema político, dominado pela oligarquia rural. Torna-se visível, principalmente nos estados do Sul, que dominam a vida econômica e política, a influência da grande leva de imigrantes, que forneceram mão-de-obra e quadros técnicos depois de 1890, trazendo elementos novos ao panorama material e espiritual.

Em 1922 irrompe a transformação literária, ocorre o primeiro dos levantes político-militares que acabariam por triunfar com a Revolução de Outubro de 1930, funda-se o Partido Comunista Brasileiro, etapa significativa da política de massas, que se esboçava e que avultaria cada vez mais.

Em 1930, segunda data-chave, sofríamos, como todo o mundo civilizado, os efeitos da grande crise econômica mundial, aberta em 1929, que motivou um decênio de depressão. Golpeando na base o nosso produto de exportação, o café, ela abalou a oligarquia dirigente, apoiada na economia rural, e permitiu a vitória dos liberais na Revolução de Outubro. Um grande sopro de esperança percorreu o País, criando um clima favorável para as renovações. A arte e a literatura modernas — antes postas à margem e consideradas capricho de alguns iconoclastas irresponsáveis — são agora reconhecidas como expressão legítima da nossa sensibilidade e da nossa mentalidade; ocorre uma intensa radicalização política, tanto para a esquerda quanto para a direita; e a comoção das velhas estruturas sociais favorece o desejo de descrever e esquadrinhar a realidade social e espiritual do País.

MODERNISMO

Esse vagalhão renovador não chega a ser quebrado pelo regime de força instaurado no fim de 1937, pois a Segunda Guerra Mundial, iniciada em 1939 e na qual entramos em 1942, atirou as melhores correntes da nação no campo democrático. A terceira data-chave, 1945, corresponde ao ano em que terminou o conflito. Como ocorrera no de 1914-1918, ele influiu decisivamente em nossa economia e mentalidade, fazendo-nos entrar na era industrial, formando um proletariado numeroso, que passou a exigir a sua participação na vida política, liquidando nas áreas adiantadas o mandonismo local. Ao voltarem as liberdades democráticas abafadas pelo regime ditatorial de 1937, inclusive as da imprensa, o País verificou, meio atônito, que tinha ingressado numa fase nova, de industrialização e progresso econômico-social acelerado, que nos vai agora transformando rapidamente em potência moderna, apesar dos graves e perigosos problemas do subdesenvolvimento.

Portanto, seja tomado como movimento renovador, seja como nova estética, seja como sinônimo da literatura dos últimos quarenta anos, o Modernismo revela, no seu ritmo histórico, uma adesão profunda aos problemas da nossa terra e da nossa história contemporânea. De fato, nenhum outro momento da literatura brasileira é tão vivo sob este aspecto; nenhum outro reflete com tamanha fidelidade, e ao mesmo tempo com tanta liberdade criadora, os movimentos da alma nacional.

Características estéticas

Os modernistas de 1922 nunca se consideraram componentes de uma escola, nem afirmaram ter postulados rigorosos em comum. O que os unificava era um grande desejo de expressão livre e a tendência para transmitir, sem os embeleza-

mentos tradicionais do academismo, a emoção pessoal e a realidade do País. Por isso, não se cansaram de afirmar (sobretudo Mário de Andrade) que a sua contribuição maior foi a liberdade de criação e expressão. "Cria o teu ritmo livremente", disse Ronald de Carvalho.

Este conceito é relativo, pois em arte não há originalidade absoluta. No Brasil, ele significou principalmente libertação dos modelos acadêmicos, que se haviam consolidado entre 1890 e 1920, segundo vimos. Em relação a eles, os modernistas afirmaram a sua libertação em vários rumos e setores: vocabulário, sintaxe, escolha dos temas, a própria maneira de ver o mundo.

Do ponto de vista estilístico, pregaram a rejeição dos padrões portugueses, buscando uma expressão mais coloquial, próxima do modo de falar brasileiro. Um renovador como Mário de Andrade começava os períodos pelo pronome oblíquo, adotava a função subjetiva do pronome se, *abandonava inteiramente a segunda pessoa do singular, acolhia expressões e palavras da linguagem corrente, procurava incorporar à escrita o ritmo da fala e consagrar literariamente o vocabulário usual. Em certos casos, chegou a imitar a sintaxe das línguas indígenas, com um sentido experimental que depois abandonou.*

Mesmo quando não procuraram subverter a gramática, os modernistas promoveram uma valorização diferente do léxico, paralela à renovação dos assuntos. O seu desejo principal foi o de serem atuais, exprimir a vida diária, dar estado de literatura aos fatos da civilização moderna. Neste sentido, não apenas celebraram a máquina, como os futuristas italianos, mas tomaram por temas as coisas quotidianas, descrevendo-as com palavras de todo dia, combatendo a literatura discursiva e pomposa, o estilo retórico e sonoro com que os seus ante-

cessores abordavam as coisas mais simples. Daí tenderem por vezes ao estilo epigramático, à concisão elíptica, visando justamente a corrigir esta orientação monumental. Um poema de Mário de Andrade se chama (verdadeiro desafio às convenções) "O poeta come amendoim". Replicando ao famoso verso de Gonzaga — "Eu tenho um coração maior que o mundo" —, Carlos Drummond de Andrade dirá: "Não, meu coração não é maior que o mundo. É muito menor".

Não espanta que, neste sentido, utilizassem como técnica e atitude de espírito a valorização do prosaico e do bom humor, que, em todas as suas gamas, lavou e purificou a atmosfera sobrecarregada pelos acadêmicos. Há no Modernismo uma extraordinária alegria criadora ("O claro riso dos modernos", escreveu Ronald de Carvalho), que invade todos os gêneros, atinge as alturas picarescas de Macunaíma, tempera a obra de Antônio de Alcântara Machado, é elevada por Oswald de Andrade a instrumento de análise e por todos manejada como arma de luta.

Esta atitude no fundo é um desejo de retificação, de desmascaramento e de pesquisa do essencial; a ela se prende o nacionalismo pitoresco, que os modernistas alimentaram de etnografia e folclore, rompendo o nacionalismo enfeitado dos predecessores. No índio, no mestiço, viram a força criadora do primitivo; no primitivo, a capacidade de inspirar a transformação da nossa sensibilidade, desvirtuada em literatura pela obsessão da moda européia.

Doutra parte, dedicaram carinho especial a tudo que indicasse a presença da civilização industrial: a máquina, a metrópole mecanizada, o cinema, a vida excitante de uma sociedade que liquidava os seus resquícios patriarcais e adotava rapidamente os novos ritmos da vida contemporânea. Na análise psicológica, no lirismo, aprofundaram-se com um senso do que *há no homem de infantil, mas também de complicado, retorcido, utilizando as sugestões da psicanálise, do surrealismo e da antropologia.*

Grupos e tendências

A Semana de Arte Moderna, realizada em fevereiro de 1922, teve sinais precursores, que a partir de 1920 se tornam cada vez mais conscientes e planejados. Em 1917, a exposição de quadros de Anita Malfatti, em São Paulo, deu lugar a uma primeira divisão virtual entre os partidários da arte nova e os conservadores, estes representados violentamente por Monteiro Lobato. De 1916 é a primeira redação das Memórias Sentimentais de João Miramar, *de Oswald de Andrade, que as aproximará cada vez mais de um estilo experimental, em sucessivas versões. Em 1920, tanto ele quanto Menotti del Picchia abrem nos jornais a campanha renovadora, que encontra o seu poeta em Mário de Andrade, cuja* Paulicéia Desvairada *foi composta naquele ano, incluindo "Prefácio Interessantíssimo", equivalente a um primeiro manifesto estético. Nem se esqueça que Manuel Bandeira, no Rio, imprimira a muitos dos seus poemas um cunho nitidamente renovador, pelo verso livre e pela deliberada atitude antiparnasiana. De 1921 são os* Epigramas Irônicos e Sentimentais *(publicados em 1922), com que Ronald de Carvalho, consagrado por dois livros de inspiração parnasiana, buscava uma expressão nova. No fim daquele ano, os jovens de São Paulo planejam a Semana de Arte Moderna e aliciam como líder ostensivo um escritor ilustre, Graça Aranha, que entrou sem saber ao certo do que se tratava e logo, entusiasmado, procurou inclusive formular uma filosofia para o movimento.*

A Semana teve a participação de escritores do Rio e foi preparada com a colaboração de intelectuais conservadores, que se desligaram quando os jovens a lançaram na franca rebelião estética. Constou de exposição de quadros e esculturas, concertos, recitais e conferências, provocando da parte da opinião dominante uma reação violenta, que foi à vaia e ao tumulto. Os jovens capitalizaram bem este aspecto combativo, que serviu, senão para estruturá-los, certamente para os demarcar no panorama literário como representantes de uma nova estética.

Eram todos residentes em São Paulo e Rio de Janeiro, alguns já conhecidos por obra anterior, de inspiração pós-parnasiana ou pós-simbolista, como Manuel Bandeira, Guilherme de Almeida, Menotti del Picchia, Ronald de Carvalho, Ribeiro Couto. Outros, como Mário de Andrade e Oswald de Andrade, vinham escrevendo artigos e esboçando obras inconformadas, sem enquadramento nas tendências dominantes, mas sem rumo certo. Finalmente, alguns mais moços se revelavam como estreantes de espírito moderno: Luís Aranha Pereira, Sérgio Milliet, Rubens Borba de Moraes, Sérgio Buarque de Holanda, Prudente de Moraes, neto, Antônio Carlos Couto de Barros. Juntem-se a estes os nomes dos pintores Anita Malfatti, Tarsila do Amaral, Emiliano di Cavalcanti, Vicente do Rego Monteiro; do escultor Victor Brecheret; do compositor Heitor Villa-Lobos. É preciso ainda lembrar o historiador Paulo Prado, de espírito muito aberto, que apresentou em 1924 o movimento Pau-Brasil *e exerceu, desde 1922, uma espécie de patronato amistoso sobre os jovens de São Paulo.*

Nesta cidade, o movimento assumiu traços radicais sob o aspecto estético e agressivos sob o aspecto polêmico. O panorama, aliás, era menos rico e mais simples, como ocorre na província: de um lado, uma literatura oficial de pouca importância; de outro, os renovadores. No Rio, a vida cultural era diversificada, havia uma tradição que pesava e era representada por gente de valor, sendo ainda capaz de inspirar os mais moços. Daí muitos modernistas terem produzido obra esteticamente de compromisso, como Ronald de Carvalho ou Ribeiro Couto (que viveu ou conviveu no Rio de Janeiro, 1919 a 1924), aos quais se junta por muitas afinidades Guilherme de Almeida, que lá morou nos anos decisivos de 1923 a 1925. Daí, também, muitos moços terem podido exprimir-se com certa liberdade à margem do Modernismo, como o grupo que em 1924 fundou a revista Pan *(José Geraldo Vieira, Carlos da Veiga Lima, José Vieira, Aníbal Machado) ou os de inspiração simbolista, alguns dos quais colaboraram na revista luso-brasileira* Terra de Sol *(1924-1925) e depois, em 1927, publicariam* Festa *(Andrade Muricy, Tasso da Silveira, Murilo Araújo, Adelino Magalhães, Cecília Meireles).*

Nos modernistas militantes, o tom deliberadamente combativo serviu de propaganda, sobretudo junto aos moços, que foram acorrendo como quem encontra ambiente favorável ao ardor da juventude, e que em alguns outros lugares do País vinham desejando a renovação. Surgiram, assim, modernistas ou grupos modernistas em Minas Gerais (Carlos Drummond de Andrade, Emílio Moura, Abgar Renault, João Alphonsus, Guilhermino César, Martins de Almeida e outros); no Rio Grande do Sul (Augusto Meyer, Telmo Vergara, Rui Cirne de Lima, Raul Bopp); no Norte (Jorge de Lima em Alagoas, Ascenço Ferreira e Joaquim Inojosa em Pernambuco, Luís da Câmara Cascudo no Rio Grande do Norte, José Américo de Almeida na Paraíba). No Rio e em São Paulo, escritores de outra orientação, ou escritores nascendo para a vida literária, foram aderindo entre 1922 e 1924 —, como Agripino Grieco, Alceu

Amoroso Lima, Plínio Salgado, Cassiano Ricardo, Cândido Mota Filho.

Cabe ainda ressaltar a formação do grupo do Recife, sob a inspiração de Gilberto Freyre, um dos promotores do Primeiro Congresso de Regionalistas do Nordeste, naquela cidade, em 1926. À parte a controvérsia sobre a divulgação nesta data ou posterior a ela de um "manifesto regionalista", destaca-se no ano anterior a publicação comemorativa — Centenário do Diário de Pernambuco, demonstrando preocupações, à semelhança do suposto manifesto, com o que deveria ser a pintura, a escultura, o aproveitamento do folclore e da experiência pessoal de cada artista e escritor, tudo visando ao reconhecimento e revisão de valores e problemas humanos e sociais da região. Acentua-se a diversidade regional para a melhor compreensão da unidade nacional. Nessa atitude, há quem pretenda ver certa resistência às posições derivadas da Semana de Arte Moderna, sem que houvesse propriamente divergências substanciais. José Lins do Rego, que avulta aqui de maneira dominante, com seus artigos e pequenos ensaios, mas sobretudo com sua obra de romancista, exemplifica muito bem essas divergências, conforme o trecho de seu ensaio sobre Jorge de Lima, transcrito nesta antologia. É certo que contaminou outras figuras de poetas, romancistas e artistas, de alguma maneira direta ou indiretamente ligados àqueles pronunciamentos de 1926.

Em torno de tais escritores do Sul e do Norte e mais alguns, se processou o movimento renovador na sua fase de combate e definição, que constitui o Modernismo propriamente dito e vai mais ou menos até 1930. Uma data importante para a sua divulgação foi a tentativa que fez Graça Aranha, em 1924, de impô-la aos seus confrades da Academia Brasileira, numa sessão tumultuosa, em que Coelho Neto liderou a opinião conservadora dominante. Graça Aranha retirou-se para sempre da agremiação e o movimento ganhou eco nacional, inclusive pelas caçoadas de que ficou sendo alvo. Em 1925, Guilherme de Almeida planejou e realizou apenas em parte uma larga viagem de propaganda, tendo feito conferências no Rio Grande do Sul, em Pernambuco e no Ceará.

Nesse agitado decênio, quando era preocupação de uma minoria ínfima, ao lado da literatura oficial aparentemente inabalada, o movimento modernista se caracterizou por certa variedade de manifestações que tentavam, cada uma, defini-lo com mais pureza, ocasionando disputas, cisões, tomadas de posição, num longo e fecundo esforço de consciência estética, espelhado nas revistas e nos movimentos parciais.

Passados os instantes iniciais da luta — além de certa dissidência entre os elementos estritamente fiéis a Graça Aranha e os demais que formavam a maioria, não adotando sua filosofia vitalista nem reconhecendo sua liderança — apareceram, em 1924, os primeiros agrupamentos configurados. Contudo, a primeira revista renovadora Klaxon, *de São Paulo, foi fundada em 1922 e durou nove números, até 1923. No ano seguinte surge na mesma cidade o movimento* Pau-Brasil, *capitaneado por Oswald de Andrade, com Tarsila do Amaral e Paulo Prado. Era uma tomada de posição primitivista, à busca de uma poesia construída ingenuamente, de descoberta do mundo, da terra brasileira e da sensibilidade individual. Os seus produtos principais foram os dois livros de poesia e o manifesto de Oswald de Andrade, e em reação surgiu no mesmo ano outro movimento, o* Verde-Amarelo, *que opôs ao primitivismo o nacionalismo, achando que aquele era, no fundo, uma atitude de inspiração francesa. Este movimento se prolongou em 1926 no* da Anta, *com os mesmos pontos de vista, reforçados agora por uma orientação política mais ou menos definida, que, depois de 1930, tenderia para a direita, com a maioria dos seus parti-*

cipantes. *Os mais destacados dentre eles foram: Menotti del Picchia, Cassiano Ricardo, Plínio Salgado, Cândido Mota Filho, Alfredo Ellis Júnior, que editavam os seus livros em empresa própria, a Editorial Hélios, trazendo as cores nacionais na capa.*

No Rio, surgira em 1924 a revista Estética, *de Sérgio Buarque de Holanda e Prudente de Moraes, neto, publicando três números até 1925. O grupo de Belo Horizonte publica de 1925 a 1926* A Revista *(três números, também), e deste último ano até 1927 aparece no Rio a 2ª fase da* Revista do Brasil, *sob a direção de Rodrigo Melo Franco de Andrade. Em 1925 o grupo do Rio Grande do Sul lança* Madrugada; *em 1926 aparece em São Paulo* Terra Roxa e Outras Terras, *com Oswald de Andrade, Antônio de Alcântara Machado, Rubens Borba de Moraes etc. Do mesmo tempo é* Verde, *de Cataguazes (Minas), editada por um grupo de escritores muito jovens (Rosário Fusco, Ascânio Lopes, Francisco Inácio Peixoto, Enrique de Resende, Guilhermino César).*

Do primitivismo de Pau-Brasil, *saiu em 1927 o movimento* Antropófago, *chefiado por Oswald de Andrade, com Tarsila do Amaral, Raul Bopp, Antônio de Alcântara Machado e outros. A posição anterior é aí requintada em sentido mitológico e simbólico mais amplo, com uma verdadeira filosofia embrionária da cultura. Oswald propugnava uma atitude brasileira de devoração ritual dos valores europeus, a fim de superar a civilização patriarcal e capitalista, com as suas normas rígidas no plano social e os seus recalques impostos, no plano psicológico. O órgão do movimento foi a* Revista de Antropofagia *(1928-1929), que depois de ter sido publicação independente se tornou uma página do* Diário de São Paulo, *abrigando a colaboração de todas as correntes internas do Modernismo.*

No mesmo ano de 1928, marcando um divisor de águas, surge no Rio a já mencionada Festa, *com o desejo de superar o movimento a que seus fundadores nunca haviam em verdade aderido, mantendo-se em relação a ele como um agrupamento paralelo, de convicções espiritualistas e inspiração simbolista. Propugnavam uma orientação moderna sem radicalismo, o abandono do pitoresco e o cultivo dos temas e valores universais, atitude semelhante à que tomara simultaneamente um isolado, Augusto Frederico Schmidt, cuja influência se exerceria nos anos seguintes.*

Este panorama rápido mostra que o Modernismo, como movimento, avultou em São Paulo e no Rio, com um vivo prolongamento em Minas e apreciável ressonância polêmica no Nordeste. Noutras partes, adesões e publicações não chegaram a compor um quadro da mesma diversidade e importância.

A data simbólica de 1930 assinala uma etapa relevante e marca o início de outros rumos, sobretudo na prosa. A renovação começa a parecer menos um movimento do que uma transformação, destinada a predominar no estilo da literatura brasileira. Até então, a literatura oficial era aceita sem hesitações pela opinião pública. Ela se encarnava na Academia Brasileira de Letras e prolongava, com matizes vários de transformação, o Naturalismo, o Parnasianismo e o Simbolismo; ao seu lado, os modernistas faziam figura de rebeldes excêntricos: eram os "futuristas". A partir de 1930, com brusca rapidez, as orientações modernistas vão-se generalizando, impondo-se como legítimas, transformando-se em padrões que enquadram a criação.

Isto coincide com certos fenômenos internos do Modernismo e com outras manifestações novas, que vêm juntar-se à sua ação, embora freqüentemente sem terem sido causadas por eles. No interior do movimento, há uma espécie de eclosão das ten-

dências de equilíbrio, que se vinham processando desde 1925 e representam uma busca de estabilidade. No exterior do movimento, há as já referidas oposições críticas dos espiritualistas, que serão ampliadas e, em alguns casos, incorporadas por poetas modernistas mais jovens. Há, no campo da prosa, a entrada na cena literária dos regionalistas nordestinos, e um surto geral de ficção renovada por todo o País. Desses prosadores, alguns representam uma espécie de modernização do Naturalismo; outros enriquecem o romance com preocupações psicológicas e sociais; quase todos aspiram a uma expressão vigorosa e simples, a um estilo liberto do academismo, e por aí coincidem com a atitude dos modernistas. Neste sentido, mesmo quando não provêm da sua doutrinação beneficiam-se dela, ao aproveitarem a limpeza de horizontes que ela trouxe e impôs.

A poesia

O Modernismo levou muito mais longe do que o Romantismo a subversão dos gêneros literários. Antes de mais nada, houve uma espécie de permuta: a poesia aproximou-se do ritmo, do vocabulário, dos temas da prosa; a prosa de ficção adotou resolutamente processos de elaboração da poesia, como é notório na fase dinâmica de 1922-1930. Com a estabilização posterior a esta última data, houve uma retomada parcial de posições, sem todavia tratar-se de regresso, pois as conquistas do Modernismo foram definitivas, embora nem sempre tenham durado as suas técnicas e posições extremadas.

Na poesia, nota-se desde logo um abandono das formas poéticas consagradas, que haviam sido cristalizadas pelo Parnasianismo. Há uma espécie de extravasamento geral de lirismo em formas livres, sob as quais não reconhecemos mais as *estruturas tradicionais, a não ser quando o poeta, intencionalmente, as pratica em sentido quase humorístico, ou com qualquer outra intenção, como é o caso da "Louvação da Tarde", de Mário de Andrade, composta em decassílabos brancos de grande beleza, ordenados numa meditação de nítido corte pré-romântico transposta para o estilo coloquial.*

A caracterização geral da poesia moderna, feita por um crítico inglês, pode ser utilizada para definir a que foi defendida e praticada pelos modernistas brasileiros: simultaneidade, condensação, imagens vívidas e fusão de elementos diversos. Era o que preconizava mais ou menos Mário de Andrade no livro em que procurou defini-la: A Escrava que não é Isaura, *escrito em 1922 e publicado em 1925. Dentro dos quadros estéticos e polêmicos já expostos, os poetas do Modernismo procuraram criar segundo estes princípios, motivando uma revolução profunda em nossa poesia. Como instrumento, adotaram antes de mais nada o verso livre, que predomina em toda a literatura desta fase, e cuja extrema flexibilidade permite um registro sensível da realidade interior e exterior, ampliando as possibilidades expressivas. Mas, ao suprimir as normas fixas do verso, os poetas assumiam uma grave responsabilidade, já que em arte a liberdade é quase sempre mais difícil do que a utilização das receitas. Por isso, o seu uso deu lugar em muitos casos à falsa poesia, ao pseudoverso, enquanto os poetas verdadeiros souberam, por meio dele, revolucionar e fecundar a poética tradicional.*

O verso livre não tem número determinado de sílabas e obedece à necessidade interior do poeta. O seu limite é a capacidade respiratória normal, combinada à expressão completa de um conceito, tendo como lei o ritmo adequado e variável à vontade. Não sendo metrificado, é essencialmente rítmico, isto é, obedece à ondulação devida à alternância de sons e acentos.

Não deve ser confundido com os versos polimétricos, a que já fizemos alusão noutra parte, e que não passam de combinações de versos de vários metros. Os modernistas usaram desde o verso livre marcadamente ritmado, dotado de harmonia e melodia, até o verso livre prosaico, isto é, quase se confundindo com o ritmo da prosa, para mostrar que a poesia está na essência do que é dito e na sugestão, ou no choque das palavras escolhidas, não nos recursos formais. O verso livre de Augusto Frederico Schmidt, por exemplo, é cantante, amplo, podendo ser facilmente aceito por um ouvido habituado à versificação tradicional. Já o de Oswald de Andrade é sincopado, duro, sem melodia, correspondendo ao movimento do tema e ao desejo de ferir o hábito.

>Olho a morta. E lembro a sua maldade livre
>Lembro a sua beleza desigual e ágil
>Lembro o perfume de jasmim de uma noite
>Em que eu a quis tomar nos braços e me contive.
>
>(Schmidt, "Morte da Índia")

>A Verônica estende os braços
>E canta
>O pálio parou
>Todos escutam
>A voz da noite
>Cheia de ladeiras acesas.
>
>(Oswald de Andrade, "Procissão do enterro")

É preciso considerar, para compreender a natureza e a eficácia do verso livre modernista, que ele corresponde a uma alteração profunda da música contemporânea, ao impressionismo musical, ao atonalismo, ao uso sistemático da dissonância, à divulgação do jazz, à dodecafonia.

Com este poderoso instrumento, os modernistas procederam à utilização dos princípios renovadores, como a pesquisa do subconsciente, a associação livre de idéias, a combinação de noções e sentimentos contrastantes, criando muitas vezes obscuridade para o leitor. Mais acessível, embora igualmente agressivo para a sensibilidade tradicional, foi o registro seco do quotidiano, com toda a sua variedade, em arrepio às normas tradicionais, que mandavam selecionar os temas poéticos. Daí a predileção dos modernistas pelo que se poderia chamar de "momento poético", isto é, a notação rápida de um instante emocional ou de um aspecto do mundo. Nós a vemos, por exemplo, nos Epigramas Irônicos e Sentimentais, *de Ronald de Carvalho (1922); em* Pau-Brasil, *de Oswald de Andrade (1925); no* Losango Cáqui, *de Mário de Andrade (1926). Manuel Bandeira será, em toda a sua obra, um mestre incomparável deste processo, que encontrará expressão quase acadêmica nos haikais de Guilherme de Almeida, já no decênio de 30.*

Este gosto pela poesia condensada, aliada ao desejo de irreverência como arma polêmica e à alegria autêntica de um movimento jovem, explicam o "poema-piada", de que foi mestre Oswald de Andrade.

É preciso assinalar que o humorismo não era considerado elemento aceitável pela poesia "séria" tradicional. Uma das grandes conquistas dos modernos foi introduzi-lo, sob a forma de ironia ou de paradoxo, utilizando-o como instrumento de análise moral, aprofundamento das emoções e senso da complexidade do homem e do mundo. Dirá Carlos Drummond de Andrade, num poema da maior seriedade, feito de patético e lucidez:

MODERNISMO 25

Dentaduras duplas!
Inda não sou bem velho
para merecer-vos...
Há que contentar-me
com uma ponte·móvel
e esparsas coroas.

Na verdade, excluídos os aspectos malabarísticos e os poemas para escandalizar a opinião conservadora, o Modernismo se caracteriza por um fervor excepcional no considerar a alma e o mundo; uma sinceridade que anima inclusive os versos pitorescos. Esta marca se iria acentuando no decorrer dos anos do decênio de 1920, sendo visível a passagem de Mário de Andrade, por exemplo, de uma poesia "de guerra" e de descoberta para uma poesia de pesquisa moral e refinamento estilístico, a partir de 1924 e 1925, nos versos que foram reunidos em 1930 no livro Remate de Males.

Pela altura de 1928, começam as reações mais vigorosas contra os aspectos contingentes do Modernismo, da parte do grupo de Festa *e de Augusto Frederico Schmidt. Os seus pontos de vista teriam desenvolvimento maior depois de 1930, inclusive na verdadeira campanha crítica de Otávio de Faria. Mas o fato é que aqueles aspectos circunstanciais nunca foram obstáculo, nos grandes poetas do movimento de 1922, à seriedade, ao senso dos valores e dos problemas universais, como se vê no amadurecimento da sua obra entre 1925 e 1935. Antes de 1930, pois, já o Modernismo buscava o equilíbrio entre poesia de luta e poesia permanente, tendo a capacidade de encontrá-la nos refolhos do quotidiano e do pitoresco, com o instrumento de um humorismo superior, por vezes condição para o mais alto patético. O decênio de 30 será marcado por esta nota de seriedade extrema, cujos aspectos decisivos ocorrem numa obra como a de Murilo Mendes, que transita livremente entre o cômico e o dramático, o quotidiano e o metafísico, à maneira dos barrocos, numa larga oscilação do real ao super-real.*

Na poesia o ano de 1930 é impressionante. Nele aparecem: Remate de Males, *o livro em que Mário de Andrade reúne os versos escritos depois de 1924, superando a fase anterior pela pesquisa lírica em profundidade;* Libertinagem, *reunindo a produção de Manuel Bandeira, posterior, também, a 1924, e representando a fase máxima da sua experimentação;* Alguma Poesia, *com que Carlos Drummond de Andrade estréia em volume, e que enfeixa os versos compostos desde 1925;* Poemas, *o primeiro livro de Murilo Mendes, com poesias do mesmo período, denotando um modernismo que vai desde a piada à Oswald de Andrade até a um aproveitamento original do surrealismo.*

Esta admirável safra lírica marca um divisor de águas, para cada um dos seus autores e para a poesia brasileira. São a flor suprema da fase de guerra do Modernismo, a sua expressão mais madura e mais fecunda, depois da qual virão os frutos de um decênio excepcionalmente rico para aqueles autores, para outros poetas (neles inspirados, ou divergentes em relação a eles), para toda a nossa poesia. Ainda de 1930 é o primeiro grande livro de Augusto Frederico Schmidt, Pássaro Cego, *representando um rumo novo: o da poesia anticontingente, anti-humorística, voltada para a inquietação metafísica, baseada em ritmos largos e solenes, os quais teriam grande voga até 1945, e seriam praticados, não por influência de Schmidt, mas como manifestações paralelas, por temperamentos tão diferentes quanto os de Murilo Mendes, Jorge de Lima e mesmo Emílio Moura, assim como por grande número de estreantes, dos quais se destaca Vinícius de Moraes, a partir de 1938 já poeta maduro e pessoal. Todo este grupo tinha um poderoso traço comum, que unia por sobre as diferenças: o catolicismo, ao qual vêm ter Murilo Mendes e Jorge de Lima a partir de 1934. Excetuado Vinícius de Moraes, o panorama poético do decênio de 1930 é formado essencialmente por escritores que vieram da etapa anterior. Alguns, é verdade, não ultrapassaram a fase heróica, como Raul Bopp, que ficou sendo o autor de* Cobra Norato, *obra telúrica e mitológica admirável, mas sem continuação; ou Oswald de Andrade, que, salvo um poema excelente do decênio de 1940, ficou na fase experimental dos seus dois livros de 1924 e 1925. Os outros, porém, vieram desdobrando-se e renovando-se, para realizarem as suas obras-primas nesta fase. É preciso sublinhar, sob tal aspecto, a depuração admirável com que Manuel Bandeira veio chegando à simplicidade e à universalidade de um clássico modernista; a intensificação de análise poética, com que Mário de Andrade obteve a síntese da sua inquieta variedade; a ascensão de Jorge de Lima, da poesia pitoresca à poesia religiosa, desta ao mais fecundo hermetismo criador; a descoberta da poesia social por Carlos Drummond de Andrade, e a solução que obteve entre o drama do indivíduo e o seu sentimento do outro, seja na visão política, seja na tradição grupal, seja na composição pelo amor; as etapas diversificadas de Murilo Mendes, do supra-real incrustado no quotidiano, da subversão do mundo pelo espírito, ao despojamento seco e preciso.*

Em todos estes caminhos (ladeados por outros, numa etapa riquíssima em que avultam Cecília Meireles, um Cassiano Ricardo renovado, Emílio Moura, Henriqueta Lisboa, Joaquim Cardoso, Dante Milano, Mário Quintana, Augusto Meyer), observa-se o incessante enriquecimento formal. Ao lado do verso livre, voltam formas regulares, estrofes de redondilhas, baladas, sonetos brancos e rimados, novos jogos com o decassílabo, mostrando que o Modernismo suspendera mas não abolira as formas tradicionais, possibilitando a sua volta quando foi possível reinterpretá-las com ouvido e espírito novos.

A prosa

Na fase combativa do Modernismo, a prosa não teve o realce da poesia, mas sofreu uma transformação de igual significado, seja na ficção, seja no gênero muito importante dos escritos polêmicos e ensaísticos, que procuravam definir e defender o movimento. Em ambos os casos, assumiu feições novas. Fez-se em períodos curtos, densa, não raro elíptica, pesada de imagens, que compensavam a parcimônia da frase pela tensão expressiva de cada palavra. É o que se vê nas experiências decisivas de Oswald de Andrade: os artigos, os manifestos, sobretudo o romance Memórias Sentimentais de João Miramar *(1924), em que a realidade é trabalhada por meio de recursos poéticos, com apelo à sugestão, à alusão, à metáfora e ao trocadilho. Estes processos se aliavam a uma espécie de estética do fragmentário, com espaços brancos na composição tipográfica e na própria seqüência do discurso, procurando dividir a realidade em blocos sugestivos, cuja unificação é feita no espírito do leitor, dispensando a rigorosa concatenação lógica.*

Oswald de Andrade foi uma das grandes influências do momento, sobretudo na técnica de exposição, repercutindo no Antônio de Alcântara Machado de Pathé Baby *(1926), de* Brás, Bexiga e Barra Funda *(1927), de* Laranja da China *(1928); n'*O Estrangeiro, *de Plínio Salgado (1926), o romance social mais interessante do decênio; na própria* Bagaceira, *de José Américo de Almeida (1928), que é uma tentativa de aplicar o estilo renovado às tendências regionalistas do Nordeste.*

*É curioso observar que muitas vezes esta técnica descarnada, tendendo à elipse e ao hiato da composição, se associou a uma linguagem "decadente", lembrando a retórica dannunziana do início do século, como em alguns livros do próprio Oswald (*Os Condenados*, 1922;* A Estrela de Absinto, *1927), ou na ficção de Menotti del Picchia.*

A experiência de Mário de Andrade (outra grande matriz de renovação) se processou em sentido algo diverso, visando sobretudo à experiência léxica e sintática, com forte apoio na fala coloquial, caso do romance Amar, Verbo Intransitivo *(1927), dos contos de* Primeiro Andar *(1925) e de* Belazarte *(escritos de 1924 a 1926, publicados em livro em 1934). À prosa de ensaio, Mário levou a mesma liberdade, contribuindo para quebrar a solenidade e fazer dela um instrumento flexível e vivo, aproximando o leitor do autor, o que foi, de modo geral, uma conquista definitiva dos modernos. Quando penetrou nos domínios da lenda, em* Macunaíma *(1928), acentuou tanto os elementos poéticos quanto as liberdades de vocabulário, tentando inclusive, como ficou dito, incorporar certos torneios das línguas indígenas. Mesmo quando não foi até às ousadias experimentais, a prosa modernista, por entre amaneiramentos e exageros, conseguiu desfazer o corte lusitano do nosso estilo literário médio e nacionalizar o modo de escrever, muito mais radicalmente do que havia sido tentado antes.*

O decênio de 1930 teve como característica própria um grande surto do romance, tão brilhante quanto o que se verificou entre 1880 e 1910, e que apenas em pequena parte dependeu da estética modernista. Mas sem ela, e sobretudo sem o movimento que lhe correspondeu, os novos romancistas não teriam tido provavelmente a oportunidade de se exprimirem e serem aceitos, desde logo, com o maior entusiasmo.

O primeiro grupo a ser mencionado está preso ao ambiente do Rio de Janeiro e se alimentou da já referida atualização sem radicalismo, que permitiu aproveitar muitas lições do passado, com espírito novo. Nele podemos situar, ao lado de um veterano como Gastão Cruls, os nomes de Barreto Filho, Enéias Ferraz, José Vieira, Mário Peixoto, Lúcia Miguel-Pereira e, mais importantes, José Geraldo Vieira, Marques Rebelo, Cornélio Pena e Otávio de Faria. São escritores extremamente civilizados, situados numa posição moderna, aproveitando a tradição de análise psicológica e social herdada do século XIX, alguns deles com nítida inquietação metafísica e o senso dramático dos problemas do homem. Além do mais, mantêm no estilo um corte de equilíbrio e certa fidelidade aos padrões de apuro lingüístico (salvo Otávio de Faria), o que reforça a idéia de que são atuais sem revolução.

A este tipo de ficção se ligam vários escritores de outras partes, sobretudo mineiros, como Cyro dos Anjos, enquanto Guilhermino César e Lúcio Cardoso aderem à linha social, esteticamente falando mais irregular. Aliás, o segundo passaria, na fase mais significativa de sua obra, para o romance de ressonâncias poéticas e metafísicas, aproximando-se do tipo carioca acima apontado. Bem mais ligados à maneira dos modernistas seriam João Alphonsus e Aníbal Machado.

O panorama do Rio Grande do Sul é bastante rico, desde o regionalismo (Darci Azambuja, Ciro Martins) até à investigação psicológica (Dionélio Machado), passando por escritores muito hábeis na recriação do quotidiano numa tonalidade entre poética e prosaica: Telmo Vergara, Ernâni Fornari e, mais importante do que todos os outros, Érico Veríssimo.

Marcado pelo Modernismo é o alagoano Jorge de Lima,

que escreveu alguns romances de intensa poesia com estrutura acentuadamente simbólica, tendo produzido n'O Anjo *a obra mais importante da nossa ficção de influência surrealista.*

O traço atuante do momento foi, todavia, o advento do chamado romance nordestino, que correspondeu como nenhum outro às aspirações de liberdade temática, atenção ao concreto e vigor estilístico, que então predominavam pelo efeito combinado das transformações políticas e da doutrinação modernista. Não se trata propriamente de um movimento ou de um grupo: no Norte do País não os houve, então, com a importância e a amplitude verificadas no Sul.

A ficção regionalista nordestina, cujas raízes sobem a Franklin Távora, passando por Rodolfo Teófilo e Domingos Olímpio, entra numa fase nova em 1928 com A Bagaceira, *de José Américo de Almeida, cujo intróito é uma espécie de manifesto. Em 1930 aparece e tem grande êxito* O Quinze, *de Rachel de Queiroz. Ambos possuíam um cunho regional e social, voltando-se para problemas como a condição e os costumes do trabalhador rural, a seca, a miséria. Na mesma linha, surgem em 1932* Os Corumbas, *de Amando Fontes, e* Cacau, *de Jorge Amado. Do ano seguinte são* Menino de Engenho, *de José Lins do Rego, e* Caetés, *de Graciliano Ramos. E estava lançada uma das correntes mais poderosas da nossa literatura, que chamamos de regionalista para simplificar e nos conformarmos ao uso, mas que em muitos dos seus produtos se desprende completamente dos elementos pitorescos, do dado concreto, da vivência social e telúrica da região. Na maioria dos livros, porém, esta existe como enquadramento expressivo, dando um peso de realidade e um elemento de convicção.*

Por outro lado, os regionalistas nordestinos são bastante diversos uns dos outros, quanto ao estilo e em virtude da multiplicidade de experiência de cada um, conforme suas respec-

tivas áreas de origem, desde o seco e lapidar Graciliano Ramos até o lírico Jorge Amado, passando pela irregularidade pujante de José Lins do Rego, cujo ritmo criador parece esposar a inspiração popular da sua zona.

Outros gêneros. A vida cultural

Fora do campo específico da literatura, mas em setores freqüentemente ligados a ela, a fase 1930-1945 foi de grande fecundidade. É o caso dos estudos históricos e sociais: sociologia, folclore, etnologia, história econômica e social, que passam por acentuada renovação, focalizando com intensidade crítica a realidade do País nas obras de Gilberto Freyre, Artur Ramos, Sérgio Buarque de Holanda, Fernando de Azevedo, Caio Prado Júnior e outros. É o momento em que se fundam grandes coleções de estudos brasileiros e as primeiras Faculdades de Filosofia, Ciências e Letras, que teriam influência decisiva na formação dos quadros intelectuais. O movimento editorial se firma e se amplia, em escala nunca vista, terminando a dependência das firmas estrangeiras. A vida artística assume importância antes desconhecida, na pintura, na arquitetura, na música, na renovação teatral.

Sintoma importante é o número de revistas literárias que então aparecem, com maior duração do que as do decênio anterior. Em São Paulo, marcando a nova fase do Modernismo, a Revista Nova, *de Mário de Andrade, Paulo Prado e Antônio de Alcântara Machado (1931-1932). No Rio, continua a revista católica* A Ordem, *fundada no decênio anterior por Jackson de Figueiredo, e ainda em circulação; Gastão Cruls e Agripino Grieco publicam durante oito anos, com uma editora anexa, o* Boletim de Ariel, *espelho sensível da produção literária (1931-*

1938); um grupo de amigos do modernista gaúcho Felipe de Oliveira edita Lanterna Verde *(1934-1938, 1943); de 1938 a 1943, sob a direção de Otávio Tarquínio de Sousa, vive a mais importante das publicações literárias do tempo, a 3ª fase da* Revista do Brasil. *De 1938 é a fundação do expressivo e ágil jornal literário* Dom Casmurro, *e já de antes vinha o semanário* Diretrizes, *combativo e lúcido no seu radicalismo político, que sustentou durante a ditadura os direitos da inteligência participante. Não menos importantes foram os rodapés e os suplementos literários dos grandes jornais, em que se manifestaram críticos literários de elevado teor, como Tristão de Athayde (Alceu Amoroso Lima), Mário de Andrade, Sérgio Buarque de Holanda, Afonso Arinos de Melo Franco, Augusto Meyer, Barreto Filho, Olívio Montenegro, Astrojildo Pereira, Lúcia Miguel-Pereira, Álvaro Lins, Moisés Velinho etc.*

Nesta fase se desenvolve um gênero em que sempre tivemos bons escritores, desde os "folhetinistas" do tempo do Império: a crônica, livre e ocasional, que vai aos poucos se tornando lírica, aderente ao fato, ao devaneio e à emoção, e que conheceria em nossos dias uma voga que a coloca como o mais popular dos gêneros. Cultivada pelos poetas, como Manuel Bandeira e Carlos Drummond de Andrade, encontrou o seu grande "especialista" e de certo modo o seu clássico em Rubem Braga, senhor de um dos estilos mais límpidos e expressivos da nossa literatura contemporânea.

Literatura atual

O mais certo é reservar a designação de Modernismo às fases que ficaram gizadas. Muitos escritores que a elas pertencem continuam em plena forma, alguns se renovando com êxi-

to (Manuel Bandeira, Carlos Drummond de Andrade, Murilo Mendes, Cassiano Ricardo, Marques Rebelo, Otávio de Faria, Jorge Amado, Érico Veríssimo etc.). Mas, pela altura da Segunda Guerra Mundial, foi-se tornando visível certa modificação, acentuada no fim do decênio de 40, com a chegada de uma geração nova. Assim como o traço original do decênio de 20 foi a criação da nova poesia, do decênio de 30, a expansão do novo romance, o dos decênios de 40 e 50 foi o aparecimento do novo teatro, como espetáculo e, depois, como texto (Nélson Rodrigues, Abílio Pereira de Almeida, Jorge Andrade, Gianfrancesco Guarnieri, Ariano Suassuna etc.). Durante esta fase ocorre também o que se poderia chamar intensificação dos gêneros complementares: a crônica se impõe e atinge alto grau de expressividade; a crítica literária se difunde, se renova e alcança influência antes desconhecida; começam a definir-se e atuar os estudos literários de tipo universitário. De modo geral, ocorreu uma "intelectualização" da vida literária, que se amplia e adquire padrões de maior exigência. Embora não tenham aparecido tantos grandes escritores quanto os anteriormente vistos, a média da produção melhora, adquirindo um nível que revela consolidação e vitalidade. Este processo continua em curso nos nossos dias, significando incontestável amadurecimento.

De alguns anos para cá, tem-se falado cada vez mais na "geração de 45" para designar os escritores que vieram depois das fases dinâmicas do Modernismo. Na verdade, aquela denominação foi criada por um grupo de poetas para se designarem a si mesmos, e exprime mais propriamente as suas tendências e atitudes. Mas, segundo um processo freqüente na história literária, o nome impróprio acabará talvez por cobrir uma realidade mais ampla e diversa.

Nos decênios de 1940 a 1950, ao lado de obras maduras e expressivas dos escritores dos dois decênios precedentes, sur-

*gem as da referida nova geração de romancistas, poetas e críticos, que estão hoje na maturidade e representam a camada dominante da literatura. Na ficção, devemos mencionar Lígia Fagundes Teles, Clarice Lispector, Herberto Sales, João Clímaco Bezerra, Fernando Sabino, Oto Lara Rezende, Osman Lins, Gastão de Holanda, Waldomiro Autran Dourado, Rui Santos, Ernâni Sátiro, Antonio Olavo Pereira e sobretudo João Guimarães Rosa, que estreou em 1946 com um livro de contos (*Sagarana*), revelador das mais altas qualidades. Estas se acentuariam em duas obras publicadas no ano de 1956, que o situam como um dos nossos maiores escritores, pela originalidade, profundidade e força criadora:* Corpo de Baile, *novelas, e* Grande Sertão: Veredas, *romance.*

De 1940 a 1945, todavia, a ficção dos novos esteve abaixo da poesia como atuação, como senso dos problemas e mesmo como número de obras relevantes, excetuados os nomes acima referidos. Mas adquiriu a média de solidez que vem dando lugar, nos últimos anos, a uma segurança técnica e a uma exigência de expressão muito maiores que a dos, por vezes, desordenados mestres da geração anterior. Hoje, são numerosos os romancistas e contistas que dominam a sua matéria com segurança, na escrita de corte espontâneo, no senso experimental, ou no equilíbrio da tradição atualizada.

Os poetas tiveram safra a princípio mais compacta e brilhante, constituindo a ala viva da "geração de 45", que tem em comum o desejo de renovar a forma poética, tratando-a por vezes com um apreço formalista que levou a falar em neoparnasianismo. Tanto mais quanto adotaram freqüentemente, em relação aos modernistas, uma atitude polêmica de negação, mesmo quando era notório o quanto lhes deviam como herança.

Há entre eles geômetras estritos, como João Cabral de Melo Neto em sua primeira fase, e há derramados malabaris-

tas, como o brilhante Ledo Ivo. Bueno de Rivera, em Minas; Domingos Carvalho da Silva e Péricles Eugênio da Silva Ramos, em São Paulo; José Paulo Moreira da Fonseca, Geir Campos, Tiago de Melo, no Rio; Mauro Mota, em Pernambuco, são, com aqueles, os mais significativos e atuantes desta fase, que se organizou no Rio em torno da revista Orfeu; *em São Paulo, do Clube de Poesia e da sua* Revista Brasileira de Poesia. *Preconizaram em geral um rigor crítico mais apurado, cultivaram a teoria poética, sofreram novas influências, sobretudo de Valéry, T. S. Eliot, Rilke, Fernando Pessoa. A eles se liga de certo modo Cassiano Ricardo, veterano sempre alerta, que havia deixado os seus compromissos pós-parnasianos por um Modernismo ornamental e pitoresco, e agora encontra, de passo acertado com os novos, a sua poesia mais expressiva. Sobre todos eles, apesar das denegações eventuais de muitos, é marcada a influência dos modernistas, sobretudo Bandeira, Drummond e Murilo Mendes. Alguns deles ficariam encerrados na fase polêmica e artesanal. Outros procurariam com êxito soluções mais dinâmicas, renovando-se com a mesma capacidade que os modernistas demonstraram. É o caso de João Cabral de Melo Neto (nascido em 1919), cuja obra, em pleno desenvolvimento, é um exemplo raro de rigor formal e pureza expressiva, ligados a uma forte visão dos problemas humanos, que chega à tomada de posição social. Sob este aspecto, é o continuador original das realizações de Mário de Andrade, sobretudo de Carlos Drummond de Andrade, que souberam inserir na melhor poesia a dimensão do homem em sociedade.*

    Pelo fim do decênio de 1950 manifestou-se, no Rio e em São Paulo, uma nova geração de poetas, bastante viva, seja no rumo mais tradicional das experiências anteriores, seja no "concretismo", concepção da poesia como objeto concreto, inclusive visual, dependendo estritamente da disposição da pala-

vra na página em relação funcional com o espaço branco, ou colorido, pois chegaram à utilização da cor. Em seguida admitiram a comunicação temática, e neste sentido carrearam a experiência anterior, explorando o efeito da palavra justaposta, a expressividade do termo essencial, em composições breves e densas, baseadas não raro no jogo de palavras, nas alterações de sentido ligadas às alterações sonoras. São poetas cultos, mesmo eruditos, combativos e exigentes, opondo-se com força às tendências poéticas e psicológicas da chamada "geração de 45", na qual, todavia, reconhecem como precursor e mestre a João Cabral de Melo Neto, poeta da palavra descarnada, do verso elíptico, em que os vocábulos se destacam pela força própria, quase como objetos sólidos.

MANUEL BANDEIRA

Manuel Carneiro de Sousa Bandeira Filho nasceu no Recife, Pernambuco, em 1886 e faleceu no Rio de Janeiro em 1968. Fez os estudos secundários no Rio e começou em São Paulo o curso de Engenharia, que abandonou por motivo de saúde. À busca de bom clima esteve em vários lugares, passando inclusive um ano na Suíça. Até a maturidade a sua vida foi de cauteloso resguardo, concentrando-se na poesia e no estudo. Em 1917 publicou o primeiro livro, Cinza das Horas, *seguido dois anos depois pelo segundo,* Carnaval, *ambos feitos conforme a sensibilidade crepuscular então vigente. Em 1922 se integra no movimento modernista, de que havia sido precursor, no qual foi elemento de equilíbrio sem conservantismo, abrindo caminho, pelo contrário, a experiências renovadoras, como as que vinha fazendo desde 1912 com o uso sistemático do verso livre. De 1924 é* Ritmo Dissoluto, *o seu primeiro livro integrado na nova estética; ele a conduziria a um máximo de combatividade formal nos versos que compõe daí até 1930, reunindo-os nesse ano em* Libertinagem. *Colaborador da imprensa desde 1925, só em 1935 a saúde lhe permite uma atividade profissional regular, tornando-se inspetor federal de ensino. Em 1936 o seu cinqüentenário é comemorado por uma importante publicação,* Homenagem a Manuel Bandeira, *em que os principais escritores colaboram, dando o testemunho da sua importância literária. Nesse ano aparece* Estrela da Manhã, *que mar-*

ca ao mesmo tempo uma diversificação de temas e uma recuperação de técnicas, sob o signo da serenidade criadora. Em 1938 passa ao magistério de Literatura no Colégio Pedro II, em 1940 é eleito para a Academia Brasileira e, em 1943, é nomeado Professor de Literaturas Hispano-Americanas na Universidade do Brasil, cargo no qual se aposentou em 1956. Por todo esse tempo manteve atividade na imprensa e escreveu vários volumes de crítica e história literária, organizou antologias e prosseguiu na sua obra poética.

A poesia de Manuel Bandeira caracteriza-se pela amplitude do âmbito, testemunhando uma variedade criadora que vem do Parnasianismo crepuscular até as experiências concretistas, do soneto às formas mais audazes de expressão. Doutro lado, conservou e adaptou ao espírito moderno os ritmos e formas mais regulares, de tal maneira que nenhum outro contemporâneo revela tão acentuadamente — mas ao mesmo tempo com tanta liberdade — a herança do mais puro lirismo português, transfundido na mais autêntica pesquisa da nossa sensibilidade. Sob este aspecto, a sua obra lembra a de Gonçalves Dias.

Em toda ela, com timbre inconfundível, corre a nota da ternura ardente e da paixão pela vida, que vem desde os versos da mocidade até os de hoje, como força humanizadora. Graças a isso, a confidência e a notação exterior se unem numa expressão poética ao mesmo tempo familiar e requintada, pitoresca e essencial, unificando o que há de melhor no lirismo intimista e no registro do espetáculo da vida. Daí uma simplicidade que em muitos modernistas parece afetada, e que nele é a própria marca da inspiração.

BIBLIOGRAFIA
DO AUTOR:

1. Cronologia — Poesia: *Cinza das Horas*, 1917; *Carnaval*, 1919; *Poesias* (os anteriores mais *Ritmo Dissoluto*), 1924; *Libertinagem*, 1930; *Estrela da Manhã*, 1936; *Mafuá do Malungo*, 1948; *Opus 10*, 1952; *Poesias Escolhidas*, 1937, 1948, 1955, 1961; *Poesias Completas*, 1940, 1944 *(*contendo a *Lira dos Cinqüent'anos)*, 1948 (contendo *Belo, Belo)*, 1951, 1954 (contendo *Opus 10*), 1955, 1958 (contendo *Estrela da Tarde*); *50 Poemas Escolhidos pelo Autor*, 1955; *Antologia Poética*, 1961; *Estrela da Tarde*, 1963; *Estrela da Vida Inteira*, 1966; *Meus Poemas Preferidos*, 1966.

Prosa: *Crônicas da Província do Brasil*, 1936; *Guia de Ouro Preto*, 1938; *Noções de História das Literaturas*, 1940; *Literatura Hispano-Americana*, 1949; *Gonçalves Dias*, 1952; *Itinerário de Pasárgada*, memórias, 1954; *De Poetas e de Poesia,* 1954; *Frauta de Papel*, 1957; *Quadrante 1 e 2* (Crônicas de M. B. e outros) 1962 e 1963; *Os Reis Vagabundos e mais 50 Crônicas*, 1966; *Andorinha, andorinha*, 1966.

Edições: *Sonetos Completos e Poemas Escolhidos de Antero de Quental*, 1942; *Obras Poéticas de Gonçalves Dias*, 1944; *Poesias, de José Albano*, 1948.

Antologias: *Antologia dos Poetas Brasileiros da Fase Romântica*, 1937; *Antologia dos Poetas Brasileiros da Fase Parnasiana*, 1938; *Antologia dos Poetas Brasileiros Bissextos Contemporâneos*, 1946.

Traduções: *Poemas Traduzidos*, 1945, 1948; *Maria Stuart*, de Schiller, 1955; *Macbeth*, de Shakespeare, 1956; *La Machine Infernale*, de Jean Cocteau, 1956; *June and the Peacock*, de Sean O'Casey, 1957; *The Rain Maker*, de N. Richard Nash, 1957.

2. Edição indicada: *Poesia e Prosa*, 2 vols. Rio de Janeiro, Aguilar, 1958.

MANUEL BANDEIRA

SOBRE O AUTOR:

Homenagem a Manuel Bandeira, Rio de Janeiro, 1936.
Adolfo CASAIS MONTEIRO, *Manuel Bandeira*, Lisboa, Inquérito, 1943.
Carlos DRUMMOND DE ANDRADE, "Manuel Bandeira", *Passeios na Ilha*, Rio de Janeiro, Simões, 1952, págs. 239-251.
Sérgio BUARQUE DE HOLANDA, "Trajetória de uma Poesia", Edição Aguilar, cit., vol. I, págs. XV-XXX.
Francisco DE ASSIS BARBOSA, "Milagre de uma Vida". Ibidem, págs. XXI-XCIX.
Emanuel DE MORAES, *Manuel Bandeira* (Análise e Interpretação Literária), Rio de Janeiro, José Olympio, 1962.
Gilda e Antonio CANDIDO DE MELLO E SOUZA, "Introdução", *in Estrela da Vida Inteira*, Rio de Janeiro, José Olympio, 1966, págs. 50-70.

Epígrafe

Sou bem nascido. Menino,
Fui, como os demais, feliz.
Depois, veio o mau destino
E fez de mim o que quis.

Veio o mau gênio da vida.
Rompeu em meu coração.
Levou tudo de vencida.
Rugiu como um furacão.

Turbou, partiu, abateu,
Queimou sem razão nem dó —
Ah, que dor!

Magoado e só,
— Só! — meu coração ardeu:

Ardeu em gritos dementes
Na sua paixão sombria...
E dessas horas ardentes
Ficou esta cinza fria.

— Esta pouca cinza fria...

1917.

Madrugada

As estrelas tremem no ar frio, no céu frio...
E no ar frio pinga, levíssima, a orvalhada.
Nem mais um ruído corta o silêncio da estrada,
Senão na ribanceira um vago murmurio.

Tudo dorme. Eu, no entanto, olho o espaço sombrio,
Pensando em ti, ó doce imagem adorada!...
As estrelas tremem no ar frio, no céu frio,
E no ar frio pingam as gotas da orvalhada...

E enquanto penso em ti, no meu sonho erradio,
Sentindo a dor atroz desta ânsia incontentada,
— Fora, aos beijos glaciais e cruéis da geada,
Tremem as flores, treme e foge, ondeando, o rio,

E as estrelas tremem no ar frio, no céu frio...

Madrigal Melancólico

O que eu adoro em ti,
Não é a tua beleza.
A beleza, é em nós que ela existe.
A beleza é um conceito.
E a beleza é triste.
Não é triste em si,
Mas pelo que há nela de fragilidade e de incerteza.

O que eu adoro em ti,
Não é a tua inteligência.
Não é o teu espírito sutil,
Tão ágil, tão luminoso,
— Ave solta no céu matinal da montanha.
Nem é a tua ciência
Do coração dos homens e das coisas.

O que eu adoro em ti,
Não é a tua graça musical,
Sucessiva e renovada a cada momento,
Graça aérea como o teu próprio pensamento,
Graça que perturba e que satisfaz.

O que eu adoro em ti,
Não é a mãe que já perdi.
Não é a irmã que já perdi.
E meu pai.

O que eu adoro em tua natureza,
Não é o profundo instinto maternal
Em teu flanco aberto como uma ferida.

Nem a tua pureza. Nem a tua impureza.
O que eu adoro em ti — lastima-me e consola-me!
O que eu adoro em ti, é a vida.

11 de julho de 1920.

O Cacto

Aquele cacto lembrava os gestos desesperados da
                    [estatuária:
Laocoonte constrangido pelas serpentes,
Ugolino e os filhos esfaimados.
Evocava também o seco Nordeste, carnaubais,
                    [caatingas...
Era enorme, mesmo para esta terra de feracidades
                    [excepcionais.

Um dia um tufão furibundo abateu-o pela raiz.
O cacto tombou atravessado na rua,
Quebrou os beirais do casario fronteiro,
Impediu o trânsito de bondes, automóveis, carroças,
Arrebentou os cabos elétricos e durante vinte e
            [quatro horas privou a cidade de iluminação
                  [e energia:

— Era belo, áspero, intratável.

Petrópolis, 1925.

Poética

Estou farto do lirismo comedido
Do lirismo bem comportado
Do lirismo funcionário público com livro de ponto
 [expediente protocolo e manifestações de apreço
  [ao sr. diretor

Estou farto do lirismo que pára e vai averiguar no
 [dicionário o cunho vernáculo de um vocábulo

Abaixo os puristas

Todas as palavras sobretudo os barbarismos universais
Todas as construções sobretudo as sintaxes de exceção
Todos os ritmos sobretudo os inumeráveis

Estou farto do lirismo namorador
Político
Raquítico
Sifilítico
De todo lirismo que capitula ao que quer que seja fora
 [de si mesmo.

De resto não é lirismo
Será contabilidade tabela de co-senos secretário do
  [amante exemplar com cem modelos de cartas
  [e as
   diferentes maneiras de agradar às mulheres, etc.

Quero antes o lirismo dos loucos
O lirismo dos bêbedos

O lirismo difícil e pungente dos bêbados
O lirismo dos clowns de Shakespeare

— Não quero mais saber do lirismo que não é
[libertação.

Evocação do Recife

Recife
Não a Veneza americana
Não a Mauritsstad dos armadores das Índias Ocidentais
Não o Recife dos Mascates
Nem mesmo o Recife que aprendi a amar depois —
Recife das revoluções libertárias
Mas o Recife sem história nem literatura
Recife sem mais nada
Recife da minha infância

A Rua da União onde eu brincava de chicote-
[queimado e partia as vidraças da casa de
[dona Aninha Viegas
Totônio Rodrigues era muito velho e botava o
[pincenê na ponta do nariz
Depois do jantar as famílias tomavam a calçada com
[cadeiras, mexericos, namoros, risadas
A gente brincava no meio da rua
Os meninos gritavam:

Coelho sai!
Não sai!

À distância as vozes macias das meninas politonavam:

      Roseira dá-me uma rosa
      Craveiro dá-me um botão

(Dessas rosas muita rosa
Terá morrido em botão...)

De repente

        nos longes da noite

                um sino

Uma pessoa grande dizia:
Fogo em Santo Antônio!
Outra contrariava: São José!
Totônio Rodrigues achava sempre que era São José.
Os homens punham o chapéu saíam fumando
E eu tinha raiva de ser menino porque não podia ir ver
                                            [o fogo

Rua da União...
Como eram lindos os nomes das ruas da minha
                              [infância
Rua do Sol
(Tenho medo que hoje se chame do dr. Fulano de Tal)
Atrás de casa ficava a Rua da Saudade...
           ... onde se ia fumar escondido
Do lado de lá era o cais da Rua da Aurora...
           ... onde se ia pescar escondido

Capiberibe
— Capibaribe
Lá longe o sertãozinho de Caxangá
Banheiros de palha

Um dia eu vi uma moça nuinha no banho
Fiquei parado o coração batendo
Ela se riu
           Foi o meu primeiro alumbramento

Cheia! As cheias! Barro boi morto árvore destroços
              [redemoinho sumiu
E nos pegões da ponte do trem de ferro os caboclos
       [destemidos em jangadas de bananeiras
Novenas
      Cavalhadas
Eu me deitei no colo da menina e ela começou a
            [passar a mão nos meus cabelos
Capiberibe
— Capibaribe

Rua da União onde todas as tardes passava a preta
                  [das bananas
    Com o xale vistoso de pano da Costa
E o vendedor de roletes de cana
O de amendoim
        que se chamava midubim e
        [não era torrado, era cozido.

Me lembro de todos os pregões:
    Ovos frescos e baratos

Dez ovos por uma pataca
Foi há muito tempo...

A vida não me chegava pelos jornais nem pelos livros
Vinha da boca do povo na língua errada do povo
Língua certa do povo
Porque ele é que fala gostoso o português do Brasil

   Ao passo que nós
   O que fazemos
   É macaquear
   A sintaxe lusíada.

A vida com uma porção de coisas que eu não
                              [entendia bem
Terras que não sabia onde ficavam

Recife...
     Rua da União...
           A casa de meu avô...
Nunca pensei que ela acabasse!
Tudo lá parecia impregnado de eternidade

Recife...
     Meu avô morto.
Recife morto, Recife bom, Recife brasileiro como a
                              [casa de meu avô

Rio de Janeiro, 1925.

Poema Tirado de uma Notícia de Jornal

João Gostoso era carregador de feira-livre e morava no
[morro da Babilônia num barracão sem número
Uma noite ele chegou no bar Vinte de Novembro
Bebeu
Cantou
Dançou
Depois se atirou na Lagoa Rodrigo de Freitas e morreu
[afogado.

Profundamente

Quando ontem adormeci
Na noite de São João
Havia alegria e rumor
Estrondos de bombas luzes de Bengala
Vozes cantigas e risos
Ao pé das fogueiras acesas.

No meio da noite despertei
Não ouvi mais vozes nem risos
Apenas balões
Passavam errantes
Silenciosamente
Apenas de vez em quando
O ruído de um bonde
Cortava o silêncio
Como um túnel.
Onde estavam os que há pouco
Dançavam

Cantavam
E riam
Ao pé das fogueiras acesas?

— Estavam todos dormindo
Estavam todos deitados
Dormindo
Profundamente

* * *

Quando eu tinha seis anos
Não pude ver o fim da festa de São João
Porque adormeci.

Hoje não ouço mais as vozes daquele tempo
Minha avó
Meu avô
Totônio Rodrigues
Tomásia
Rosa
Onde estão todos eles?
— Estão todos dormindo
Estão todos deitados
Dormindo
Profundamente.

O Último Poema

Assim eu quereria o meu último poema

Que fosse terno dizendo as coisas mais simples e menos
                                                          [intencionais
Que fosse ardente como um soluço sem lágrimas
Que tivesse a beleza das flores quase sem perfume
A pureza da chama em que se consomem os diamantes
                                                          [mais límpidos
A paixão dos suicidas que se matam sem explicação.

Balada das Três Mulheres do Sabonete Araxá

As três mulheres do sabonete Araxá me invocam, me
                                                       [bouleversam, me hipnotizam.
Oh, as três mulheres do sabonete Araxá às 4 horas da
                                                                   [tarde!
O meu reino pelas três mulheres do sabonete Araxá!

Que outros, não eu, a pedra cortem
Para brutais vos adorarem,
Ó brancaranas azedas,
Mulatas cor da lua vem saindo cor de prata
Ou celestes africanas:
Que eu vivo, padeço e morro só pelas três mulheres do
                                                                     [sabonete Araxá!
São amigas, são irmãs, são amantes as três mulheres
                                                                   [do sabonete Araxá?
São prostitutas, são declamadoras, são acrobatas?
São as três Marias?

Meu Deus, serão as três Marias?

A mais nua é doirada borboleta.
Se a segunda casasse, eu ficava safado da vida, dava
        [pra beber e nunca mais telefonava.
Mas se a terceira morresse... Oh, então, nunca mais
        [a minha vida outrora
        [teria sido um festim!

Se me perguntassem: Queres ser estrela? queres ser rei?
        [queres uma ilha no Pacífico?
        [um bangalô em Copacabana?
Eu responderia: Não quero nada disso, tetrarca. Eu
        [só quero as três mulheres
        [do sabonete Araxá:

O meu reino pelas três mulheres do sabonete Araxá!

Teresópolis, 1931.

Momento num Café

Quando o enterro passou
Os homens que se achavam no café
Tiraram o chapéu maquinalmente
Saudavam o morto distraídos
Estavam todos voltados para a vida
Absortos na vida
Confiantes na vida.

Um no entanto se descobriu num gesto largo e
                                   [demorado
Olhando o esquife longamente
Este sabia que a vida é uma agitação
               feroz e sem
                          [finalidade
Que a vida é traição
E saudava a matéria que passava
Liberta para sempre da alma extinta.

Maçã

Por um lado te vejo como um seio murcho
Pelo outro como um ventre de cujo umbigo pende
                      [ainda o cordão placentário

És vermelha como o amor divino

Dentro de ti em pequenas pevides
Palpita a vida prodigiosa
Infinitamente

E quedas tão simples
Ao lado de um talher
Num quarto pobre de hotel.

Petrópolis, 25-2-1938.

Soneto Italiano

Frescura das sereias e do orvalho,
Graça dos brancos pés dos pequeninos,
Voz das manhãs cantando pelos sinos,
Rosa mais alta no mais alto galho:

De quem me valerei, se não me valho
De ti, que tens a chave dos destinos
Em que arderam meus sonhos cristalinos
Feitos cinza que em pranto ao vento espalho?

Também te vi chorar... Também sofreste
A dor de ver secarem pela estrada
As fontes da esperança... E não cedeste!

Antes, pobre, despida e trespassada,
Soubeste dar à vida, em que morreste,
Tudo — à vida, que nunca te deu nada!

28 de janeiro de 1939.

A Estrela

Vi uma estrela tão alta,
Vi uma estrela tão fria!
Vi uma estrela luzindo
Na minha vida vazia.

Era uma estrela tão alta!
Era uma estrela tão fria!

Era uma estrela sozinha
Luzindo no fim do dia.

Por que da sua distância
Para a minha companhia
Não baixava aquela estrela?
Por que tão alta luzia?

E ouvi-a na sombra funda
Responder que assim fazia
Para dar uma esperança
Mais triste ao fim do meu dia.

Mozart no Céu

No dia 5 de dezembro de 1791 Wolfgang Amadeus Mozart
   [entrou no céu, como um artista de circo, fazendo
   [piruetas extraordinárias sobre um mirabolante
                         [cavalo branco.

Os anjinhos atônitos diziam: Que foi? Que não foi?
Melodias jamais ouvidas voavam nas linhas
               [suplementares superiores da pauta.
Um momento se suspendeu a contemplação inefável.
A Virgem beijou-o na testa
E desde então Wolfgang Amadeus Mozart foi o mais
                             [moço dos anjos.

Belo Belo

Belo belo belo,
Tenho tudo quanto quero.

Tenho o fogo de constelações extintas há milênios.
E o risco brevíssimo — que foi? passou! — de tantas
                              [estrelas cadentes.

A aurora apaga-se,
E eu guardo as mais puras lágrimas da aurora.

O dia vem, e dia a dentro
Continuo a possuir o segredo grande da noite.

Belo belo belo,
Tenho tudo quanto quero.

Não quero o êxtase nem os tormentos,
Não quero o que a terra só dá com trabalho.

As dádivas dos anjos são inaproveitáveis:
Os anjos não compreendem os homens.

Não quero amar,
Não quero ser amado.
Não quero combater,
Não quero ser soldado.
— Quero a delícia de poder sentir as coisas mais
                                    [simples.

Última Canção do Beco

Beco que cantei num dístico
Cheio de elipses mentais,
Beco das minhas tristezas,
Das minhas perplexidades
(Mas também dos meus amores,
Dos meus beijos, dos meus sonhos),
Adeus para nunca mais!

Vão demolir esta casa.
Mas meu quarto vai ficar,
Não como forma imperfeita
Neste mundo de aparências:
Vai ficar na eternidade,
Com seus livros, com seus quadros,
Intacto, suspenso no ar!

Beco de sarças de fogo,
De paixões sem amanhãs,
Quanta luz mediterrânea
No esplendor da adolescência
Não recolheu nestas pedras
O orvalho das madrugadas,
A pureza das manhãs!

Beco das minhas tristezas,
Não me envergonhei de ti!
Foste rua de mulheres?
Todas são filhas de Deus!
Dantes foram carmelitas...

E eras só de pobres quando,
Pobre, vim morar aqui.

Lapa — Lapa do Desterro —,
Lapa que tanto pecais!
(Mas quando bate seis horas,
Na primeira voz dos sinos,
Como na voz que anunciava
A conceição de Maria,
Que graças angelicais!)

Nossa Senhora do Carmo,
De lá de cima do altar,
Pede esmolas para os pobres,
— Para mulheres tão tristes,
Para mulheres tão negras,
Que vêm nas portas do templo
De noite se agasalhar.

Beco que nasceste à sombra
De paredes conventuais,
És como a vida, que é santa
Pesar de todas as quedas.
Por isso te amei constante,
E canto para dizer-te
Adeus para nunca mais!

25 de março de 1942.

Eu vi uma Rosa

Eu vi uma rosa
— Uma rosa branca —
Sozinha no galho.
No galho? Sozinha
No jardim, na rua.

Sozinha no mundo.

Em torno, no entanto,
Ao sol de mei-dia,
Toda a natureza
Em formas e cores
E sons esplendia.

Tudo isso era excesso.

A graça essencial,
Mistério inefável
— Sobrenatural —
Da vida e do mundo,
Estava ali na rosa
Sozinha no galho.

Sozinha no tempo.

Tão pura e modesta,
Tão perto do chão,
Tão longe na glória
Da mística altura,
Dir-se-ia que ouvisse

Do arcanjo invisível
As palavras santas
De outra Anunciação.

                      Petrópolis, 1943.

Poema só para Jaime Ovalle

Quando hoje acordei, ainda fazia escuro
(Embora a manhã já estivesse avançada).
Chovia.
Chovia uma triste chuva de resignação
Como contraste e consolo ao calor tempestuoso
                      [da noite.
Então me levantei,
Bebi o café que eu mesmo preparei,
Depois me deitei novamente, acendi um cigarro e fiquei
                      [pensando...
— Humildemente pensando na vida e nas mulheres
                      [que amei.

A Mário de Andrade Ausente

Anunciaram que você morreu,
Meus olhos, meus ouvidos testemunham:
A alma profunda, não.
Por isso não sinto agora a sua falta.

Sei bem que ela virá
(Pela força persuasiva do tempo)

Virá súbito um dia,
Inadvertida para os demais.
Por exemplo assim:
À mesa conversarão de uma coisa e outra.
Uma palavra lançada à toa
Baterá na franja dos lutos de sangue,
Alguém perguntará em que estou pensando,
Sorrirei sem dizer que em você
Profundamente.

Mas agora não sinto a sua falta.

(É sempre assim quando o ausente
Partiu sem se despedir:
Você não se despediu.)

Você não morreu: ausentou-se.
Direi: Faz tempo que ele não escreve.
Irei a São Paulo: você não virá ao meu hotel.
Imaginarei: Está na chacrinha de São Roque.
Saberei que não, você ausentou-se. Para outra vida?
A vida é uma só. A sua continua
Na vida que você viveu.
Por isso não sinto agora a sua falta.

A Realidade e a Imagem

O arranha-céu sobe no ar puro lavado pela chuva
E desce refletido na poça de lama do pátio.
Entre a realidade e a imagem, no chão seco que as
[separa,
Quatro pombas passeiam.

O Bicho

Vi ontem um bicho
Na imundície do pátio
Catando comida entre os detritos.

Quando achava alguma coisa,
Não examinava nem cheirava:
Engolia com voracidade.

O bicho não era um cão,
Não era um gato,
Não era um rato.

O bicho, meu Deus, era um homem.

Rio, 27 de dezembro de 1947.

Consoada

Quando a Indesejada das gentes chegar
(Não sei se dura ou caroável),
Talvez eu tenha medo.
Talvez sorria, ou diga:
          — Alô, iniludível!
O meu dia foi bom, pode a noite descer.
(A noite com os seus sortilégios.)
Encontrará lavrado o campo, a casa limpa,
A mesa posta,
Com cada coisa em seu lugar.

Estrela da vida inteira, Rio de Janeiro, José Olympio, 1966.

GUILHERME DE ALMEIDA

Guilherme de Andrade e Almeida nasceu no ano de 1890 em Campinas (São Paulo) e morreu em São Paulo em 1969. Formado em Direito em 1912, viveu na Capital do seu Estado, a princípio como advogado, depois como funcionário e jornalista. Em 1922 participou na primeira linha da Semana de Arte Moderna, e o seu escritório serviu de redação ao grupo da revista Klaxon. *De 1923 a 1925 morou no Rio de Janeiro, integrado na roda de Graça Aranha. Em 1925 fez uma importante excursão de propaganda modernista ao Rio Grande do Sul, Pernambuco e Ceará. Membro da Academia Brasileira em 1930; participou como combatente em 1932 na Revolução Constitucionalista, de que foi o poeta por excelência e que lhe valeu o exílio na Europa. Em 1958 foi eleito Príncipe dos Poetas Brasileiros, por morte de Olegário Mariano.*

Guilherme de Almeida é um poeta típico do período crepuscular que precedeu o Modernismo —, com uma poesia de meios-tons, sugestões do mundo e da alma, um intenso sentimento da beleza e certo preciosismo sentimental e formal. Grande artífice, ampliou com o Modernismo a vocação experimental, em obras como A Frauta que eu Perdi *(1924), feita em versos livres ou libertados, algumas vezes com uma rima toante de dupla assonância (a que chamou "símil-rima"). Em* Raça e Meu *(1925) sua poesia modernista alcança o ponto extremo quanto à fatura e ao sentimento nacional. Em seguida retornou a processos mais ortodoxos, apurando o instrumento com senso cada vez mais clássico e vocação malabarística, que atingiram um ponto singular na adaptação do haikai japonês e nos poemas feitos à maneira de Camões e dos Cancioneiros. Graças à versatilidade, à ciência do verso e ao conhecimento da língua, foi um tradutor incomparável, enquanto a sua fluência, o encantamento com as coisas do mundo, o senso do detalhe expressivo, a singeleza dos temas fizeram dele um dos mais lidos dentre os poetas brasileiros. É necessário, ainda, lembrar que foi um dos pioneiros da crítica cinematográfica entre nós.*

BIBLIOGRAFIA
DO AUTOR:

1. Cronologia — Poesia: *Nós*, 1917; *A Dança das Horas*, 1919; *Messidor*, 1919 (reunião dos anteriores e versos inéditos); *Livro de Horas de Sóror Dolorosa*, 1920; *Era uma vez...*, 1922; *A Frauta que eu Perdi*, 1924; *Meu*, 1925; *Encantamento*, 1925; *A Flor que foi um Homem*, 1925; *Raça*, 1925; *Sherazade*, 1926; *Simplicidade*, 1929; *Cartas à Minha Noiva*, 1931; *Você*, 1931; *Acaso*, 1939; *Cartas do Meu Amor*, 1941; *Tempo* (Antologia com inéditos), 1944; *Poesia Vária*, 1947; *Toda a Poesia*, 6 vols., 1952; 7 vols., 1955 (coletânea da obra poética reordenada pelas datas de composição, com versos inéditos); *Camoniana*, 1956; *Pequeno Cancioneiro*, 1957; *A Rua*, 1962.

Prosa: *Natalika*, 1924; *O Sentimento Nacionalista na Poesia Brasileira* e *Ritmo Elemento de Expressão*, 1926; *Gente de Cinema*, 1929; *Nossa Bandeira e a Resistência Paulista*, 1932; *O Meu Portugal*, 1933.

Traduções: *Eu e Você*, de Paul Géraldy, 1932; *Poetas de França*, 1936; *Suíte Brasileira*, de Luc Durtain, 1936; *O Jardineiro*, de Tagore, 1939; *O Gitanjali*, de Tagore, 1943; *O Amor de Bilitis*, de

Pierre Louys, 1943; *Flores das Flores do Mal,* de Baudelaire, 1944; *Entre Quatro Paredes*, de Sartre, 1950; *Antígona*, de Sófocles, 1952.

2. Edição indicada: *Toda a Poesia*, 2.ª edição, 7 volumes, São Paulo, Martins, 1955.

SOBRE O AUTOR:

João PINTO DA SILVA, "Guilherme de Almeida", *in Fisionomias de Novos*, São Paulo, Monteiro Lobato, 1922, págs. 231-247.
Mário DE ANDRADE, "Guilherme de Almeida — *Meu*", *in Estética*, n.º 3, abril-junho de 1925, págs. 296-306.
Sérgio MILLIET, "Guilherme de Almeida", *in Terminus Seco e Outros Cocktails*, São Paulo, Irmãos Ferraz, 1932, págs. 181-197.
Jamil ALMANSUR HADDAD, "Introdução", *in* Guilherme de Almeida, *Tempo*, São Paulo, Flama, 1944, 27 páginas sem numeração.

Essa que eu Hei de Amar...

Essa que eu hei de amar perdidamente um dia,
será tão loura, e clara, e vagarosa, e bela,
que eu pensarei que é o sol que vem, pela janela,
trazer luz e calor a esta alma escura e fria.

E, quando ela passar, tudo o que eu não sentia
da vida há de acordar no coração, que vela...
E ela irá como o sol, e eu irei atrás dela
como sombra feliz... — Tudo isso eu me dizia,

quando alguém me chamou. Olhei: um vulto louro,
e claro, e vagaroso, e belo, na luz de ouro
do poente, me dizia adeus, como um sol triste...

E falou-me de longe: "Eu passei a teu lado,
mas ias tão perdido em teu sonho dourado,
meu pobre sonhador, que nem sequer me viste!"

Os Lagos

Amo os lagos azuis de alvas águas tranqüilas.
Entre os cílios de junco, eles são as pupilas
da terra, olhando o céu de gaze, olhando, no alto,
asas, astros e a clara amplidão de cobalto...
Quando o céu se entristece, o lago é triste; quando
o céu é alegre, o lago alegra-se: e, espelhando
a vida azul do espaço, e pondo luz e cores
na morna prostração das águas incolores,
é um pedaço de céu exilado na terra.
Mas, na órbita de areia e de liquens, que o encerra,
no seu seio, onde vivem seres singulares,
sob o calmo vogar dos brancos nenufares,
sem reflexos de céu e arrepios de inseto,
o lago é sempre o mesmo: impassível e quieto.

Sob o amplo céu do amor, alto, inconstante e vago,
uma noite eu sonhei que minha alma era um lago...

Epígrafe

Eu perdi minha frauta selvagem
entre os caniços do lago de vidro.

Juncos inquietos da margem;

peixes de prata e de cobre brunido
que viveis na vida móvel das águas;
cigarras das árvores altas;
folhas mortas que acordais ao passo alípede das
[ninfas;
algas,
lindas algas limpas:
— se encontrardes
a frauta que eu perdi, vinde, todas as tardes,
debruçar-vos sobre ela! E ouvireis os segredos
sonoros, que os meus lábios e os meus dedos
deixaram esquecidos entre
os silêncios ariscos do seu ventre.

O Domador

Todas as vozes amáveis da natureza
moram no bojo da minha frauta.

Eu recosto a cabeça
ao tronco familiar desta árvore alta:
e de dentro da cana rústica
o meu sopro tira uma música
que encanta o rio que corre
como uma serpente mole,
e faz dançar as estrelas
como uma ronda de abelhas.
E até
esta pequena sombra,
toda negra e malhada de sol, rola e tomba
como um tigre doméstico a meus pés.

Marcha Fúnebre

Uma sombra perpassa, toda vagarosa,
pelo campo amargo de acônito e cicuta.
Ela abre largas asas de carvão e oculta
um corpo cor de medo na veste ondulosa.

Todo o seu grande ser, belo como uma lenda,
tem perfumes subterrâneos de argila e avenca.
Nas suas mãos frias e embalsamadas de óleos
há dez unhas agudas que vazam os olhos.
Ela traz asfódelos e heléboros bravos
em torno dos cabelos negros como víboras.
Ela ri sempre: e o seu riso de dentes alvos
brilha como um punhal mordido entre as mandíbulas.

Os homens fortes sorriem quando ela chega:
os poetas, à sombra ilustre da árvore grega;
os heróis, sob as asas de ouro da vitória.
— Porque ela talha as estátuas e engendra a glória!

Prelúdio Nº 2

Como é linda a minha terra!
Estrangeiro, olha aquela palmeira como é bela:
parece uma coluna reta reta reta
com um grande pavão verde pousado na ponta,
a cauda aberta em leque.
    E na sombra redonda
sobre a terra quente...

(Silêncio!)
... há um poeta.

Outono

O ar é ágil e passa com uma elegância fina
entre as folhas das laranjeiras.
Abre para o pomar cheiroso a tua cortina:
vê como a luz que vem das trepadeiras
é verde e leve e as folhas como
estão firmes nos galhos!
    E no entanto é outono.
Estende os teus lábios para este ar puro:
hás de sentir na tua boca um beijo doce
como se o ar fosse uma abelha e os teus lábios fossem
dois gomos de um fruto maduro.

Natureza Morta

Na sala fechada ao sol seco do meio-dia
sobre a ingenuidade da faiança portuguesa
os frutos cheiram violentamente e a toalha é fria
e alva na mesa.
Há um gosto áspero de ananases e um brilho fosco
de uvaias flácidas
e um aroma adstringente de cajus, de pálidas
carambolas de âmbar desbotado e um estalo oco
de jabuticabas de polpa esticada e um fogo
bravo de tanjerinas.
    E sobre esse jogo

de cores, gostos e perfumes a sala toma
a transparência abafada de uma redoma.

Mormaço

Calor. E as ventarolas das palmeiras
e os leques das bananeiras
abanam devagar
inutilmente na luz perpendicular.
Todas as coisas são mais reais, são mais humanas:
não há borboletas azuis nem rolas líricas.
Apenas as taturanas
escorrem quase líquidas
na relva que estala como um esmalte.
E longe uma última romântica
— uma araponga metálica — bate
o bico de bronze na atmosfera timpânica.

Infância

Um gosto de aroma
comida com sol. A vida
chama-se "Agora".

Cigarra

Diamante. Vidraça.
Arisca, áspera asa risca
o ar. E brilha. E passa.

Quiriri

Calor. Nos tapetes
tranqüilos da noite os grilos
fincam alfinetes.

O Haikai

Lava, escorre, agita
a areia. E enfim, na bateia,
fica uma pepita.

O Lago dos Haikais

Esvoaça a libélula.
Esponja verde. Uma concha.
O lago é uma pérola.

Soneto V

Umas vezes me tenho por perdido,
outras, inda me dou por bem parado;
cuidoso agora, agora descuidado,
aqui enlevado, ali aborrecido;
    hoje ledo, amanhã arrependido;
já venturoso, já desventurado,
em um tempo confiante e desconfiado,
juntamente que atento, confundido.
    Deste estado igualmente morro e vivo,

temperando a alegria co'a tristeza,
e sonhando melhor quando desperto.
    Porque Amor, que me tem assim cativo,
é mais certo, quando é mor a incerteza,
quando é mor a certeza, é mais incerto.

Soneto XIX

Naquela soidão, naquela altura
onde os olhos nos montes apascento,
e é o sonho, no seu doce alheamento,
mais verde d'esperança que a verdura;
    onde a vida adormece, e de mistura
aos sentidos se afaz o entendimento.
ali me vos afigura o pensamento,
branda de pensamento e de figura.
    Que é minha condição, meu mal sobejo
andar a minha vista revistando
apenas o que avista o meu desejo.
    Sem ventura de mim que, maginando,
se vos não vejo, sonho que vos vejo,
e se vos vejo, cuido estar sonhando!

Soneto XXVI

Quanto melhor me fora o ter vivido
sem haver desta vida conhecença;
e de mim próprio ausente, na presença
de mim mesmo não ser reconhecido;
    e, nem do bem e nem do mal movido,

indiferente a toda diferença,
e, surdo e mudo e cego de nascença,
ignorar porque foi que fui nascido;
   e nem saber, no pego deste mundo,
se vogo à tona, ou se descendo ao fundo;
e já sem fé em Deus (Deus me perdoe!),
   tal estar que nem sinta o meu estado,
e, se me Ele chamar, torne ao chamado:
— Quanto melhor me fora o que não foi!

Definição de Poesia

Aí está a rosa,
aí está o vaso,
aí está a água,
aí está o caule,
aí está a folhagem,
aí está o espinho,
aí está a cor,
aí está o perfume,
aí está o ar,
aí está a luz,
aí está o orvalho,
aí está a mão
(até a mão que colheu).
Mas onde está a terra?
Poesia não é a rosa.

Toda a Poesia, 2ª edição, São Paulo, Martins, 1955.

OSWALD DE ANDRADE

José Oswald de Sousa Andrade nasceu e morreu em São Paulo (1890-1954). Muito inquieto desde cedo, ligou-se à boêmia literária da sua terra e fez um curso jurídico espaçado, formando-se em 1919. Em 1911 fundara um semanário combativo e humorístico, O Pirralho, *que durou vários anos com intermitências; nele publicou os primeiros exercícios da sua verve, graças à qual se tornou um dos mais brilhantes articulistas e polemistas do nosso tempo. Em 1920 fundaria outro jornal:* Papel e Tinta. *De 1911 a 1912 fez a primeira viagem à Europa. Nos anos que precederam a Semana de Arte Moderna, foi uma espécie de preparador do Modernismo, sugerindo a ruptura com os velhos padrões, estimulando rebeldias estéticas, agitando o meio no sentido de uma mudança, cujos rumos não discernia claramente, embora a sentisse indispensável. No ano de 1920 encontrou em Mário de Andrade o tipo de artista moderno que buscava, e o revelou ao público, abrindo a luta.*

Em 1922 publicou Os Condenados, *primeiro romance da série* Trilogia do Exílio. *O estilo é excessivamente elaborado, e o esteticismo ainda lembra D'Annunzio e Oscar Wilde; mas já manifesta a técnica sincopada, a composição por pequenos blocos, o senso da elipse, o dom da anotação rápida e o poder metafórico, bases dos seus dois grandes livros modernistas:* Memórias Sentimentais de João Miramar *(1924), que vinha elaborando desde 1916 sobre dados pessoais, e* Serafim Ponte

Grande, *terminado em 1927. Neste ano publica o segundo volume da* Trilogia, Estrela de Absinto, *escrito antes de 1922, enquanto o último,* A Escada Vermelha, *só aparecerá em 1934.*

Em 1924 viajaria novamente para a Europa, de onde lança o movimento nativista Pau-Brasil, com um manifesto e um livro de poemas do mesmo nome. Nele, busca uma interpretação lírica do seu país, através de uma poesia reduzida ao essencial, despojada de artifício, cujo efeito repousa na força sugestiva das palavras. No Primeiro Caderno do Aluno de Poesia *(1927) esta pesquisa incorpora a dimensão psicológica, mantendo toda a força humorística.*

Por essa altura, lança o Movimento Antropófago e funda a Revista de Antropofagia, *levando às últimas conseqüências as posições assumidas no Manifesto Pau-Brasil. Depois da revolução de 1930 assume uma posição esquerdista militante, que conservará, com modificações, e maior ou menor intensidade, até quase o fim da vida. Como redator do jornal* O Homem Livre, *participa ativamente da luta operária e antifascista dos anos que precederam o golpe de Estado de 1937.*

Em 1943 e 1946 publica os dois volumes da série não terminada Marco Zero, *em que analisa a sociedade burguesa de São Paulo depois da crise econômica de 1930. Na última fase da vida, começa a escrever as memórias e aprofunda certos temas ligados à sua teoria antropofágica, como a crise do patriarcalismo, o messianismo, a função das utopias. Em 1945 obteve em concurso a livre-docência de Literatura Brasileira na Universidade de São Paulo.*

Oswald de Andrade foi um dos mais vivos ensaístas e panfletários da nossa literatura, com uma rara capacidade de tornar sugestiva a idéia, pela violência corrosiva das afirmações, o humorismo e o fulgor dos tropos. Na obra propriamente cria-

dora, mostrou a importância das experiências semânticas e o relevo que a palavra adquire, quando manipulada com o duplo apoio da imagem surpreendente e da sintaxe descarnada. Deste modo, quebrou as barreiras entre poesia e prosa, para atingir a uma espécie de fonte comum da linguagem artística. Pode-se dizer que a sua importância histórica de renovador e agitador (no mais alto sentido) foi decisiva para a formação da nossa literatura contemporânea.

BIBLIOGRAFIA

DO AUTOR:

1. Cronologia — Romances: *Os Condenados*, 1922; *Memórias Sentimentais de João Miramar*, 1924; *Estrela de Absinto*, 1927; *Serafim Ponte Grande*, 1933; *A Escada Vermelha*, 1934; *Os Condenados* (reunião, com o título geral do primeiro, dos três livros que formaram a *Trilogia do Exílio*), 1941; *Marco Zero I — A Revolução Melancólica*, 1943; *Marco Zero II — Chão*, 1946.

Poesia: *Pau-Brasil*, 1925; *Primeiro Caderno de Poesia do Aluno Oswald de Andrade*, 1927; *Poesias Reunidas*, 1945.

Teatro: *O Homem e o Cavalo*, 1934; *Teatro (A Morta, O Rei da Vela)*, 1937.

Ensaios: *Ponta de Lança*, 1945(?); *A Arcádia e a Inconfidência*, 1945; *A Crise da Filosofia Messiânica*, 1950; *A Marcha das Utopias*, 1966.

Memórias: *Um Homem sem Profissão*, 1954.

2. Edição indicada: *Obras completas,* 11 volumes em curso de publicação sob a direção de Mário da Silva Brito, Rio de Janeiro, Civilização Brasileira. Publicados: 1 — *Os Condenados*, 1970; 2 —

Memórias Sentimentais de João Miramar e *Serafim Ponte Grande*, 1971; 5 — *Ponta de Lança*, 1971.

SOBRE O AUTOR:

Prudente DE MORAES NETO e Sérgio BUARQUE DE HOLANDA, "Oswald de Andrade", *Estética*, n°. 2, 1925, págs. 218-222.
Antonio CANDIDO, "Estouro e Libertação" e "Digressão Sentimental sobre Oswald de Andrade" *in Vários Escritos*, São Paulo, *Duas Cidades*, 1970, págs. 33-50 e 57-87.
Haroldo DE CAMPOS, "Uma poética da radicalidade", *in Poesias Reunidas*, São Paulo, Difusão Européia do Livro, 1966, págs. 7-56; "Miramar na mira" e "Serafim: um grande não-livro", *in Obras completas*, vol. 2, cit., págs. XI-XLV e 99-127.
Mário DA SILVA BRITO, "O aluno de romance de Oswald de Andrade", *in Obras completas*, vol. I, cit., págs. XV-XXXVIII.

Manifesto Antropófago

Só a Antropofagia nos une. Socialmente. Economicamente. Filosoficamente.

*

Única lei do mundo. Expressão mascarada de todos os individualismos, de todos os coletivismos. De todas as religiões. De todos os tratados de paz.

*

Tupi, or not tupi that is the question.

*

Contra todas as catequeses. E contra a mãe dos Gracos.

*

Só me interessa o que não é meu. Lei do homem. Lei do antropófago.

*

Estamos fatigados de todos os maridos católicos suspeitosos postos em drama. Freud acabou com o enigma mulher e com os outros sustos da psicologia impressa.

*

O que atropelava a verdade era a roupa, o impermeável entre o mundo interior e o mundo exterior. A reação contra o homem vestido. O cinema americano informará.

*

Filhos do sol, mãe dos viventes. Encontrados e amados ferozmente, com toda a hipocrisia da saudade, pelos imigrados, pelos traficados e pelos touristes. No país da cobra grande.

*

Foi porque nunca tivemos gramáticas, nem coleções de velhos vegetais. E nunca soubemos o que era urbano, suburbano, fronteiriço e continental. Preguiçosos no mapa-múndi do Brasil.
Uma consciência participante, uma rítmica religiosa.

Contra todos os importadores de consciência enlatada. A existência palpável da vida. E a mentalidade pré-lógica para o Sr. Lévy-Bruhl estudar.

*

Queremos a revolução Caraíba. Maior que a revolução Francesa. A unificação de todas as revoltas eficazes na direção do homem. Sem nós a Europa não teria sequer a sua pobre declaração dos direitos do homem.
A idade de ouro anunciada pela América. A idade de ouro. E todas as girls.

*

Filiação. O contato com o Brasil Caraíba. *Où Villeganhon print terre*, Montaigne. O homem natural. Rousseau. Da Revolução Francesa ao Romantismo, à Revolução Bolchevista, à Revolução Surrealista e ao bárbaro tecnizado de Keyserling. Caminhamos.

*

Nunca fomos catequizados. Vivemos através de um direito sonâmbulo. Fizemos Cristo nascer na Bahia. Ou em Belém do Pará.

*

Mas nunca admitimos o nascimento da lógica entre nós.

*

Contra o Padre Vieira. Autor do nosso primeiro empréstimo, para ganhar comissão. O rei analfabeto disseralhe: ponha isso no papel mas sem muita lábia. Fez-se o empréstimo. Gravou-se o açúcar brasileiro. Vieira deixou o dinheiro em Portugal e nos trouxe a lábia.

*

O espírito recusa-se a conceber o espírito sem corpo. O antropomorfismo. Necessidade da vacina antropofágica. Para o equilíbrio contra as religiões de meridiano. E as inquisições exteriores.

*

Só podemos atender ao mundo orecular.

*

Tínhamos a justiça codificação da vingança. A ciência codificação da Magia. A Antropofagia. A transformação permanente do Tabu em totem.

*

Contra o mundo reversível e as idéias objetivadas. Cadaverizadas. O stop do pensamento que é dinâmico. O indivíduo vítima do sistema. Fonte das injustiças clássicas. Das injustiças românticas. E o esquecimento das conquistas interiores.

*

Roteiros. Roteiros. Roteiros. Roteiros. Roteiros. Roteiros. Roteiros.

*

O instinto Caraíba.
Morte e vida das hipóteses. Da equação *eu* parte do *Cosmos* ao axioma *Cosmos* parte do *eu*. Subsistência. Conhecimento. Antropofagia.

*

Contra as elites vegetais. Em comunicação com o solo.

*

Nunca fomos catequizados. Fizemos foi Carnaval. O índio vestido de senador do Império. Fingindo de Pitt. Ou figurando nas óperas de Alencar cheio de bons sentimentos portugueses.

*

Já tínhamos o comunismo. Já tínhamos a língua surrealista. A idade de ouro.

    Catiti Catiti
    Imara Notiá
    Notiá Imara
    Ipeju

*

A magia e a vida. Tínhamos a relação e a distribuição dos bens físicos, dos bens morais, dos bens dignários. E sabíamos transpor o mistério e a morte com o auxílio de algumas formas gramaticais.

*

Perguntei a um homem o que era o Direito. Ele me respondeu que era a garantia do exercício da possibilidade. Esse homem chamava-se Galli Mathias. Comi-o.

*

Só não há determinismo onde há mistério. Mas que temos nós com isso?

*

Contra as histórias do homem que começam no Cabo Finisterra. O mundo não datado. Não rubricado. Sem Napoleão. Sem César.

*

A fixação do progresso por meio de catálogos e aparelhos de televisão. Só a maquinaria. E os transfusores de sangue.

*

Contra as sublimações antagônicas. Trazidas nas caravelas.

*

Contra a verdade dos povos missionários, definida pela sagacidade de um antropófago, o Visconde de Cairu: — É a mentira muitas vezes repetida.

*

Mas não foram cruzados que vieram. Foram fugitivos de uma civilização que estamos comendo, porque somos fortes e vingativos como o Jabuti.

*

Se Deus é a consciência do Universo Incriado, Guaraci é a mãe dos viventes. Jaci é a mãe dos vegetais.

*

Não tivemos especulação. Mas tínhamos adivinhação. Tínhamos Política que é a ciência da distribuição. E um sistema social planetário.

*

As migrações. A fuga dos estados tediosos. Contra as escleroses urbanas. Contra os Conservatórios e o tédio especulativo.

*

De William James a Voronoff. A transfiguração do Tabu em totem. Antropofagia.

*

O pater famílias e a criação da Moral da Cegonha: Ignorância real das coisas + falta de imaginação + sentimento de autoridade ante a prole curiosa.

*

É preciso partir de um profundo ateísmo para se chegar à idéia de Deus. Mas o caraíba não precisava. Porque tinha Guaraci.

*

O objetivo criado reage como os Anjos da Queda. Depois Moisés divaga. Que temos nós com isso?

*

Antes dos portugueses descobrirem o Brasil, o Brasil tinha descoberto a felicidade.

*

Contra o índio de tocheiro. O índio filho de Maria, afilhado de Catarina de Médicis e genro de D. Antônio de Mariz.

*

A alegria é a prova dos nove.

*

No matriarcado de Pindorama.

*

Contra a Memória fonte do costume. A experiência pessoal renovada.

*

Somos concretistas. As idéias tomam conta, reagem, queimam gente nas praças públicas. Suprimamos as idéias e as outras paralisias. Pelos roteiros. Acreditar nos sinais, acreditar nos instrumentos e nas estrelas.

*

Contra Goethe, a mãe dos Gracos, e a Corte de D. João VI.

*

A alegria é a prova dos nove.

*

A luta entre o que se chamaria Incriado e a Criatura — ilustrada pela contradição permanente do homem e o seu Tabu. O amor cotidiano e o modus-vivendi capitalista. Antropofagia. Absorção do inimigo sacro. Para transformá-lo em totem. A humana aventura. A terrena finalidade. Porém, só as puras elites conseguiram realizar a antropofagia carnal, que traz em si o mais alto sentido da vida e evita todos os males identificados por Freud, males catequistas. O que se dá não é uma sublimação do instinto sexual. É a escala termométrica do instinto antropofágico. De carnal, ele se torna eletivo e cria a amizade. Afetivo, o amor. Especulativo, a ciência. Desvia-se e transfere-se. Chegamos ao aviltamento. A baixa antropofagia aglomerada nos pecados de catecismo — a inveja, a usura, a calúnia, o assassinato. Peste dos chamados povos cultos e cristianizados, é contra ela que estamos agindo. Antropófagos.

*

Contra Anchieta cantando as onze mil virgens do céu, na terra de Iracema —, o patriarca João Ramalho fundador de São Paulo.

*

A nossa independência ainda não foi proclamada. Frase típica de D. João VI: — Meu filho, põe essa coroa na tua cabeça, antes que algum aventureiro o faça! Expulsamos a dinastia. É preciso expulsar o espírito bragantino, as ordenações e o rapé de Maria da Fonte.

*

Contra a realidade social, vestida e opressora, cadastrada por Freud — a realidade sem complexos, sem loucura, sem prostituições e sem penitenciárias do matriarcado de Pindorama.

    Oswald de Andrade
    Em Piratininga.
    Ano 374 da Deglutição do Bispo Sardinha.

Revista de Antropofagia, Ano I, Nº 1, maio de 1928.

MEMÓRIAS SENTIMENTAIS DE JOÃO MIRAMAR

Neste pequeno romance Oswald de Andrade fez a primeira grande experiência de prosa modernista na ficção brasileira, procurando romper as barreiras com a poesia e narrando num estilo alusivo e elíptico. É a história dum paulista de "boa família" que, como os outros, estuda mais ou menos, cresce, vai à Europa, volta, casa com a prima, torna-se fazendeiro pouco eficiente, é explorado, entra em aventuras —, em meio a um saboroso panorama da família e da classe em que vive. Os capítulos abaixo narram momentos da viagem ao estrangeiro; antes da chegada, sua mãe morrera.

27. Férias

    Dezembro deu à luz das salas enceradas de tia Gabriela as três moças primas de óculos bem falados.
    Pantico norte-americava.
    E minha mãe entre médicos num leito de crise decidiu o meu apressado conhecimento viajeiro do mundo.

28. Porto Saído

Barracões de zinco das docas retas no sol pregaram-me como um rótulo no bulício de carregadores e curiosos pois o Marta largaria só noite tropical.

A tarde mergulhava de altura na palidez canalizada por trampolins de colinas e um forte velho. E brutos carregavam o navio sob sacos em fila.

Marinheiros dos porões fecharam os mastros guindastes e calmos oficiais lembrando ombros retardatários.

A barriga tesa da escada exteriorizou os lentos visitantes para ficar suspensa ao longo dos marujos loiros.

Grupos apinharam o cais parado.

29. Manhã no Rio

O furo do ambiente calmo da cabina cosmoramava pedaços de distância no litoral.

O Pão de Açúcar era um teorema geométrico.

Passageiros tombadilhavam o êxtase oficial da cidade encravada de crateras.

O Marta ia cortar a Ilha Fiscal porque era um cromo branco mas piratas atracaram-no para carga e descarga.

34. Tenerife

Apitos na cabina estranha estoparam o Marta na madrugada.

No cosmorama do leito duas linhas de luzes marcavam

a flutuação de Santa Cruz de Tenerife. A terra depois de dez dias tinha negros como-vais humanos.
Binóculos sintetizaram a cidade dormindo para nossa pressa. Sons lestos de campainha ancoraram o navio noturno.
As rugas do inglês passaram e a coberta repontou de cabeças catalogadas.
A ilha saía inteira da manhã saída do mar.
E sobre a cidade dado montes montaram.

39. Cerveja

Empalada na límpida manhã a Alemanha era uma litografia gutural quando os corações meu e de Madô desceram malas em München.
Paredes enormes davam comida a portais góticos. Um príncipe de Baviera chegou para as calçadas perfiladas e gordas hurrarem a carruagem que entrou no povo por mitrados cavalos sólidos.
E um bardo garganteou entre bocks na fumaça sonora de valquírias.

40. Costeleta Milanesa

Mas na limpidez da manhã mendiga cornamusas vieram sob janelas de grandes sobrados.
Milão estendia os Alpes imóveis no orvalho.

43. Veneza

Descuidosas coisas novas pingaram dias felizes na cidade diferente dos doges.

Descidos da janela do hotel o estrangulamento de palácios minava sob o relógio de vidro negro com horas áureas na direção da praça bizantina.

O campanile cercado de pombas era um fuso brônzeo bá-om!

Pequenas ruas ostentavam durante o dia um comércio completo de cidade visitada com serenatas noturnas.

Cristais jóias couros lavrados marfins caíam com xales italianos de cores vivas nos canais de água suja.

Gondolamos graciosamente na Ponte de Rialto e suspiramos na outra.

Mas São Marcos era uma luz elétrica noturna de banho turco num disparate de mundiais elegâncias aviadoras rodeando concertos servidos com sorvetes.

44. Mont-Cenis

O alpinista
de alpenstock
desceu
nos Alpes

45. Aix

Albornoz e caftãs de pele cúprica turcavam no expresso internacional guardanapando suores velhos.

O lago gilete monoculava para o sol entre litografias convexas.
Montanhas espetavam tetas para a sede azul do céu.
Casas punham pierrôs na estrada quando de repente a gare chata dos banhos manifestou catálogos coloridos de Riviera no cimento de campainhas.

47. Soho Square

Picadilly fazia fluxo e refluxo de chapéus altos e corredores levando ingleses duros para música e talheres de portas móveis e portas imóveis.
Elevadores Klaxons cabs tubes caíam de avião na plataforma preta de Trafalgar.
Mas nosso quarteirão agora grupava nas calçadas casquetes heterogêneas penetrando sem nariz no whisky dos bars.
Bicicletas levantavam coxas velhas de girls para napolitanos vindos da Austrália. E Isadora Duncan helenizava operetas no Hipódromo.

48. Chuva de Pedra

Estiadas amáveis iluminavam instantes de céus sobre ruas molhadas de pipilos nos arbustos dos squares. Mas a abóbada de garoa desabava os quarteirões.
E um dia o dinheiro chegou de mais dentro dum telegrama com resposta paga de minha rápida volta.

49. Pas de Calais

Pequeno vapor que nos empurrou de Dover sobre rodas contínuas no meio da noite.

O tombadilho encapotava-se de sombras mas como perdêssemos as luzes inglesas achamos as luzes de França no mar.

53. Calmaria descrita por Homero

Depois Almeria acordou a passagem do mar nas colunas que estreitam a estreita entrada das terras mediterrâneas.

Na África Ceuta sepulcrava ao luar.

E do outro lado a pedra anglo-rochosa fincava a garra na Espanha.

54. Ladeira do Mundo

Em Las Palmas ficaram entre barbas alpestres e kodaks moças projetos ascensionais.

Nuvens encastelaram-se sobre aventureiros que demandavam São Paulo.

Dakar negrejou na pura perda de uns olhos verdes que eram meu diário de bordo.

Padres polacos cantaram para as ondas ferretes enquanto partidas de xadrez explicavam a eternidade.

E a terra natal espiou por um farol na noite enfarada.

55. Fio de Luzes

O vento batia a madrugada como um marido. Mas ela perscrutava o escuro teimoso.
Uma longe claridade borrou a esquerda na evidência lenta de uma linha longa.

56. Órfão

O céu jogava tinas de água sobre o noturno que me devolvia a São Paulo.

O comboio brecou lento para as ruas molhadas, furou a gare suntuosa e me jogou nos óculos menineiros de um grupo negro.

Sentaram-me num automóvel de pêsames.

Longo soluço empurrou o corredor conhecido contra o peito magro de tia Gabriela no ritmo de luto que vestia a casa.

Memórias Sentimentais de João Miramar,
São Paulo, 1924.

PAU-BRASIL

Escapulário

No Pão de Açúcar
De Cada Dia
Dai-nos Senhor

A Poesia
De Cada Dia

A Transação

O fazendeiro criara filhos
Escravos escravas
Nos terreiros de pitangas e jabuticabas
Mas um dia trocou
O ouro da carne preta e musculosa
As gabirobas e os coqueiros
Os monjolos e os bois
Por terras imaginárias
Onde nasceria a lavoura verde do café

Relicário

No baile da Corte
Foi o Conde d'Eu quem disse
Pra Dona Benvinda
Que farinha de Suruí
Pinga de Parati
Fumo de Baependi
É comê bebê pitá e caí

Ditirambo

Meu amor me ensinou a ser simples
Como um largo de igreja

Onde não há nem um sino
Nem um lápis
Nem uma sensualidade

Traituba

O sobrado parecia uma igreja
Currais
E uma e outra árvore
Para amarrar os bois
O pomar de toda fruta
E a passarinhada
Juá na roça de milho
Carros de fumo puxados por 12 bois
Codorna tucano perdiz araponga
Jacu nhambu juriti

Semana Santa

A matraca alegre
Debaixo do céu de comemoração
Diz que a Tragédia passou longe
O Brasil é onde o sangue corre
E o ouro se encaixa
No coração da muralha negra
Recortada
Laminada
Verde

Canto do Regresso à Pátria

Minha terra tem palmares
Onde gorjeia o mar
Os passarinhos aqui
Não cantam como os de lá

Minha terra tem mais rosas
E quase que mais amores
Minha terra tem mais ouro
Minha terra tem mais terra

Ouro terra amor e rosas
Eu quero tudo de lá
Não permita Deus que eu morra
Sem que volte para lá

Não permita Deus que eu morra
Sem que volte pra São Paulo
Sem que veja a Rua 15
E o progresso de São Paulo.

Pau-Brasil, Au Sans Pareil, Paris, 1925.

PRIMEIRO CADERNO

Balada do Esplanada

A Gofredo

Ontem à noite
Eu procurei
Ver se aprendia
Como é que se fazia
Uma balada
Antes d'ir
Pro meu hotel

É que este
Coração
Já se cansou
De viver só
E quer então
Morar contigo
No Esplanada

Eu qu'ria
Poder
Encher
Este papel
De versos lindos
É tão distinto
Ser menestrel

No futuro
As gerações
Que passariam
Diriam
É o hotel
Do menestrel

Pra m'inspirar
Abro a janela
Como um jornal
Vou fazer
A balada
Do Esplanada
E ficar sendo
O menestrel
De meu hotel

Mas não há poesia
Num hotel
Mesmo sendo
'Splanada
Ou Grand-Hotel

Há poesia
Na dor
Na flor
No beija-flor
No elevador

Oferta

Quem sabe
Se algum dia
Traria
O elevador
Até aqui
O teu amor

Soidão

À memória de meu pai

Chove chuva choverando
Que a cidade de meu bem
Está-se toda se lavando

Senhor
Que eu não fique nunca
Como esse velho inglês
Aí do lado
Que dorme numa cadeira
A espera de visitas que não vêm

Chove chuva choverando
Que o jardim de meu bem
Está-se todo se enfeitando

A chuva cai

Cai de bruços
A magnólia abre o parachuva
Parassol da cidade
De Mário de Andrade
A chuva cai
Escorre das goteiras do domingo

Chove chuva choverando
Que a casa de meu bem
Está-se toda se molhando

Anoitece sobre os jardins
Jardim da Luz
Jardim da Praça da República
Jardins das platibandas

Noite
Noite de hotel
Chove chuva choverando.

*Primeiro Caderno de Poesia do Aluno
Oswald de Andrade,* São Paulo, 1927.

MÁRIO DE ANDRADE

Mário Raul de Morais Andrade nasceu e morreu em São Paulo (1893-1945). Diplomado pelo Conservatório Dramático e Musical, onde foi catedrático de História da Música, viveu como professor de piano, colaborador de jornais, e, mais tarde, funcionário público. Em 1917 estreou com versos insignificantes; em 1920 escreveu o primeiro livro modernista, Pauliceia Desvairada, *publicado em 1922, ano da famosa Semana de Arte Moderna, de que foi uma das figuras principais. Ao mesmo tempo escreveu a teoria poética da renovação,* A Escrava que não é Isaura, *publicada em 1925. Em 1926, saiu* Losango Cáqui, *onde aplica os princípios do livro anterior: simultaneísmo, elipse, valorização do quotidiano, subversão dos temas tradicionais. A seguir entra numa fase de nacionalismo estético e pitoresco, com utilização do folclore e da etnografia, à busca de um específico brasileiro que obsedava os renovadores. É o tempo em que publica, na poesia,* Clã do Jabuti; *na ficção,* Macunaíma; *em musicologia,* Ensaio sobre a Música Brasileira. *Mas simultaneamente ia buscando uma expressão menos exterior, uma língua menos agressiva, uma manifestação mais sutil dos temas sociais e descritivos, cada vez mais interiorizados pela meditação. É o que se torna patente com as obras publicadas a partir de 1930. Em* Remate de Males *a sua poesia se desprende dos maneirismos da primeira fase, do pitoresco externo e psicológico, revelando uma tendência que será marcante nele: a capacidade de fun-*

dir, num movimento único, a pesquisa da sua alma e a pesquisa do seu país, como se fossem duas faces da mesma experiência, irmanadas em certos símbolos de grande efeito: os ritos primitivos, a terra sem males, a preguiça criadora, o caudal turvo e misterioso dos grandes rios. Esta tendência irá aumentando, até chegar ao seu último poema, "Meditação sobre o Tietê", onde alcança a fusão perfeita do coletivo e do pessoal, numa articulação mágica de temas e imagens tirados de toda a sua obra anterior, cuja coerência profunda é assim revelada.

Esta evolução se manifestou também na prosa, de ficção e de ensaio. É o caminho que vai de Primeiro Andar *à segura maturidade de* Belazarte *e à perfeição quase clássica, para o gênero, dos* Contos Novos, *revelando um contista soberano na fixação do tema expressivo, na dosagem da emoção, na arte sutil da composição literária e nos recursos do estilo. Este estilo, muito pessoal e cada vez mais depurado, dá um toque inconfundível aos seus grandes livros de ensaios, dos mais altos da nossa literatura, como os reunidos em* Aspectos da Literatura Brasileira.

Em 1934 foi chamado a dirigir o Departamento de Cultura da Prefeitura de São Paulo, realizando até 1937 uma obra notável no setor da educação infantil, da divulgação artística e da reforma musical. Em 1938 mudou-se para o Rio, onde foi crítico literário, professor de Estética na Universidade do Distrito Federal e autor do plano da Enciclopédia Brasileira do Ministério da Educação. Em 1940 voltou à cidade natal, como funcionário do Serviço do Patrimônio Histórico, cuja ação orientou em São Paulo. Quando morreu, estava em plena atividade de poeta, contista, crítico e pesquisador, deixando por publicar algumas das suas obras mais perfeitas.

Mário de Andrade foi sem dúvida o espírito mais vasto do Modernismo; o mais versátil e culto, o que maior influência exerceu pelos escritos, pela atuação de homem público, pela irradiação pessoal e pela enorme correspondência, hoje em grande parte publicada. Possuído pelo senso do dever, imprimiu à sua obra um caráter de missão a serviço dos ideais de arte e pensamento que lhe pareciam adequados à renovação do país. Ele próprio reconheceu, desde o início, que essa vocação participante daria a muito do que fizesse um cunho circunstancial, polêmico, comprometendo a sua duração. Mas achava que o escritor tem deveres para com o momento e a sociedade em que vive, e aceitou o perigo, que de fato perturbou muito do que fez. Em compensação garantiu um alto valor de mensagem e de pesquisa humana à maioria válida da sua vasta obra.

BIBLIOGRAFIA
DO AUTOR:

1. Cronologia:

(a) Poesia: *Há uma gota de sangue em cada poema*, 1917; *Paulicéia Desvairada*, 1922; *Losango Cáqui*, 1926; *Clã do Jabuti*, 1927; *Remate de Males*, 1930; *Poesias*, 1941; *Lira Paulistana seguida d'O Carro da Miséria*, 1946; *Poesias Completas*, 1955.

(b) Ficção: *Primeiro Andar,* contos, 1926; *Amar, Verbo Intransitivo*, romance, 1927; *Macunaíma*, rapsódia, 1928; *Belazarte*, 1934; *Contos Novos*, 1946.

(c) Ensaio: *A Escrava que não é Isaura*, 1925; *O Aleijadinho e Álvares de Azevedo*, 1935; *O Baile das Quatro Artes*, 1943; *Aspectos da Literatura Brasileira*, 1943; *O Empalhador de Passarinho*, 1944.

(d) Crônica: *Os filhos de Candinha*, 1943.

(e) Musicologia e Folclore: *Ensaio sobre a Música Brasileira*, 1928; *Compêndio de História da Música*, 1929; *Modinhas Imperiais*, 1930; *Música Doce Música*, 1933; *Namoros com a Medicina*, 1939;

Música do Brasil, 1941; *Danças Dramáticas do Brasil*, 3 vols., 1959; *Música da Feitiçaria no Brasil*, 1963.

(f) História da Arte: *O Padre Jesuíno do Monte Carmelo*, 1946. (Além de um grande número de opúsculos, folhetos etc., reunidos em volumes das *Obras*.)

(g) Cartas: *Cartas a Manuel Bandeira*, 1958; *71 Cartas de Mário de Andrade*, coligidas e anotadas por Lygia Fernandes, s/d.; *Mário de Andrade escreve* etc., cartas coligidas e anotadas por Lygia Fernandes, Rio de Janeiro, Editora do Autor, 1968.

2. Edição indicada: *Obras de Mário de Andrade*, 20 volumes, São Paulo, Martins.

SOBRE O AUTOR:

Prudente DE MORAES NETO, "Mário de Andrade —*A Escrava que não é Isaura*", in *Estética*, nº 3, abril-junho de 1925, págs. 306-318.
Revista do Arquivo Municipal, São Paulo, vol. 106, 1946: "Homenagem a Mário de Andrade".
M. CAVALCÂNTI PROENÇA, *Roteiro de Macunaíma* in Anhembi, São Paulo, 1955.
"Suplemento Literário" de *O Estado de S. Paulo*, Ano IV, nº 171, de 27/2/60, comemorativo do 15º aniversário da morte.
Maria HELENA GREMBECKI, *Mário de Andrade e "L'Esprit Nouveau"*, São Paulo, publicação do Instituto de Estudos Brasileiros da Universidade de São Paulo, 1969.
Nites THEREZINHA FERES, *Leitura em francês de Mário de Andrade*, idem, 1969.
Paulo DUARTE, *Mário de Andrade por ele mesmo*, São Paulo, Edart, 1971.
Telê PORTO ANCONA LOPEZ, *Mário de Andrade: ramais e caminho*, São Paulo, Duas Cidades, 1972.
Luís COSTA LIMA, "Permanência e mudança na poesia de Mário de Andrade", in *Lira e Antilira*, Rio de Janeiro, Civilização Brasileira, 1968, págs. 33-132

O Artista Moderno

Ainda não vi sublinhado com bastante descaramento e sinceridade esse caráter primitivista de nossa época artística. Somos na realidade uns primitivos. E como todos os primitivos realistas e estilizadores. A realização sincera da matéria afetiva e do subconsciente é nosso realismo. Pela imaginação deformadora e sintética somos estilizadores. O problema é juntar num todo equilibrado essas tendências contraditórias. Contradigo-me. Erro. Firo-me. Tombo. Morrerei? É coisa que não me preocupa nem perturba. Em todos os períodos construtivos é assim. Pensemos em tudo o que se fez e desfez para que o avião se tornasse um utênsil da modernidade e a ópera chegasse a Núpcias de Fígaro e a Tristão. Os clássicos virão mais tarde que escolherão das nossas engrenagens tudo o que lhes servirá, não para construir obras-primas (que são de todos os períodos) mas para edificar uma nova estesia, completa, serena, mais humanamente universal.

***

Somos homens duma imaginação dominadora quase feroz. Inegável. Apesar disso: críticos, estudiosos, esfomeados de ciência, legitimamente intelectuais. Donde vem pois esse estado de cisma (rêverie) contínua, exaltada ou lassa, que apresentam muitas vezes (um demasiado número de vezes!) as criações dos poetas modernistas senão da fadiga intelectual? (...)

Dois exemplos característicos, verdadeiras confissões desse estado de cisma, são o "Panamá" de Cendrars e o conto "L'Extra" de Aragon. Os desenhos dadaístas, tais como são praticados por Arp, provam evidentemente o mesmo estado.

As obras de Kandinsky (as dos últimos anos) são rêveries plásticas. Deveremos reagir contra isso? É muito provável que sim. Será possível? Humano? Talvez sim. Talvez não. Será possível forçar a perfeição a surgir para as artes? Saltar a evolução para que as obras atuais ganhem em serenidade, clareza, humanidade? Escrevemos para os outros ou para nós mesmos? Para *todos* os outros ou para *uns poucos* outros? Deve-se escrever para o futuro ou para o presente? Qual a obrigação do artista? Preparar obras imortais que irão colaborar na alegria das gerações futuras ou construir obras passageiras mas pessoais em que as suas impulsões líricas se destaquem para os contemporâneos como um intenso, veemente grito de sinceridade? Há nestas duas estradas, numa a obrigação moral que nos (me) atormenta, noutra a coragem de realizar esteticamente a atualidade que seria ingrato quase infame desvirtuar, mascarar, em nome dum futuro terreno que não nos pertence. Deus nos atirou sobre a Terra para que vivêssemos o castigo da vida ou preparássemos a mentira de beleza para vidas porvindouras? Dores e sofrimentos! Dúvidas e lutas. Sinto-me exausto. Meu coração parou? Um automóvel só, lá fora... É a tarde, mais serena. E si vedono comparire delle immagini. Há uns mocinhos a assobiar nos meus ouvidos uma vaia de latidos, cocoricos... Os cães rasgam-me as vestes na rua terrível, mordem-me os pés, unham-me as carnes... Eis-me despido. Nu. Diante dos que apupam. Despido também da ilusão com que pretendi amar a humanidade oceânica. Mas as vagas humanas batem contra o meu peito que é como um cais de amor. Roem-me. Roem-me. Uma longínqua penetrante dor... Mas o sal marinho me enrija. Ergo-me mais uma vez. E ante a risada má, inconsciente, universal tenho a orgulhosa alegria de ser um homem triste. E continuo para a frente. Ninguém se aproxima de mim. Gritam de longe: — "Louco!! Louco!" Volto-me. Respondo: — "Loucos! Loucos!" É engraçadíssimo. E termino finalmente achando em tudo um cômico profundo: na humanidade, em mim, na fadiga, na inquietação e na famigerada liberdade.

> "Mais riez riez de moi
> Hommes de partout surtout gens d'ici
> Car il y a tant de choses que je n'ose vous dire
> Tant de choses que vous ne me laisseriez pas dire
> Ayez pitié de moi"
>
> *(Appolinaire)*

A Escrava que não é Isaura, São Paulo, 1925, "Apêndices".

A Forma na Literatura

....
....

Não há obra-de-arte sem forma e a beleza é um problema de técnica e de forma. Charles Lalo chega a afirmar que o "sentimento técnico" é o único a ser diretamente estético por si mesmo. E, com efeito, todo e qualquer sentimento outro, toda e qualquer verdade, toda e qualquer intenção, não consegue se tornar beleza, se não se transformar nesse sentimento técnico, que contempla o amor, a verdade, a intenção social e lhes dá forma. Forma estética, isto é, a obra-de-arte. Não mais a realidade, mas como que o seu símbolo — esse formidável poder de convicção da beleza que a torna mais real que a própria realidade. O artista de mais nobres intenções sociais, o poeta mais deslumbrado ante o mistério da vida, o romancista mais piedoso ante o drama da sociedade poderão perder até noventa por cento do seu valor próprio se não tiverem meios de realizar suas intenções, suas dores e deslumbramentos. Ou então qualquer contista de semanário religioso seria melhor que Machado de Assis! E os meios de realizar intenções e deslumbramentos só podem vir da técnica e da criação da forma. Jamais me preocuparam erros de gramática, mas me preocupam "erros" de linguagem que fragilizam a expressão. Jamais exigi de ninguém a forma rija do ditirambo, mas repudio e hei de profligar o amorfo, as confusões do prosaico com o verso-livre, a troca da técnica por um magro catecismo de receitas, o monótono realismo escamoteando em sua estupidez moluscóide aquela transposição para o mundo da arte, em que o mal de um se converte em mal de muitos. Tanto a arte convence...

O caso da literatura é por certo muito complexo porque nele a beleza se prende imediatamente ao assunto e com isso não há mais barreiras para o confusionismo. Se em pintura um crítico se preocupar exclusivamente com os problemas da forma, nenhum pintor se revoltará; e o mesmo acontece com as outras artes plásticas e a música. Mas é que nestas artes, mais facilmente livres de assunto, em que a paisagem, a natureza-morta, a sonata, o noturno, e a própria Vênus ou a canção de amor, normalmente se ligam com muito pouca intensidade aos nossos interesses vitais: a beleza, a objetividade meramente formal dos seus problemas podem ser tratados com franqueza, sem que o crítico seja acusado de formalismo, de esteticismo e outras xingações aparentemente pejorativas. E é exatamente pela realização em formas plásticas ou sonoras, pela transposição em beleza, que o assunto, mesmo de violenta intenção social como uma "Heróica" ou num Goya, representa realmente uma concepção estética do mundo e da vida, uma nova síntese, um valor crítico que se inclui no sentimento de beleza.

Em literatura o problema se complica tremendamente porque o seu próprio material, a palavra, já começa por ser um valor impuro; não é meramente estético como o som, o volume, a luz mas um elemento imediatamente interessado, uma imagem aceita como força vital, tocando por si só o pensamento e os interesses do ser. E assim, a literatura vive em freqüente descaminho porque o material que utiliza nos leva menos para a beleza que para os interesses do assunto. E este ameaça se confundir com a beleza e se trocar por ela. Centenas de vezes tenho observado pessoas que lêem setecentas páginas num dia, valorizam um poema por causa do sentido social dum verso, ou indiferentemente pegam qualquer tradução de Goethe pra ler. Que o assunto seja, principalmente em literatura, um elemento de beleza também, eu não chego a negar, apenas desejo que ele represente realmente uma mensagem como na obra de um Castro Alves. Quero dizer: seja efetivamente um valor crítico, uma nova síntese que nos dê um sentido da vida, um aspecto do essencial. Apenas garanto que esta nova síntese, que é o próprio propósito da arte, ou desaparece ou fica em meio, se o artista não dispõe dos elementos formais necessários que a realizem com perfeição. Mas acontece que muitos, justamente porque ignoram tais problemas, ou não querem o trabalho, a luta de se cultivar, se insurgem contra a cultura, consideram ninharias os problemas da forma, e só exigem o núcleo, a "mensagem". Se esquecem que justamente por isso abundam no mundo os mensageiros que, em vez de mensagens, o que trazem são cartas anônimas, vagas e impessoais notícias, sem caráter nem força, que podem quando muito indicar pra que lados sopram os ventos da vida.

....
....

D' "A Raposa e o Tostão", *O Empalhador de Passarinho*, São Paulo, Martins, s/d.

MACUNAÍMA

Esta "rapsódia" (como era qualificada na primeira edição) conta as aventuras de Macunaíma, herói de uma tribo amazônica, que o autor misturou a outros, também indígenas, e que reinventou como personagem picaresca, sem cortar as suas ligações com o mundo lendário. Depois da morte da mulher (Ci, a Mãe do Mato, que se transforma na estrela Beta do Centauro), Macunaíma perde um amuleto que ela lhe dera, a "muiraquitã". Sabendo que está nas mãos de um mascate peruano, Venceslau Pietro Pietra, morador em São Paulo, vem para esta cidade com os dois irmãos, Maanape e Jiguê. A maior parte do livro se passa durante as tentativas de reaver a pedra do comerciante, que era afinal de contas o gigante Piaimã, comedor de gente. Conseguido o propósito, Macunaíma volta para o Amazonas, onde, após uma série de aventuras finais, se transforma na constelação Ursa Maior.

O livro é construído no encontro de lendas indígenas (sobretudo as amazônicas recolhidas e publicadas pelo etnólogo alemão Koch-Grünberg), e da vida brasileira quotidiana, de mistura com lendas e tradições populares. O espaço e o tempo são arbitrários, o fantástico assume um ar de coisa corriqueira e o lirismo da mitologia se funde a cada passo com a piada, a brincadeira, a malandragem nacional, que Macunaíma encarna (é "o herói sem nenhum caráter"). O trecho abaixo, tirado do episódio XI, "A Velha Ceiuci", ilustra o tipo de vida que ele leva em São Paulo e os aspectos humorísticos do livro.

XI — A velha Ceiuci

No outro dia o herói acordou muito constipado. Era porque apesar do calorão da noite ele dormira de roupa com medo da Caruviana que pega indivíduo dormindo nu. Mas estava muito gangento com o sucesso do discurso da véspera. Esperou impaciente os quinze dias da doença resolvido a contar mais casos pro povo. Porém quando se sentiu bom era manhãzinha e quem conta história de dia cria rabo de cutia. Por isso convidou os manos pra caçar, fizeram.

Quando chegaram ao bosque da Saúde o herói murmurou:

— Aqui serve.

Dispôs os manos nas esperas, botou fogo no bosque e ficou também amoitado esperando que saísse algum veado mateiro pra ele caçar. Porém não tinha nenhum veado lá e quando queimada acabou, jacaré saiu? pois nem veado mateiro nem veado catingueiro, saíram só dois ratos chamuscados. Então o herói caçou os ratos chamuscados, comeu-os e sem chamar os manos voltou pra pensão.

Lá chegado ajuntou os vizinhos, criados a patroa cunhãs datilógrafas estudantes empregados-públicos, muitos empregados públicos! todos esses vizinhos e contou pra eles que tinha ido caçar na feira do Arouche e matara dois...

—... mateiros não eram veados mateiros não, dois veados catingueiros que comi com os manos. Até vinha trazendo um naco pra vocês mas porém escorreguei na esquina, caí derrubei o embrulho e cachorro comeu tudo.

Toda a gente se sarapantou com o sucedido e desconfiaram do herói. Quando Maanape e Jiguê voltaram, os vizinhos foram perguntar pra eles se era verdade que Macunaíma caçara dois catingueiros na feira do Arouche. Os manos ficaram muito enquizilados porque não sabiam mentir e exclamavam irritadíssimos:

— Mas que catingueiros esses! O herói nunca matou veado! Não tinha nenhum veado na caçada não! Gato miador, pouco caçador, gente! Em vez foram dois ratos chamuscados que Macunaíma pegou e comeu.

Então os vizinhos perceberam que tudo era mentira do herói, tiveram raiva e entraram no quarto dele pra tomar satisfação. Macunaíma estava tocando numa flautinha feita de canudo de mamão. Parou o sopro, aparou o bocal da flautinha e se admirou muito sossegado:

— Praquê essa gentama no meu quarto, agora!... Faz mal pra saúde, gente!

Todos perguntaram pra ele:

— O que foi mesmo que você caçou, herói?

— Dois veados mateiros.

Então os criados as cunhãs estudantes empregados-públicos, todos esses vizinhos principaram rindo dele. Macunaíma sempre aparando o bocal da flautinha. A patroa cruzando os braços ralhou assim:

— Mas, meus cuidados, praquê você fala que foram dois veados e em vez foram dois ratos chamuscados!

Macunaíma parou assim os olhos nela e secundou:

— Eu menti.

Todos os vizinhos ficaram com cara de André e cada um foi saindo na maciota. E André era um vizinho que an-

dava sempre encalistrado. Maanape e Jiguê se olharam, com inveja da inteligência do mano. Maanape inda falou pra ele:
— Mas praquê você mentiu, herói!
— Não foi por querer não... quis contar o que tinha sucedido pra gente e quando reparei estava mentindo...

Jogou a flautinha fora, pegou no ganzá pigarreou e descantou. Descantou a tarde inteirinha uma moda tão sorumbática mas tão sorumbática que os olhos dele choravam a cada estrofe. Parou porque os soluços não deixaram mais continuar. Largou do ganzá. Lá fora a vista era uma tristura de entardecer dentro da cerração. Macunaíma sentiu-se desinfeliz e teve saudades de Ci a inesquecível. Chamou os manos pra se consolarem todos juntos. Maanape e Jiguê sentaram junto dele na cama e os três falaram longamente da Mãe do Mato. E espalhando a saudade falaram dos matos e cobertos cerrações deuses e barrancas traiçoeiras do Uraricoera. Lá que eles tinham nascido e se rido pela primeira vez nos macurus... Encostados nas maquiras pra lá do limpo do mocambo os guirás cantavam o que não dava o dia e eram pra mais de quinhentas as famílias dos guirás... Perto de quinze vezes mil espécies de animais assombravam o mato de tantos milhões de paus que não tinham mais conta... Uma feita um branco trouxera da terra dos Ingleses, dentro dum sapiquá gótico, a constipação que fazia agora Macunaíma tanto chorar de sodades... E a constipação tinha ido morar no antro das formigas mumbucas mui pretas. Na escureza o calor se amaciava como saindo das águas; pra trabalhar se cantava; nossa mãe ficara virada numa coxilha mansa no lugar chamado Pai da Tocandeira... Ai, que preguiça... E o três manos perceberam pertinho o murmurejo do Uraricoera! Oh! como era bom por lá... O herói se atirou pra trás chorando largado na cama.

Quando a vontade de chorar parou, Macunaíma afastou os mosquitos e quis espairecer. Se lembrou de ofender a mãe do gigante com uma bocagem novinha vinda da Austrália. Virou Jiguê na máquina telefone porém o mano inda estava muito confundido com o caso da mentira do herói e não houve meios de ligar. O aparelho tinha defeito. Então Macunaíma fumou fava de paricá pra ter sonhos gostosos e adormeceu bem.

No outro dia lembrou que precisava se vingar dos manos e resolveu passar um pealo neles. Levantou madrugadinha e foi esconder no quarto da patroa. Brincou pra fazer tempo. Depois voltou falando afobado pros manos:

— Oi, manos, achei rasto fresco de tapir bem na frente da Bolsa de Mercadorias!

— Que me diz, perdiz!

— Pois é. Quem que havia de dizer!

Ninguém inda não matara tapir na cidade. Os manos se sarapantaram e foram com Macunaíma caçar o bicho. Chegaram lá, principiaram procurando o rasto e aquele mundão de gente comerciantes revendedores baixistas matarazos, vendo os três manos curvados pro asfalto procurando, principiaram campeando também, todo aquele mundão de gente. Procuraram procuraram, você achou? nem eles! Então perguntaram pra Macunaíma:

— Onde que você achou rasto de tapir? Aqui não tem rasto nenhum não!

Macunaíma não parava de campear falando sempre:

— Tetápe, dzónanei pemonéite hêhê zeténe netaíte.

E os manos regatões zangões tequeteques madalenas e hungareses recomeçavam procurando o rasto. Quando cansavam e paravam pra perguntar, Macunaíma campeando sempre secundava:

— Tetápe, dzónanei pemonéite hêhê zeténe netaíte.

E todo aquele mùndão de gente procurando. Era já perto da noite quando pararam desacorçoados. Então Macunaíma se desculpou:

— Tetápe dzónanei pemo...

Não deixaram nem que ele acabasse, todos perguntando o que significava aquela frase. Macunaíma respondeu:

— Sei não. Aprendi essas palavras quando era pequeno lá em casa.

E todos se queimaram muito. Macunaíma fastou disfarçando falando:

— Calma, gente! Tetápe hêhê! Não falei que tem rasto de tapir não, falei que tinha! Agora não tem mais não.

Foi pior. Um dos comerciantes se zangou de verdade e o repórter que estava ao pé dele vendo o outro zangado zangou também por demais.

— Isso não vai assim não! Pois então a gente vive trabucando pra ganhar o pão-nosso e vai um indivíduo tira a gente o dia inteiro do trabalho só pra campear rasto de tapir!

— Mas eu não pedi pra ninguém procurar rasto, moço, me desculpe! Meus manos Maanape e Jiguê é que andaram pedindo, eu não! Culpa é deles!

Então o povo que já estava todo zangado virou contra Maanape e contra Jiguê. Já todos, e eram muitos! estavam com vontade de armar uma briga. Então um estudante subiu na capota dum auto e fez discurso contra Maanape e contra Jiguê. O povo estava ficando zangadíssimo.

....
....

Macunaíma, ed. crítica de Telê Porto Ancona Lopez, Rio de Janeiro/São Paulo, LTC/SCCT, 1978, São Paulo, Martins, 1944.

Improviso do Mal da América

(Fevereiro de 1928)

Grito imperioso de brancura em mim...

Eh coisas de minha terra, passados e formas de agora,
Eh ritmos de síncopa e cheiros lentos de sertão,
Varando contracorrente o mato impenetrável
                        [do meu ser...
Não me completam mais que um balango de tango,
Que uma reza de indiano no templo de pedra,
Que a façanha do chim comunista guerreando,
Que prantina de piá, encastoado de neve, filho de lapão.
São ecos. Mesmos ecos com a mesma insistência
                        [filtrada
Que ritmos de síncopa e cheiro de mato meu.
Me sinto branco, fatalizadamente um ser de mundos
                        [que nunca vi.
Campeio na vida a jacumã que mude a direção destas
                        [igaras fatigadas
E faça tudo ir indo de rodada mansamente
Ao mesmo rolar de rio das aspirações e das pesquisas...
Não acho nada, quase nada, e meus ouvidos vão
                        [escutar amorosos
Outras vozes de outras falas de outras raças, mais
                        [formação, mais forçura.
Me sinto branco na curiosidade imperiosa de ser.
Lá fora o corpo de São Paulo escorre vida ao
                        [guampasso dos arranha-céus,
E dança na ambição compacta de dilúvios de penetras.
Vão chegando italianos didáticos e nobres;

Vai chegando a falação barbuda de Unamuno
Emigrada pro quarto-de-hóspedes acolhedor da
                        [Sulamérica;
Bateladas de húngaros, búlgaros, russos se despejam na
                        [cidade...
Trazem vodka no sapiquá de veludo,
Detestam caninha, detestam mandioca e pimenta,
Não dançam maxixe, nem dançam catira, nem sabem
                        [amar suspirado.
E de-noite monótonos reunidos na mansarda,
                        [bancando conspiração,
As mulheres fumam feito chaminés sozinhas.
Os homens destilam vícios aldeões na catinga;
E como sempre entre eles tem sempre um que manda
                        [sempre em todos
Tudo calou de sopetão, e no ar amulegado da noite que sua...
— Coro? Onde se viu agora coro a quatro vozes,
                        [minha gente!
São coros, coros ucranianos batidos ou místicos,
                        [Sehnsucht d'além-mar!
Home... Sweet home... Que sejam felizes aqui!
Mais eu não posso, não, me sentir negro nem
                        [vermelho!
De certo que essas cores também tecem minha roupa
                        [alerquinal,
Mas eu não me sinto negro, mas eu não me sinto
                        [vermelho,
Me sinto só branco, relumeando caridade e
                        [acolhimento,
Purificado na revolta contra os brancos, as pátrias, as
                        [guerras, as posses, as preguiças e ignorâncias!
Me sinto só branco agora, sem ar neste ar-livre da América!

Me sinto só branco, só branco em minha alma crivada
[de raças!

Canção

(Rio, 22-XII-1940)

... de árvores indevassáveis
De alma escusa sem pássaros
Sem fonte matutina
Chão tramado de saudades
À eterna espera da brisa,
Sem carinhos... como me alegrarei?

Na solidão solitude,
Na solidão entrei.

Era uma esperança alada,
Não foi hoje mas será amanhã,
Há de ter algum caminho
Raio de sol promessa olhar
As noites graves do amor
O luar a aurora o amor... que sei!

Na solidão solitude,
Na solidão entrei,
Na solidão perdi-me...
O agouro chegou. Estoura
No coração devastado
O riso da mãe-da-lua,

Não tive um dia! uma ilusão não tive!
Ternuras que não me viestes
Beijos que não me esperastes
Ombros de amigos fiéis
Nem uma flor apanhei.

Na solidão solitude,
Na solidão entrei,
Na solidão perdi-me,
Nunca me alegrarei.

Rito do Irmão Pequeno

a Manuel Bandeira

(1931)

I

Meu irmão é tão bonito como o pássaro amarelo,
Ele acaba de nascer do escuro da noite vasta!
Meu irmão é tão bonito como o pássaro amarelo,
Eu sou feito um ladrão roubado pelo roubo que leva,
Neste anseio de fechar o sorriso da boca nascida...

Gentes, não creiam não que em meu canto haja sequer
                    [um reflexo de vida!
Oh não! antes será talvez uma queixa de espírito sábio,
Aspiração do fruto mais perfeito,
Ou talvez um derradeiro refúgio para minha alma
                    [humilhada...

Me deixem num canto apenas, que seja este canto
[somente,
Suspirar pela vida que nasceria apenas do meu ser!
Porque meu irmão pequeno é tão bonito como o
[pássaro amarelo,
E eu quisera dar pra ele o sabor do meu próprio
[destino
A projeção de mim, a essência duma intimidade
[incorruptível!...

II

Vamos caçar cutia, irmão pequeno,
Que teremos boas horas sem razão,
Já o vento soluçou na arapuca do mato
E o arco-da-velha já engoliu as virgens.

Não falarei uma palavra e você estará mudo,
Enxergando na ceva a Europa trabalhar;
E o silêncio que traz a malícia do mato,
Completará o folhiço, erguendo as abusões.

E quando a fadiga enfim nos livrar da aventura,
Irmão pequeno, estaremos tão simples, tão primários,
Que os nossos pensamentos serão vastos,
Graves e naturais feito o rolar das águas.

III

Irmão pequeno, sua alma está adejando no seu corpo,
E imagino nas borboletas que são efêmeras e ativas...
Não é assim que você colherá o silêncio do enorme sol
[branco,
O ferrão dos carapanãs arde em você reflexos que me
[entristecem.

Assim você preferirá visagens, o progresso...
Você não terá paz, você não será indiferente.
Nem será religioso, você... oh você, irmão pequeno,
Vai atingir o telefone, os gestos dos aviões,
O norte-americano, o inglês, o arranha-céu!...

Venha comigo. Por detrás das árvores, sobrado dos
[igapós,
Tem um laguinho fundo onde nem medra o grito do
[cacauê...
Junto à tocaia espinhenta das largas vitórias-régias,
Bóiam os paus imóveis, alcatifados de musgo úmido,
[com calor...

Matemos a hora que assim mataremos a terra e com ela
Estas sombras de sumaúmas e violentos baobás,
Monstros que não são daqui e irão se arretirando.
Matemos a hora que assim mataremos as sombras
[sinistras,
Esta ambição de morte, que nos puxa, que nos chupa,
Guia da noite,
Guiando a noite que canta de uiara no fundo do rio.

IV

Deixa pousar sobre nós dois, irmão pequeno,
A sonolência desses enormes passados;
E mal se abra o descuido ao rolar das imagens,
A chuva há de cair, auxiliando as enchentes.

Sob a jaqueira no barranco ao pé da sombra
As pedras e as raízes sossegadas apodrecem.
Havemos de escutar o som da fruta caindo nágua,
E perceber em toda essa fraca indigência,
A luminosa vaga imperecível lentidão.

V

Há o sarcástico predomínio das matérias
Com seu enorme silêncio sufocando os espíritos do ar...
Será preciso contemplá-las, e a paciência,
Irmão pequeno, é que entreabre as melhores visões.
Nos dias em que o sol exorbita esse branco
Que enche as almas e reflete branqueando a solidão da
                [ipueira,
Havemos de sacrificar os bois pesados.
O sangue lerdo escorre das marombas sobre a água do rio,
E catadupa reacendido o crime das piranhas.

Só isso deixará da gente o mundo tão longínquo...
As nossas almas se afastam escutando o segredo parvo,
E o branco penetra em nós que nem a inexistência
                [incomparável.

VI

Chora, irmão pequeno, chora,
Porque chegou o momento da dor.
A própria dor é uma felicidade...

Escuta as árvores fazendo a tempestade berrar.
Valoriza contigo bem estes instantes
Em que a dor, o sofrimento, feito vento,
São conseqüências perfeitas
Das nossas razões verdes.
Da exatidão misteriosíssima do ser.

Chora, irmão pequeno, chora,
Cumpre a tua dor, exerce o rito da agonia.
Porque cumprir a dor é também cumprir o seu próprio
[destino:
É chegar àquela coincidência vegetal
Em que as árvores fazem a tempestade berrar,
Como elementos da criação, exatamente.

VII

O acesso já passou. Nada trepida mais e uma acuidade
[gratuita
Cria preguiças nos galhos, com suas cópulas
[lentíssimas.
Volúpia de ser a blasfêmia contra as felicidades parvas
[do homem...
São deuses...
Mas nós blefamos esses deuses desejosos de futuro,
Nós blefamos a punição européia dos pecados originais.

Ouça. Por sobre o mato, encrespado nas curvas da terra,
Por aí tudo, o calor anda em largado silêncio,
Ruminando o murmulho do rio, como um frouxo
                          [cujubim.

Na vossa leve boca o suspiro gerou uma abelha.
É o momento, surripiando mel pras colmeias da noite
                          [incerta.

VIII

O asilo é em pleno mato, cercado de troncos negros
Em que a água deixa um óleo eterno e um som,
Só uma picada fere a terra e leva ao porto,
Onde entre moscas jaz uma pele de uiara a secar.

As maqueiras se abanam com lerdeza,
Enquanto à voz do cotcho uma toada se esvai.
Ela foi embora e nós ficamos. Não há nada.
Nem a inquieta visão dessa curiosidade que se foi.

IX

A cabeça desliza com doçura,
E nas pálpebras entrecerradas
Vaga uma complacência extraordinária.

É pleno dia. O ar cheira a passarinho.
O lábio se dissolve em açúcares breves,
O zumbido da mosca embalança de sol.
... Assurbanipal...

A alma, à vontade,
Se esgueira entre as bulhas gratuitas.
Deixa a felicidade ronronar.

Vamos, irmão pequeno, entre palavras e deuses,
Exercer a preguiça, com vagar.

X

A enchente que cava margem,
Roubou os barcos do porto,
A água brota em nosso joelho
Delícias de solidão.
Trepados na castanheira
Viveremos sossegados
Enquanto a terra for mar:
Pauí-Pódole virá
Nas horas de Deus trazer
A estrela, a umidade, o aipim.

E quando a terra for terra,
Só nós dois, e mais ninguém,
De mim nascerão os brancos,
De você a escuridão.

Poesias, São Paulo, Martins, 1941.

O Peru de Natal

[Conto]

O nosso primeiro Natal de família, depois da morte de meu pai acontecida cinco meses antes, foi de conseqüências decisivas para a felicidade familiar. Nós sempre fôramos familiarmente felizes, nesse sentido muito abstrato da felicidade: gente honesta, sem crimes, lar sem brigas internas nem graves dificuldades econômicas. Mas, devido principalmente à natureza cinzenta de meu pai, ser desprovido de qualquer lirismo, duma exemplaridade incapaz, acolchoado no medíocre, sempre nos faltava aquele aproveitamento da vida, aquele gosto pelas felicidades materiais, um vinho bom, uma estação de águas, aquisição de geladeira, coisas assim. Meu pai fora de um bom errado, quase dramático, o puro sangue dos desmancha-prazeres.

Morreu meu pai, sentimos muito, etc. Quando chegamos nas proximidades do Natal, eu já estava que não podia mais pra afastar aquela memória obstruente do morto, que parecia ter sistematizado pra sempre a obrigação de uma lembrança dolorosa em cada almoço, em cada gesto mínimo da família. Uma vez que eu sugerira a mamãe a idéia dela ir ver uma fita no cinema, o que resultou foram lágrimas. Onde se viu ir ao cinema de luto pesado! A dor já estava sendo cultivada pelas aparências, e eu, que sempre gostara apenas regularmente de meu pai, mais por instinto de filho que por espontaneidade de amor, me via a ponto de aborrecer o bom do morto.

Foi decerto por isto que me nasceu, esta sim, espontaneamente, a idéia de fazer uma das minhas chamadas "loucuras". Essa fora aliás, e desde muito cedo, a minha esplêndida conquista contra o ambiente familiar. Desde cedinho, desde os tempos de ginásio, em que arranjava regularmente uma reprovação todos os anos; desde o beijo às escondidas, numa prima, aos dez anos, descoberto por Tia Velha, uma detestável de tia; e principalmente desde as lições que dei ou recebi, não sei, duma criada de parentes: eu consegui no reformatório do lar e na vasta parentagem, a fama conciliatória de "louco". "É doido, coitado!" falavam. Meus pais falavam com certa tristeza condescendente, o resto da parentagem buscando exemplo para os filhos e provavelmente com aquele prazer dos que se convencem de alguma superioridade. Não tinham doidos entre os filhos. Pois foi o que me salvou, essa fama. Fiz tudo o que a vida me apresentou e o meu ser exigia para se realizar com integridade. E me deixaram fazer tudo, porque eu era doido, coitado. Resultou disso uma existência sem complexos, de que não posso me queixar um nada.

Era costume sempre, na família, a ceia de Natal. Ceia reles, já se imagina: ceia tipo meu pai, castanhas, figos, passas, depois da Missa do Galo. Empanturrados de amêndoas e nozes (quanto discutimos os três manos por causa do quebra-nozes...), empanturrados de castanhas e monotonias, a gente se abraçava e ia pra cama. Foi lembrando isso que arrebentei com uma das minhas "loucuras":

— Bom, no Natal, quero comer peru.

Houve um desses espantos que ninguém não imagina. Logo minha tia solteirona e santa, que morava conosco, advertiu que não podíamos convidar ninguém por causa do luto.

— Mas quem falou de convidar ninguém! essa mania... Quando é que a gente já comeu peru em nossa vida! Peru aqui em casa é prato de festa, vem toda essa parentada do diabo...

— Meu filho, não fale assim...

— Pois falo, pronto!

E descarreguei minha gelada indiferença pela nossa parentagem infinita, diz-que vinda de bandeirante, que bem me importa! Era mesmo o momento pra desenvolver minha teoria de doido, coitado, não perdi a ocasião. Me deu de sopetão uma ternura imensa por mamãe e titia, minhas duas mães, três com minha irmã, as três mães que sempre me divinizaram a vida. Era sempre aquilo: vinha aniversário de alguém e só então faziam peru naquela casa. Peru era prato de festa: uma imundície de parentes já preparados pela tradição, invadiam a casa por causa do peru, das empadinhas e dos doces. Minhas três mães, três dias antes já não sabiam da vida senão trabalhar, trabalhar no preparo de doces e frios finíssimos de bem feitos, a parentagem devorava tudo e inda levava embrulhinhos pros que não tinham podido vir. As minhas três mães mal podiam de exaustas. Do peru, só no enterro dos ossos, no dia seguinte, é que mamãe com titia inda provavam um naco de perna, vago, escuro, perdido no arroz alvo. E isso mesmo era mamãe quem servia, catava tudo pro velho e pros filhos. Na verdade ninguém sabia de fato o que era peru em nossa casa, peru resto de festa.

Não, não se convidava ninguém, era um peru pra nós, cinco pessoas. E havia de ser com duas farofas, a gorda com os miúdos, e a seca, douradinha, com bastante manteiga. Queria o papo recheado só com a farofa gorda, em que havíamos de ajuntar ameixa-preta, nozes e um cálice de xerez, como aprendera na casa da Rose, muito minha companheira. Está claro que omiti onde aprendera a receita, mas todos desconfiaram. E ficaram logo naquele ar de incenso assoprado, se não seria tentação do Dianho aproveitar receita tão gostosa. E cerveja bem gelada, eu garantia quase gritando. É certo que com meus "gostos", já bastante afinados fora do lar, pensei primeiro num vinho bom, completamente francês. Mas a ternura por mamãe venceu o doido, mamãe adorava cerveja.

Quando acabei meus projetos, notei bem, todos estavam felicíssimos, num desejo danado de fazer aquela loucura em que eu estourara. Bem que sabiam, era loucura sim, mas todos se faziam imaginar que eu sozinho é que estava desejando muito aquilo e havia jeito fácil de empurrarem pra cima de mim a... culpa de seus desejos enormes. Sorriam se entreolhando, tímidos como pombas desgarradas, até que minha irmã resolveu o consentimento geral:

— É louco mesmo!...

Comprou-se o peru, fez-se o peru, etc. E depois de uma Missa do Galo bem mal rezada, se deu o nosso mais maravilhoso Natal. Fora engraçado: assim que me lembrara de que finalmente ia fazer mamãe comer peru, não fizera outra coisa aqueles dias que pensar nela, sentir ternura por ela, amar minha velhinha adorada. E meus manos também, estavam no mesmo ritmo violento de amor, todos dominados pela felicidade nova que o peru vinha imprimindo na família. De modo que, ainda disfarçando as coisas, deixei muito sossegado que mamãe cortasse todo o peito do peru. Um momento aliás, ela parou, feito fatias um dos lados do peito da ave, não resistindo àquelas leis de economia que sempre a tinham entorpecido numa quase pobreza sem razão.

— Não senhora, corte inteiro! só eu como tudo isso!

Era mentira. O amor familiar estava por tal forma incandescente em mim, que até era capaz de comer pouco, só pra que os outros quatro comessem demais. E o diapasão dos outros era o mesmo. Aquele peru comido a sós, redescobria em cada um o que a quotidianidade abafara por completo, amor, paixão de mãe, paixão de filhos. Deus me perdoe mas estou pensando em Jesus... Naquela casa de burgueses bem modestos, estava se realizando um milagre digno do Natal de um Deus. O peito do peru ficou inteiramente reduzido a fatias amplas.

— Eu que sirvo!

"É louco, mesmo!" pois por que havia de servir, se sempre mamãe servira naquela casa! Entre risos, os grandes pratos cheios foram passados pra mim e principiei uma distribuição heróica, enquanto mandava meu mano servir a cerveja. Tomei conta logo dum pedaço admirável da "casca", cheio de gordura e pus no prato. E depois vastas fatias brancas. A voz severizada de mamãe cortou o espaço angustiado com que todos aspiravam pela sua parte no peru:

— Se lembra de seus manos, Juca!

Quando que ela havia de imaginar, a pobre! que aquele era o prato dela, da Mãe, da minha amiga maltratada, que sabia da Rose, que sabia meus crimes, a que eu só lembrava de comunicar o que fazia sofrer! O prato ficou sublime.

— Mamãe, este é o da senhora! Não! não passe não!

Foi quando ela não pôde mais com tanta comoção e principiou chorando. Minha tia também, logo percebendo que o novo prato sublime seria o dela, entrou no refrão das lágrimas. E minha irmã, que jamais viu lágrimas sem abrir a torneirinha também, se esparramou no choro. Então principiei dizendo muitos desaforos pra não chorar também, tinha dezenove anos... Diabo de família besta que via peru e chorava! coisas assim. Todos se esforçavam por sorrir, mas agora é que a alegria se tornara impossível. É que o pranto evocara por associação a imagem indesejável de meu pai morto. Meu pai, com sua figura cinzenta, vinha pra sempre estragar nosso Natal, fiquei danado.

Bom, principiou-se a comer em silêncio, lutuosos, e o peru estava perfeito. A carne mansa, de um tecido muito tênue boiava fagueira entre os sabores das farofas e do presunto, de vez em quando ferida, inquietada e redesejada, pela intervenção mais violenta da ameixa-preta e o estorvo petulante dos pedacinhos de noz. Mas papai sentado ali, gigantesco, incompleto, uma censura, uma chaga, uma incapacidade. E o peru, estava tão gostoso, mamãe por fim sabendo que peru era manjar mesmo digno do Jesusinho nascido.

Principiou uma luta baixa entre o peru e o vulto de papai. Imaginei que gabar o peru era fortalecê-lo na luta, e, está claro, eu tomara decididamente o partido do peru. Mas os defuntos têm meios visguentos, muito hipócritas de vencer: nem bem gabei o peru que a imagem de papai cresceu vitoriosa, insuportavelmente obstruidora.

— Só falta seu pai...

Eu nem comia, nem podia mais gostar daquele peru perfeito, tanto que me interessava aquela luta entre os dois mortos. Cheguei a odiar papai. E nem sei que inspiração genial, de repente me tornou hipócrita e político. Naquele instante que hoje me parece decisivo da nossa família, tomei aparentemente o partido de meu pai. Fingi, triste:

— É mesmo... Mas papai, que queria tanto bem a gente, que morreu de tanto trabalhar pra nós, papai lá no céu há de estar contente... (hesitei, mas resolvi não mencionar mais o peru) contente de ver nós todos reunidos em família.

E todos principiaram muito calmos, falando de papai. A imagem dele foi diminuindo, diminuindo e virou uma estrelinha brilhante no céu. Agora todos comiam o peru com sensualidade, porque papai fora muito bom, sempre se sacrificara tanto por nós, fora um santo que "vocês, meus filhos, nunca poderão pagar o que devem a seu pai", um santo. Papai virara santo, uma contemplação agradável, uma inestorvável estrelinha do céu. Não prejudicava mais ninguém, puro objeto de contemplação suave. O único morto ali era o peru, dominador, completamente vitorioso.

Minha mãe, minha tia, nós todos alagados de felicidade. Ia escrever "felicidade gustativa", mas não era só isso não. Era uma felicidade maiúscula, um amor de todos, um esquecimento de outros parentescos distraidores do grande amor familiar. E foi, sei que foi aquele primeiro peru comido no recesso da família, o início de um amor novo, reacomodado, mais completo, mais rico e inventivo, mais complacente e cuidadoso de si. Nasceu de então uma felicidade familiar pra nós que, não sou exclusivista, alguns a terão assim grande, porém mais intensa que a nossa me é impossível conceber.

Mamãe comeu tanto peru que um momento imaginei, aquilo podia lhe fazer mal. Mas logo pensei: ah, que faça! mesmo que ela morra, mas pelo menos que uma vez na vida coma peru de verdade!

A tamanha falta de egoísmo me transportara o nosso infinito amor... Depois vieram uma uvas leves e uns doces, que lá na minha terra levam o nome de "bem-casados". Mas nem mesmo este nome perigoso se associou à lembrança de meu pai, que o peru já convertera em dignidade, em coisa certa, em culto puro de contemplação.

Levantamos. Eram quase duas horas, todos alegres, bambeados por duas garrafas de cerveja. Todos iam deitar, dormir ou mexer na cama, pouco importa, porque é bom uma insônia feliz. O diabo é que a Rose, católica antes de ser Rose, prometera me esperar com uma champanha. Pra poder sair, menti, falei que ia a uma festa de amigo, beijei mamãe e pisquei pra ela, modo de contar onde é que ia e fazê-la sofrer seu bocado. As outras duas mulheres beijei sem piscar. E agora, Rose!

Contos Novos, São Paulo, Martins, 1947.

CECÍLIA MEIRELES

Cecília Meireles nasceu no Rio de Janeiro, em 1901, e faleceu em 1964. Estudou na Escola Normal (Instituto de Educação), onde se diplomou em 1917. Dedicou-se ao magistério primário, à atividade literária e ao jornalismo. Destaca-se a sua atuação no Diário de Notícias *de 1930 a 1934, como responsável por uma seção sobre problemas do ensino. Na Universidade do Distrito Federal, lecionou Literatura Luso-Brasileira e depois Técnica e Crítica Literária. Viajou por vários países estrangeiros, onde fez conferências ou ministrou cursos de Literatura e Cultura Brasileira. Considerada autoridade em folclore, colaborou assiduamente na Comissão Nacional de Folclore, desde 1948. Foi laureada pela Academia Brasileira.*

Como poeta, estreou muito cedo, aos 18 anos, quando publicou Espectros *que, juntamente com os dois livros seguintes,* Nunca mais e Poema dos Poemas *e* Baladas para El-Rei, *não incluiria na edição conjunta de sua obra. Parece assim valorizá-la a contar de* Viagem, *de 1939, somando considerável produção. Esta se apresenta como um todo uniforme e linear, presidido por três constantes fundamentais: o oceano, o espaço e a solidão. Num domínio de elementos móveis e etéreos, povoado de fantasias — forma, som e cor — leves ou diluídas, o poeta projeta a desintegração de si mesmo ou busca o seu próprio reconhecimento. Não se descobre nela qualquer impulso de investigação temática. Quando muito um vago de saudade, amor perdido ou inatingido e solidão. Procura sobretudo alimentar a atmosfera poética, por vezes sacrificada por versos intencionalmente definidores, como se fosse necessário tornar explícito o instantâneo ou o flagrante. Às vezes, se deixa seduzir pelo medievalismo e busca as sugestões do lirismo trovadoresco, incorrendo então num falso virtuosismo.*

De maneira geral, deu preferência ao verso curto, de ritmo leve e ligeiro, que acompanha a fluência das impressões vagas, esbatidas. Rica de imagens, a sua linguagem é contudo demasiado clara, conduzindo-nos a uma visualização rápida e fácil, o que ocorre até nos versos finais de composição, que se apresentam definidores e por isso condenáveis. Pode ser considerada herdeira do Simbolismo na poesia modernista brasileira.

BIBLIOGRAFIA

DO AUTOR:

1. Cronologia — Poesia: *Espectros*, 1919; *Nunca mais e Poema dos Poemas*, 1923; *Baladas para El-Rei*, 1925; *Viagem*, 1939; *Vaga Música*, 1942; *Mar Absoluto*, 1945; *Retrato Natural*, 1949; *Amor em Leonoreta*, 1952; *12 Noturnos da Holanda* e *O Aeronauta*, 1952; *Romanceiro da Inconfidência*, 1953; *Pequeno Oratório de Santa Clara*, 1955; *Pistóia, Cemitério Militar Brasileiro*, 1955; *Canções*, 1956; *Giroflé, Giroflá* (prosa poética), 1956; *Romance de Santa Cecília*, 1957; *Metal Rosicler*, 1960; *Poemas Escritos na Índia*, 1961; *Antologia Poética*, 1963; *Solombra*, 1963; *Ou isto ou aquilo*, 1964; *Crônica Trovada da Cidade de Sam Sebastiam*, 1965.

Prosa: *Notícia da Poesia Brasileira*, 1935; *O Espírito Vitorioso*, 1959; *Ruth e Alberto*, 1957; *Rui*, 1949; *Problemas de Literatura Infantil*, 1951; *Panorama Folclórico dos Açores, especialmente da Ilha de S. Miguel*, 1958; *Quadrante 1 e 2* (crônicas de C. M. e outros), 1962 e 1963; *Escolha o seu Sonho* (crônicas), 1966.

Traduções: *A Canção de Amor e de Morte do Porta-Estandarte Cristóvão Rilke*, de Rainer Maria Rilke, 1947; *Orlando*, de Virginia Woolf, 1948; *Bodas de Sangue*, de Federico Garcia Lorca, 1960; *7 Poemas de "Puravi", Minha Bela Vizinha, Conto, Mashi e O Carteiro do Rei*, de Rabindranath Tagore, 1961; *Poesia de Israel*, 1962; *Yerma*, de Federico Garcia Lorca; *Tchaturanga*, de R. Tagore.

2. Edições indicadas: *Obra Poética*, Rio de Janeiro, Aguilar, 1958, e *Antologia Poética*, Rio de Janeiro, Editora do Autor, 1963.

SOBRE O AUTOR:

Críticas de Darcy Damasceno, Mário de Andrade, Osmar Pimentel, Paulo Rónai, Murilo Mendes e outros *in* ed. Aguilar, cit.*

---

* Não tendo sido possível manter nesta edição da *Presença da Literatura Brasileira* a seleção de poemas representativos de Cecília Meireles, mas preocupados em ressaltar a sua contribuição à poesia brasileira, conservamos acima a apresentação crítica e bibliográfica que acompanhava aquela seleção em edições anteriores desta obra.

CASSIANO RICARDO

Cassiano Ricardo Leite nasceu em S. Paulo (São José dos Campos), em 1895. Estudou nas faculdades de Direito de S. Paulo e do Rio de Janeiro. Estreou bem antes das definições modernistas e delas não participou inicialmente, mas, na fase da efervescência do movimento, tomou parte no grupo "verde-amarelo", liderado por Plínio Salgado. Repartiu suas atividades entre o jornalismo e funções públicas de destaque. Cultivou o ensaio de interesse crítico e de natureza sociológica, mas definiu sua posição notadamente como poeta. Pertenceu à Academia Brasileira. Faleceu no Rio de Janeiro em 1974.

Os dois primeiros livros publicados, de estréia — Dentro da Noite, *de 1915, e* A Frauta de Pã *— ainda se apresentam presos ao Parnasianismo. Sua expressão poética se volta sobretudo para a definição de estados de espírito ou para a captação de motivos exteriores, com acentuado gosto pelas comparações e contrastes.* Vamos Caçar Papagaios, *de 1926, marca a adesão ao Modernismo, embora ainda não tenha superado de todo a sensibilidade parnasiana. Predomina nele o sentimento de brasilidade, na escolha de temas e motivos específicos — o café, a mata e os seus bichos — intensificando o colorido, embora a linguagem acentue o anedótico ou episódico. Marcharia daí para* Martim-Cererê, *poema tido como da conquista do Brasil, da penetração e expansionismo bandeirante, até a visão des-*

lumbrada de S. Paulo, com o café, o arranha-céu e o imigrante. Os livros posteriores ultrapassam essa fase de verde-amarelismo. Mesmo assim, denotam certa limitação temática, exprimem sobretudo uma atitude de perplexidade perante a vida, à parte as sugestões do quotidiano, até a expressão de uma vaga melancolia e desejo de autodefinição. E o poeta insiste em certas alusões e símbolos, como a noite, a frauta de Pã, o espelho, a criança e seu reino animal circense, o esquerdo e o direito, isto é, a escolha. Sua linguagem parece incorporar os valores da prosa, notadamente nos limites da fase heróica do Modernismo, com freqüência de definições e explicações, mas sem prejuízo da linguagem poética.

BIBLIOGRAFIA

DO AUTOR:

1. Cronologia:

a) Poesia: *Dentro da Noite*, 1915; *A Frauta de Pã*, 1917; *Vamos Caçar Papagaios*, 1926; *Martim-Cererê*, 1928; *Deixa Estar, Jacaré*, 1931; *O Sangue das Horas*, 1943; *Um Dia depois do outro*, 1947; *A Face Perdida*, 1950; *Poemas Murais*, 1950; *25 Sonetos*, 1952; *João Torto e a Fábula*, 1956; *O Arranha-Céu de Vidro*, 1956; *Poesias Completas*, 1957; *Montanha Russa*, 1960; *A Difícil Manhã*, 1960; *Antologia Poética*, 1964; *Jeremias sem Chorar*, 1964.

b) Prosa: *O Brasil no Original*, 1936; *Discurso na Academia Brasileira*, 1938; *O Negro na Bandeira*, 1938; *A Academia e a Poesia Moderna*, 1939; *Pedro Luís visto pelos Modernos,* 1939; *Marcha para o Oeste*, 1943; *A Academia e a Língua Brasileira*, 1943; *A Poesia na Técnica do Romance*, 1953; *O Tratado de Petrópolis*, 1954; *O Homem Cordial — e outros pequenos estudos brasileiros*, 1959; *22 e a Poesia de Hoje*, 1962; *O Indianismo de Gonçalves Dias*, 1964; *Poesia, Praxis e 22*, 1966.

2. Edição indicada: *Poesias Completas*, Rio de Janeiro, José Olympio, 1957.

SOBRE O AUTOR:

Tristão DE ATHAYDE, *Estudos*, 1.ª série, Rio de Janeiro, *Terra de Sol,* 1927, págs. 86-93, e "Prefácio" às *Poesias Completas*, ed. cit., págs. 9-16.
Roger BASTIDE, "Cassiano Ricardo" *in* "Letras e Artes", suplemento de A *Manhã*, Rio de Janeiro, números de 21 a 28 de setembro de 1947.
Oswaldino MARQUES, *O Laboratório Poético de Cassiano Ricardo*, Rio de Janeiro, Civilização Brasileira, 1962.

Ladainha

Por se tratar de uma ilha deram-lhe o nome
de ilha de Vera Cruz.
Ilha cheia de graça
Ilha cheia de pássaros
Ilha cheia de luz.

Ilha verde onde havia
mulheres morenas e nuas
anhangás a sonhar com histórias de luas
e cantos bárbaros de pajés em poracés batendo os pés

Depois mudaram-lhe o nome
pra terra de Santa Cruz.
Terra cheia de graça
Terra cheia de pássaros
Terra cheia de luz.

A grande Terra girassol onde havia guerreiros de tanga
   e onças ruivas deitadas à sombra das árvores
   mosqueadas de sol.

Mas como houvesse, em abundância,
certa madeira cor de sangue cor de brasa
e como o fogo da manhã selvagem
fosse um brasido no carvão noturno da paisagem,
e como a Terra fosse de árvores vermelhas
e se houvesse mostrado assaz gentil,
deram-lhe o nome de Brasil.

Brasil cheio de graça
Brasil cheio de pássaros
Brasil cheio de luz.

Café expresso

Café expresso — está escrito na porta.
Entro com muita pressa. Meio tonto,
por haver acordado tão cedo...
E pronto! parece um brinquedo:
cai o café na xícara pra gente
            Maquinalmente.

E eu sinto o gosto, o aroma, o sangue quente
                      [de S. Paulo
nesta pequena noite líquida e cheirosa
que é a minha xícara de café.

* * *

A minha xícara de café
é o resumo de todas as coisas que vi na fazenda e me
[vêm à memória apagada...

Na minha memória anda um carro de bois a bater as
[porteiras da estrada...
Na minha memória pousou um pinhé a gritar: *crapinhé!*
E passam uns homens
que levam às costas
jacás multicores
com grãos de café.
E piscam lá dentro, no fundo do meu coração,
uns olhos negros de cabocla maliciosa a olhar
[pra mim
com seu vestido de alecrim e pés no chão.

E uma casinha cor de luar na tarde roxa-rosa...
Um cuitelinho verde a sussurrar enfiando o bico na
[catléia cor de sol que floriu no portão...

E o fazendeiro a calcular a safra do espigão...

Mas acima de tudo
aqueles olhos de veludo da cabocla maliciosa a olhar
[pra mim
como dois grandes pingos de café
que me caíram dentro da alma
e me deixaram pensativo assim...

Mas eu não tenho tempo pra pensar nestas coisas!
Estou com pressa. Muita pressa!
A manhã já desceu do trigésimo andar
daquele arranha-céu colorido onde mora.
Ouço a vida gritando lá fora!
Duzentos réis, e saio. A rua é um vozerio.
Sobe-e-desce de gente que vai pras fábricas.
Pralapracá de automóveis. Buzinas. Letreiros.
Compro um jornal. O Estado! O Diário Nacional!
Levanto a gola do sobretudo, por causa do frio.
E lá me vou pro trabalho, pensando...

Ó meu S. Paulo!
ó minha uiara de cabelo vermelho!
ó cidade dos homens que acordam mais cedo no mundo!

A Morte de Alice

Que ela morreu, eu sei, porque a vi morta
na manhã fria e luminosa do nunca mais.
O médico atestou, ali mesmo: está morta.

As irmãs do hospital lhe haviam sido tão amigas
que ela quis ser vestida com o traje de irmã.
Queria entrar no céu pelas duas asas brancas
de um pássaro branco, que lhe houvesse
pousado sobre a cabeça, à última hora.

Ela saiu da vida como quem sai de uma festa.
Levava um gorjeio de pássaro para o céu ainda escuro
e uma brancura de rosa para a terra faminta.

Que ela morreu, eu sei, porque a vi no caixão.
Fria, tendo um lençol de luar sobre o rosto de santa.
Havia, em sua face, a coragem tranqüila
de quem morreu sabendo que morreu.
Com o cabelo ainda vivo e dourado de sol
como uma planta nascida no gelo.

Eu sei que ela morreu, pois são inesquecíveis
aqueles ângulos que se formam pela sala,
onde alguém cruza as mãos, cruzando os dedos
sobre o peito, como se fossem dois segredos,
dois ramos, arrancados à árvore da vida.

Eu sei que ela morreu, pois é imorredouro
o grito que se dá na fronteira sem eco.
E há uma deformação cubista na linguagem
dessa hora, que não deixa a menor dúvida:
a quadra que terá o seu nome, e um número;
o cruzeiro das quatro velas solitárias,
o quadrado da cova, os quatro cantos da parede,
o futuro retângulo de um canteiro de rosas...
O próprio choro de quem chora pelos cantos
tem qualquer coisa de noturna geometria.

Se nunca mais a vi, depois daquele dia,
no qual os silêncios eram flores nascidas
pelo vão dos minutos, pelo vão dos seus dedos,
foi porque ela morreu, irremediavelmente;
esmagada, como uma pétala de rosa
nas mãos de chumbo que a levaram para sempre.

Mas foi tal o rumor de sua mocidade
que ela venceu a morte com a leveza de um sonho
e não me convenceu ainda de que está morta.

Pois se a morte me vence
como uma pedra que rolou do barranco,
por que não me convence
como uma simples pétala de rosa?
Ah, a brutal convicção com que não acredito
na sua morte já não é um pouco do Infinito?

Serenata Sintética

    Rua
    torta.

    Lua
    morta.

    Tua
    porta.

O Lavrador

A tua mão é dura como casca de árvore.
Ríspida e grossa como um cacto.

Teu aperto de mão machuca a mão celeste,
de tão agreste — e naturalmente por falta de tacto.
A tua mão sabe o segredo

da lua e da floresta em seu explícito contacto
com as leis ocultas da germinação.

Mão monstruosa, de tão áspera,
incapaz de qualquer carícia, órfã de sutileza,
indiferente ao cetim e ao veludo.

Mão colorida,
em que moram os meses
com veias que mais parecem cipós encordoados;
com o dorso coberto de musgo
e em cuja palma, e em forma de M (que não quer dizer
[morte)
se encontram, ainda, os sinais fundos
dos quatro rios que existiram no paraíso terreal.

Mão aumentada pela santidade do trabalho.
Suja de terra e enorme, mas principalmente enorme
como a estar sempre num primeiro plano
na sucessão das coisas — frutos, árvores, lavouras —
que saem dela ao fim de cada ano.

Se Cristo regressar, ó lavrador, não é preciso que lhe
[mostres
como eu, as feridas do corpo e do pensamento.
Nem as condecorações faiscantes que os outros
[ostentam no peito.
Mostra-lhe a mão calejada.

Mostra-lhe a mão calejada,
enorme, a escorrer seiva, sol e orvalho.
E os anjos virão vê-la e por vê-la tão grossa e tão dura

farão com que na palma de tua mão nasçam lírios.
E a exibirão no céu, como um objeto desconhecido,
                        [rústico e maltratado.

E Deus colocará uma foice de prata
em tua mão grossa, ríspida, acostumada ao trato da
                        [terra terrível
e te dirá:
Trabalharás agora no meu campo
orvalhado de estrelas.
E dormirás sob a árvore da noite.

A Manhã que Conquistamos ao Inimigo

As horas caem sobre nós verticalmente
como chuva secreta.
As crianças dormem sob os arcos de triunfo
que são os viadutos.
Publicam os jornais
fotografias de homens magros, e de rosto comprido
que tombaram à porta das casas.
A pedra é o travesseiro em que sonha o futuro.

O que disputamos já não é um palmo de terra,
o último que ficou fora do mapa.
É a manhã, é o direito de um dia seguinte.
O que disputamos é a hora,
e, assim mesmo, a hora que cai verticalmente;
já não é o horizonte,
já não é o espaço outrora indefinido
onde todas as coisas floresciam sem mágoa.

O antigo espaço que nos dava a sensação do infinito.
O que disputamos
é a estrada que vai ter ao céu, nesta terrível luta
perpendicular.
O que disputamos
já não é um lugar ao sol, é a manhã ensangüentada —
caminho rubro para o acontecer.

É o número de ordem numa fila de pão.

Dia 3.

Dia 4.

Dia 5.

Um telegrama, o último da frente de batalha,
nos diz: caiu em nossas mãos a manhã de hoje!

Não sou o Herói do Dia

Não sou o herói do dia.
A vida me obrigou
a comparecer, sem convite, ao banquete,
em que me vejo, agora, erguendo a taça,
não sei a quem.
Soldado que lutou sem querer, por força
do original pecado, e em cujo peito não fulgura,
até hoje, nenhuma
condecoração.

Não sou o herói do dia. Passei pela vida
como quem passa
por um jardim público, onde há uma rosa proibida
por edital.
A rosa de ninguém, a rosa anônima
que aparece jogada sobre o túmulo
do desconhecido, todas as manhãs.

É bem verdade que, em menino, eu possuía uma
                              [banda de música
que tocava no circo, acompanhava enterro,
tomava parte em procissão de encontro
e nos triunfos da legalidade.
Hoje, porém, — pergunto — onde o pistão, o
     [bombardino, o saxofone, a flauta, a clarineta,
os instrumentos todos
dessa banda de música?
Todos quebrados, os respectivos músicos caídos
num só horizonte.
Minha banda de música, se existe,
é agora
de homens descalços e instrumentos mudos.

Não sou o herói do dia.

Ah, o silêncio
de alguns amigos que deviam falar e não falam.
O grande silêncio
da banda de música que devia tocar e não toca.
O silêncio espantoso
de quem devia estar gritando
desesperadamente, e ficou quieto.

E ficou quieto, sem explicação.
Maestro, não é hora de tocar-se o hino nacional?

Ah, positivamente,
não sou o herói do dia!

Poesias Completas, Rio de Janeiro,
José Olympio, 1957.

ANTÔNIO DE ALCÂNTARA MACHADO

Antônio Castilho de Alcântara Machado d'Oliveira nasceu em São Paulo, em 1901, e faleceu no Rio de Janeiro, em 1935. Formou-se pela Faculdade de Direito de seu estado natal. Ainda estudante, dedicou-se ao jornalismo, iniciando-se na literatura com a crônica teatral que escrevia para o Jornal do Comércio. *Durante sua segunda viagem à Europa, colheu impressões para o livro de estréia* Pathé Baby, *prefaciado por Oswald de Andrade. Ligado ao Modernismo, foi redator e colaborador de* Terra Roxa e Outras Terras, *da* Revista de Antropofagia *e da* Revista Nova. *Destacou-se como cronista e contista, mas também se dedicou à pesquisa histórica, da qual resultaram trabalhos sobre Anchieta. Depois de 1932, entregou-se à atividade política, motivo da transferência de sua residência para o Rio de Janeiro.*

Cultivou uma prosa leve e bem-humorada, usando a palavra direta, ou dando o nome exato às coisas e objetos, enquanto a despojava de seus elementos de adorno, para reduzi-la a uma expressão telegráfica, sem ênfase. Fugia sempre a qualquer manifestação de gravidade, enquanto fundia harmoniosamente o vocabulário ítalo-brasileiro com as sugestões da paisagem urbana e das reações emotivas do novo brasileiro que surgia dos bairros italianos de S. Paulo. O primeiro aspecto de destaque de sua obra é, assim, a linguagem elíptica de alguns modernistas, que se apresenta, nele, como a contribuição mais singela do grupo de São Paulo, nesse sentido. Sob as sugestões da prosa renovadora de Oswald de Andrade, é mais espontâneo e comunicativo do que seu inspirador. Firma, ao demais, uma posição crítica nesse particular, e em geral sobre o Modernismo, diretamente preso às intenções da Semana de Arte Moderna, e intimamente ligado ao pensamento de Paulo Prado, na sua maneira de ver o Brasil. De tal forma se faz o melhor divulgador, em linguagem jornalística, das atitudes iconoclastas e da ironia ferina com que o Movimento, nos seus primeiros momentos, iniciou o processo de revisão da nossa literatura e da própria realidade brasileira.

Domina na sua obra um sentimento paulistano intenso, de quem via nas modificações da estrutura social e econômica de sua cidade, e de seu Estado (saturado pelo orgulho da tradição bandeirante), o influxo cheio de vitalidade da onda de renovação da mentalidade e de valores, com o café, a industrialização e o imigrante, refletidos diretamente na vertiginosa transformação da paisagem urbana.

BIBLIOGRAFIA

DO AUTOR:

1. Cronologia: *Pathé Baby*, 1926; *Brás, Bexiga e Barra-Funda*, 1927; *Laranja da China*, 1928; *Anchieta na Capitania de São Vicente*, 1928; *Comemoração de Brasílio Machado*, 1929; *Mana Maria*, ed. póstuma, 1936; *Cavaquinho e Saxofone*, ed. póstuma, 1940.

2. Edição indicada: *Novelas Paulistanas* (*Brás, Bexiga e Barra Funda, Laranja da China, Mana Maria, Contos avulsos*), Rio de Janeiro, José Olympio, 1961.

SOBRE O AUTOR:

Francisco DE ASSIS BARBOSA, "Nota sobre Antônio de Alcântara Machado" in *Novelas Paulistanas*, ed. cit., págs. 13-49 e *Antônio de Alcântara Machado — Trechos escolhidos*, Rio de Janeiro, Agir, 1961 ("Nossos Clássicos").

Sérgio MILLIET, "Introdução" a *Brás, Bexiga e Barra- Funda e Laranja da China*, São Paulo, Martins, 1944, págs. 5-19; *Em memória de Antônio de Alcântara Machado*, São Paulo, s/d.

Geração Revoltada

1

Subsídios para a História da Independência

O atual movimento de renovação artística, rebentando em São Paulo há quatro anos, dividiu a porção do país que usa colarinho em dois campos distintos: um esbraveja indignado, outro silencia sucumbido. O resto, que em matéria de estética nem camisa usa, continua banzando. Indiferente e analfabeto. Bem-aventurado.

A meninada moderna surgiu que nem capoeira em festa de subúrbio. Distribuindo pés de arraia. Prodigalizando cocadas. Arrumando pés de ouvido. O que não prestava virou logo de pernas para o ar. Houve muito nariz esborrachado. Muita costela quebrada. As nove musas tiveram nove chiliques cada uma. Osório quis se enforcar nos bigodes de Alberto. Os bigodes não quiseram. Fontes secaram. Felinto resolveu espalhar os pés. Mas não pôde com o peso deles. Coelho virou onça. Lima azedou. Nas igrejolas literárias do interior sinos passadistas tocaram a rebate. Do viaduto de sua mediocridade muita gente se atirou desgostosa da vida. Tiros. Bengaladas. Mortes. Um homenzinho de dedo espetado gritando: "eu sou o último heleno!" Vivórios. Morras. Salva de vinte e um tiros. Foguetes. Bofetadas. Ódios. E o enterro das vítimas: o comendador Alexandrino, o Dr. Soneto, e a Sra. Hélade Sagrada, o conselheiro Parnasianismo. E Laet, velhinho guri, rindo como um danado.

* * *

Tanto o grupo que esbraveja indignado como o que silencia sucumbido são compostos por velhos proprietários de imensos alqueires de mata incultos e inúteis, invadidos pela gente nova, toda ela de grileiros audaciosos que resolveram fertilizar a terra e valorizar o solo. O que distingue uns dos outros é a maneira de reagir à invasão. Mais nada. Os ranzinzas estrilaram. E vieram a juízo a fim de fazerem valer os seus direitos. Os outros cansados não tiveram mais forças para lutar. E assistiram de braços cruzados à entrada maluca.

As duas atitudes são explicáveis. Muito. Sem dúvida. Os medrosos continuaram no seu papel de medrosos. E os valentes queimaram os últimos cartuchos. Nada mais natural.

A revolta destes principiantes é justíssima. A literatura brasileira constituía um vasto domínio pertencente a meia dúzia de cavalheiros mais ou menos respeitáveis. Ninguém ousava bulir no patrimônio sagrado. Seus donos contentavam-se em plantar de vez em quando uma rocinha de milho muito ordinária. E só. O enorme lote de terras riquíssimas continuava abandonado. Sem produzir cousa alguma. Não dava renda. Porém dava importância. Os produtos não apareciam. Ou eram miseráveis. Mas os cavalheiros passavam por grandes proprietários e era o que convinha.

Portanto a invasão da gente moça armada de talento e coragem, de Colt na cinta e machado na mão, guiando tratores Fordson e destruindo a dinamite veio ofender direitos adquiridos, velhas vantagens sempre respeitadas, provocando o salseiro que sabemos.

Mas quem é que mandou essa gente não cuidar do que era seu? Ficar parada bem no meio da agitação enorme em que vivemos? Sempre fanática do carro de boi? Ignorante e estúpida?

Pois que essa gente vá se queixar agora ao bispo mais próximo. Enquanto a rapaziada consulta um agente de automóveis. Também o mais próximo. Que é para não perder.

* * *

Nessa indignação entrou igualmente muito de assombro primeiro e de desilusão depois. O assombro dos pobres brasis diante das caravelas descobridoras, faz isso quatrocentos e vinte e seis anos. Igualzinho.

A reação se fez de chofre. Sem ser esperada. De um momento para outro. Foi uma surpresa. Pregou um susto tremendo. O pessoal ficou espantado. Nunca havia visto cousa igual na vida. Nem sabido ou sonhado que pudesse existir.

Sim, porque o primeiro tranco foi no sentido de integrar a literatura brasileira no momento. No momento universal está claro. Daí o espanto. Demos de repente um pulo de cinqüenta anos pelo menos. Para podermos emparelhar com o resto do mundo decente. A negralhada naturalmente ficou pateta. Meio século e às vezes mais sempre levaram todas as manifestações da cultura e da inteligência universais para chegar até nós. E repentinamente um milagre desses: repercussão instantânea no Brasil do movimento reacionário europeu de depois da guerra.

Repercussão não fica bem. Deixa entender que a reação nossa não passa de mera conseqüência da européia. O que é falso. É mais certo dizer que a mesma ânsia de renovação produziu na Europa como nas duas Américas, no mesmo instante, movimentos reacionários idênticos mas independentes entre si. Reação universal que surgiu como uma necessidade do momento universal. Produto lógico. Fatalíssimo.

Se em vez de aparecerem simultaneamente como duas forças que se adivinhassem o movimento brasileiro aqui despontasse muito mais tarde como eco remoto do europeu, então, sim, a ingenuidade indígena o aplaudiria e aceitaria sem discussão. Seria mais uma moda importada com atraso. Francamente adaptável, portanto.

Mas tal como rebentou não. Os bocós estranharam. Sentiram-se mal. Davam-se tão bem com as velharias. Era tudo tão cômodo e tão fácil. Nem precisava pensar mais. A coisa já saía sem esforço. O realejo era herança de família e estava à disposição de qualquer um. Bastava estender a mão e virar a manivela. Pronto. A ária mil vezes ouvida contentava todos os ouvidos. Sem cansá-los nunca. Uma beleza.

Depois do assombro veio a desilusão. O pessoal caiu das nuvens. E caiu em si. De chapa em sua pobreza mental. Os homens que escreviam tendo por modelo um bobo alegre como o desgraçado Rostand, por exemplo (e às vezes através de sua tradução portuguesa Júlio Dantas, e que tradução, meu Deus), puseram as mãos na cabeça. Então tudo quanto haviam feito até ali não valia nada? Coisíssima alguma? Estava tudo errado? Quanto trabalho perdido, Nossa Senhora! E agora? Recomeçar do princípio? Impossível. Não havia mais coragem para isso. Nem talento. Nem jeito. Melhor mesmo era insistir no tolo e no torto. Gritando que assim é que deve ser. Tolo e torto é que é bom e bonito. Quem pensa e produz diferente ou é maluco ou está se divertindo à custa da ingenuidade alheia. Eles não. Eles são ladinos. Não vão na onda. O modernismo é uma invenção de dois ou três rapazes que conhecem Paris. Uns pândegos que pensam que o brasileiro é trouxa. Mas o brasileiro não é trouxa não. Qual o quê. E Castro Alves? E José de Alencar? E Olavo Bilac? E a Academia de Letras? Homessa. E então tudo isso não conta? Francamente.

Daí veio o despeito. Em seguida a raiva. A raiva inócua dos impotentes. E coisa engraçada: muito mais forte nos moços do que nos velhos. Estes ainda tentaram discutir com elevação. Vendo que não agüentavam mesmo o pulo foram chorar na cama que é lugar quente. Aqueles, não. Viraram feras de verdade. Xingaram. Cuspiram na cara. Mergulharam de cabeça na agressão pessoal. E no ridículo, principalmente. Coitados.

* * *

Mas tudo isso não tem importância. O que tem é o fato de certos cavalheiros haverem resolvido usar do modernismo como de uma tintura para cabelos, por exemplo. Besuntaram-se com ele e ficaram convencidos de sua modernidade. Convencidíssimos.

Esses, sim, são nefastos e merecem ser enforcados na praça pública.

Por mais que se lhes diga e repita que o modernismo não é moda nem convenção, mas sim estado de espírito, eles insistem em se declararem modernos. Pensam que só pelo fato de darem títulos exóticos e longos aos seus romances, de fabricarem as suas peças teatrais de modo absurdo, de não usarem rimas nem versos medidos passam a ser furiosamente vanguardistas.

Quando a renovação antes de mais nada é de essência. Não se exprime por fórmulas. Não possui regrinhas nem receitas. Por isso mesmo um soneto pode ser considerado rigorosamente moderno. Nada impede. Que é que tem uma cousa com outra?

Mas os tais não entendem assim. E se a gente procura demonstrar o erro em que estão encolhem os ombros. Puxam a pálpebra com o dedo. Sorriem com superioridade. A eles ninguém engana. Isso de espírito moderno é para os bobos. Não existe. Ou antes: adquire-se muito facilmente. Simples questão de exterioridade. Cousa ao alcance de qualquer um. Basta querer.

Ou então fingem-se surpresos e ofendidos. Quem foi que disse que eles eram modernos? Nunca, jamais, em tempo algum. Com eles é ali no duro: no romance Camilo, no verso Victor Hugo, no teatro Dumas e na pintura Pedro Alexandrino. Para quem quiser. O que sair daí é asneira quando não loucura. Arte de hospício. Estética de circo. Brinquedo de criança.

São assim. Umas cavalgaduras. Legítimas.

* * *

Enfim todas essas manifestações do passadismo nacional divertem bastante a gente. E isso é que é essencial. O resto vem depois.

Um dos maiores benefícios que o movimento moderno nos trouxe foi justamente esse: tornar alegre a literatura brasileira. Alegre quer dizer: saudável, viva, consciente de sua força, satisfeita com seu destino.

Até então no Brasil a preocupação de todo escritor era parecer grave e severo. O riso era proibido. A pena molhava-se no tinteiro da tristeza e do pessimismo. O papel servia de lenço. De tal forma que os livros espremidos só derramavam lágrimas. Se alguma idéia caía vinha num pingo delas. A literatura nacional não passava de uma queixa gemebunda.

Por isso mesmo o segundo tranco de reação foi mais difícil: integração no ambiente. Fazer literatura brasileira mas sem choro. Disfarçando sempre a tristeza do motivo quando inevitável. Rindo como um moleque. Coisa muito mais higiênica do que suspirar como um conselheiro. E sobretudo muito mais bela.

Aí está o segredo da vitória. Nesta terra de carpideiras intelectuais bastou uma gargalhada moça para renovar o ambiente. Tudo ganhou aspecto novo. Tudo começou a viver. Tudo gargalhou também de puro gozo.

Eu já não me agüento mais.
1926.

Cavaquinho e saxofone, Rio de Janeiro, José Olympio, 1940.

De *Pathé-Baby*

5. de paris a dives-sur-mer

1. rodovia
A estrada de asfalto é um risco de lápis cortando o campo verde. Paris ficou atrás. Na bruma.

Entre acácias, a Citroën engole quilômetros com uma fome de 10 H.P.

As cidades abrem-se. Bougival, St. Germain-en-Laye, Mantes-la-Jolie. A estrada passa.

Paisagem asseada, civilizada. Ao longe, macieiras em flor são velhinhas de cabelos brancos imóveis na relva esmeralda. Pássaros deslizam no ar embaçado como folhas que o vento ergue. E leva.

Telhados culminando num campanário esguio: Bonnières, Fontaine-la-Soret, Malbrouck, Duranville. Nem cidades, nem vilas, nem aldeias: poucos. Com um Hotel du Grand Cerf e um monumento aos mortos da guerra (*A nos morts glorieux, Aux héros morts pour la patrie*, e a lista, e a palma de bronze, e o galo gaulês).

Os parentes contemplam-no com orgulho. Entre suspiros, para evitar falatórios.

7. antiguidades

Em Dives-Sur-Mer, onde termina a rua d'Hastings, indicando o ponto de que partiu Guilherme para conquistar as terras de além-Mancha e o título de conquistador, há uma placa e uma maravilha.

A placa é uma placa. A maravilha é a Hostellerie de Guillaume le Conquéreur.

— Voici M. Le Rémois.

M. Le Rémois é hoteleiro e artista. Velhinho e feliz. Vai mostrar a casa.

A sala de jantar narra, nos vitrais coloridos, a história gloriosa da estalagem. Antes de mais nada, o bota-fora guerreiro do conquistador, espadagão na destra. Depois, Henrique IV, que ali dormiu uma noite. O mesmo fez Maria de Médicis e esse fato notável o vitral seguinte registra em cores bem vivas. Agora, é a vez de Luís XIII, outro freguês coroado. Ao lado Mme. de Sevigné. Coçando os cabelos, M. Le Rémois repete palavra por palavra o trecho da carta em que a United Press do século XVII (*Comunicados epistolares*) conta à filha que na Hostellerie sujou uns lençóis (ela também), regaladamente. E passa adiante para mostrar uma velhinha cercada por carões conhecidos e pela gaforinha de Dumas, pai.

— C'est le portrait de ma mère...

O filho reuniu no mesmo vitral literatos amigos da casa e da mãe.

Nas paredes, sobre os móveis, descendo do teto normando, estatuetas, colunas, pratos, lâmpadas, utensílios. Cada objeto tem a sua história. E o seu historiador, que é M. Le Rémois.

Diante da Virgem Mãe sem braços e negra, com o Menino Jesus grudado no ombro esquerdo, o velhinho, concentrado, balbucia a biografia da imagem e a narração de seu encontro.

Cabeça trêmula, mãos trêmulas, M. Le Rémois aponta um suporte de ferro batido sustentando uma lâmpada de dez séculos. E recita, com voz de prece, a história do suporte.

— Il était là, parmi les tombes d'un cimetière de village, auprès d'une petite église...

M. Le Rémois passa, vê aquela preciosidade como cousa morta entre a gente morta, e vai logo à sacristia da igreja confabular com o vigário.

— Voyons, M. Le Curé, c'est un crime, un grand crime, de laisser cette merveille là...

Depois vem o fecho da história:

— Je l'ai payée cinq francs...
M. Le Rémois sorri.
Beirando o pátio Luís XIV, florido, continua o museu: desenhos originais de Gavarni, gravuras velhas, autógrafos graúdos, versinhos apimentados, inscrições sugestivas.

>RÉJOUIS-TOI
>MON VENTRE,
>TOUT CE QUE JE GAGNE
>C'EST POUR TOI.

Sereno, alvo, contente, entre tulipas e antiguidades, M. Le Rémois fala das suas viagens.
Três espanhóis mais três espanholas são seis gramofones de corda infinita em torno de uma mesa de refrescos.
O velhinho vem à porta da estalagem. Tudo é azul: o céu, o mar, os olhos de M. Le Rémois.
— Bonjour! Bonjour!
A mão enrugada, erguida um momento, volta à barbicha cor de espuma.
Maio de 1925.

Pathé-Baby [impressões de viagem],
São Paulo, Editorial Hélios, 1926.

A sociedade

(Conto)

— Filha minha não casa com filho de carcamano!

A esposa do conselheiro José Bonifácio de Matos e Arruda disse isso e foi brigar com o italiano das batatas. Teresa Rita misturou lágrimas com gemidos e entrou no seu quarto batendo a porta. O conselheiro José Bonifácio limpou as unhas com o palito, suspirou e saiu de casa abotoando o fraque.

O esperado grito do cláxon fechou o livro de Henri Ardel e trouxe Teresa Rita do escritório para o terraço.

O Lancia passou como quem não quer. Quase parando. A mão enluvada cumprimentou com o chapéu Borsalino. Uiiiiia — uiiiiia! Adriano Melli calcou o acelerador. Na primeira esquina fez a curva. Veio voltando. Passou de novo. Continuou. Mais duzentos metros. Outra curva. Sempre na mesma rua. Gostava dela. Era a rua da Liberdade. Pouco antes do número 259-C já sabe: uiiiiia — uiiiiia!

— O que você está fazendo aí no terraço, menina?

— Então nem tomar um pouco de ar eu posso mais?

Lancia Lambda, vermelhinho, resplendente, pompeando na rua. Vestido do Camilo, verde, grudado à pele, serpejando no terraço.

— Entre já para dentro ou eu falo com seu pai quando ele chegar!

— Ah meu Deus, meu Deus, que vida, meu Deus!

Adriano Melli passou outras vezes ainda. Estranhou. Desapontou. Tocou para a avenida Paulista.

Na orquestra o negro de casaco vermelho afastava o saxofone da beiçorra para gritar:

Dizem que Cristo nasceu em Belém...

Porque os pais não a haviam acompanhado (abençoado furúnculo inflamou o pescoço do conselheiro José Bonifácio) ela estava achando um suco aquela vesperal do Paulistano. O namorado ainda mais.
Os pares dançarinos maxixavam colados. No meio do salão eram um bolo tremelicante. Dentro do círculo palerma de mamãs, moças feias e moços enjoados. A orquestra preta tonitroava. Alegria de vozes e sons. Palmas contentes prolongaram o maxixe. O banjo é que ritmava os passos.
— Sua mãe me fez ontem uma desfeita na cidade.
— Não!
— Como não? Sim senhora. Virou a cara quando me viu.

... mas a história se enganou!

As meninas de ancas salientes riam porque os rapazes contavam episódios de farra muito engraçados. O professor da Faculdade de Direito citava Rui Barbosa para um sujeitinho de óculos. Sob a vaia do saxofone: turururu-turururum!
— Meu pai quer fazer um negócio com o seu.
— Ah sim?

Cristo nasceu na Bahia, meu bem...

O sujeitinho de óculos começou a recitar Gustave Le Bon mas a destra espalmada do catedrático o engasgou. Alegria de vozes e sons.

... e o baiano criou!

— Olhe aqui, Bonifácio: se esse carcamano vem pedir a mão de Teresa para o filho você aponte o olho da rua para ele, compreendeu?

— Já sei, mulher, já sei.

Mas era coisa muito diversa.

O cav. uff. Salvatore Melli alinhou algarismos torcendo a bigodeira. Falou como homem de negócios que enxerga longe. Demonstrou cabalmente as vantagens econômicas de sua proposta.

— O doutor...

— Eu não sou doutor, senhor Melli.

— Parlo assim para facilitar. Non é para ofender. Primo o doutor pense bem. E poi me dê a sua resposta. Domani, dopo domani, na outra semana, quando quiser. Io resto à sua disposição. Ma pense bem!

Renovou a proposta e repetiu os argumentos pró. O conselheiro possuía uns terrenos em São Caetano. Cousas de herança. Não lhe davam renda alguma. O cav. uff. tinha a sua fábrica ao lado. 1.200 teares, 36.000 fusos. Constituíam uma sociedade. O conselheiro entrava com os terrenos. O cav. uff. com o capital. Arruavam os trinta alqueires e vendiam logo grande parte para os operários da fábrica. Lucro certo, mais que certo, garantidíssimo.

— É. Eu já pensei nisso. Mas sem capital o senhor compreende é impossível...

— Per Bacco, doutor! Mas io tenho o capital. O capital sono io. O doutor entra com o terreno mais nada. E o lucro se divide no meio.

O capital acendeu um charuto. O conselheiro coçou os joelhos disfarçando a emoção. A negra de broche serviu o café.

— Dopo o doutor me dá a resposta. Io só digo isto: pense bem.

O capital levantou-se. Deu dois passos. Parou. Meio embaraçado. Apontou para um quadro.

— Bonita pintura.

Pensou que fosse obra de italiano. Mas era de francês.

— Francese? Não é feio non. Serve.

Embatucou. Tinha qualquer coisa. Tirou o charuto da boca, ficou olhando para a ponta acesa. Deu um balanço no corpo. Decidiu-se.

— Ia dimenticando de dizer. O meu filho fará o gerente da sociedade... Sob a minha direção si capisce.

— Sei, sei... O seu filho?

— Si. O Adriano. O doutor... mi pare... mi pare que conhece ele?

O silêncio do conselheiro desviou os olhos do cav. uff. na direção da porta.

— Repito un'altra vez: o doutor pense bem.

O Isotta Fraschini esperava-o todo iluminado.

— E então? O que devo responder ao homem?

— Faça como entender, Bonifácio...

— Eu acho que devo aceitar.

— Pois aceite...

E puxou o lençol.

A outra proposta foi feita de fraque e veio seis meses depois.

*O conselheiro José Bonifácio
    de Matos e Arruda
          e
   senhora*

*têm a honra de participar a V.
Exa. e Exma. Família, o contrato
de casamento de sua filha Teresa
Rita com o sr. Adriano Melli.*

Rua da Liberdade, nº 259-C.

*O cav. uff. Salvatore Melli
        e
   senhora*

*têm a honra de participar a V.
Exa. e Exma. Família, o contrato
de casamento de seu filho Adriano
com a senhorita Teresa Rita de
Matos e Arruda.*

Rua da Barra Funda, nº 427.

No chá do noivado o cav. uff. Salvatore Melli na frente de toda a gente recordou à mãe de sua futura nora os bons tempinhos em que lhe vendia cebolas e batatas, Olio di Lucca e bacalhau português quase sempre fiado e até sem caderneta.

Brás, Bexiga e Barra Funda [contos],
Rio de Janeiro, Emp. Gráfica Ltda., 1927.

CARLOS DRUMMOND
DE ANDRADE

Carlos Drummond de Andrade nasceu em Itabira (Minas Gerais), em 1902. É de família ligada às tradições dos povoadores, mineradores e fazendeiros de sua região. Apesar de formado em Farmácia, dedicou-se ao jornalismo e ingressou no funcionalismo público. Inicialmente em Belo Horizonte, pertenceu ao grupo de renovação modernista de A Revista, *com Abgar Renault, Emílio Moura, João Alphonsus, Pedro Nava e outros. Posteriormente, fixou-se no Rio de Janeiro, onde faleceu em 1987.*

Admirável prosador — cronista, contista e ensaísta — destaca-se pela excelência da linguagem, elegante e correta, de grande riqueza e precisão vocabular. À penetração aguda, juntam-se o juízo sóbrio e a simpatia humana do desencantado, repassada de senso de humor. Essas qualidades do prosador são também do poeta, cuja obra, desde o livro de estréia — Alguma Poesia *— de 1930, reflete resultados, sempre surpreendentes, de incessante investigação expressiva e temática, numa criação una e densa.*

Ela é inicialmente o encontro com o quotidiano e urbano, o que acentua as próprias raízes sentimentais do poeta, submersas no clima do ambiente familiar, repleto de tradições e valores, com reflexos marcantes no seu temperamento. O processo de comunicação, contudo, rompe uma crosta seca, com toda a afetividade contida pelo antilirismo intencional, pela ironia, e depois pelo humor desencantado. Adensa-se um sentimento de culpa e pena, sob a pressão do irremediável da condição humana, entrevista na condição pessoal. Mas o que repercute no interior, esbarra em nervos de ferro. Reconhece-se então a impossibilidade da harmonia entre o homem e seus atos, e a reconciliação almejada, do próprio homem, da vida, e do mundo, é sempre transferida. Nesse processo de investigação do sentimento humano, avultam, altamente significativos, os gestos simples, os impulsos pobres, os atos diários, repetidos e presentes, ou se desnudam ironicamente as intenções secretas. Até que se reconhece em nós o medo, o pânico avassalador, a necessidade de uma exteriorização fútil, o apoio em fingida comunicação e em gestos suspeitos de solidariedade, uma coisa e outra tomadas como arma contra a nossa inevitável condição solitária. Resta admitir essa luta contra o insulamento, mas talvez nele se encontre a solução procurada. Ela deriva assim do desejo de totalização da vida e do mundo, em perfeita harmonia, caso fosse possível surpreender o mistério do nosso destino, pessoal e como ser humano, a partir da conciliação dos nossos impulsos contraditórios e do rompimento das cadeias da memória. Dar-se-ia então o despojamento total, a anulação da esperança, e atingir-se-ia a "fiel indiferença".

O tratamento dessa multiplicidade de temas e de motivos, de captação de dados e situações da realidade quotidiana, interiorizados para alimentar o "sentimento do mundo" que o poeta carrega consigo amadurece progressivamente desde os primeiros versos. Ele também aperfeiçoa pacientemente os seus processos expressivos em consonância com as formulações teóricas sobre o fenômeno poético, identificado com o poder da palavra tomada isoladamente, desintegrada do contexto sintá-

tico. Cria uma linguagem poética inconfundível e quase inimitável, seca, precisa, direta, que não disfarça o objeto ou a coisa. E ao lado das formas livres, enriquece as formas tradicionais.

BIBLIOGRAFIA

DO AUTOR:

1. Cronologia:
a) Poesia: *Alguma Poesia*, 1930; *Brejo das Almas*, 1934; *Sentimento do Mundo*, 1940; *Poesias*, 1942; *A Rosa do Povo*, 1945; *Poesia até agora*, 1948; *A Mesa*, 1951; *Claro Enigma*, 1951; *Viola de Bolso* — (I), 1952; *Fazendeiro do Ar e Poesia até agora*, 1955; *Viola de Bolso* — (II), 1955; *Soneto da Buquinagem*, 1955; *50 Poemas escolhidos pelo Autor*, 1956; *Ciclo*, 1957; *Poemas*, 1959; *Lição de Coisas*, 1962; *Antologia Poética*, 1963; *José & Outros*, 1967; *Boitempo & a falta que ama*, 1968; *Reunião* (10 livros de Poesia), 1969.

b) Prosa: *Confissões de Minas*, 1944; *O Gerente*, 1945; *Contos de Aprendiz*, 1951; *Passeios na Ilha*, 1952; *Fala, Amendoeira*, 1957; *A Bolsa e a Vida*, 1962; *Quadrante 1 e 2* (crônicas de C. D. A. e outros), 1962 e 1963; *Versiprosa*, 1967; *Uma Pedra no Meio do Caminho — Biografia de um poema*, 1967; *Cadeira de Balanço*, 1966; *Caminhos de João Brandão*, 1970.

c) Traduções: *Uma Gota de Veneno* (Thérèse Desqueyroux), de François Mauriac, 1943; *As Relações Perigosas*, de Choderlos de Laclos, 1947; *Os Camponeses*, de Honoré de Balzac. *A Comédia Humana*, v. XIII, 1954; *A Fugitiva* (Albertine Disparue), Marcel Proust, 1956; *Dona Rosita, a Solteira*, de Federico Garcia Lorca, 1959; *Beija-Flores do Brasil*, de Th. Descourtilz, 1960; *O Pássaro Azul*, de Maurice Maeterlink, 1962; *Artimanhas de Scarpino*, de Molière, 1962; *Fome*, de Knut Hamsum, 1963.

2. Edições indicadas: *Antologia Poética*, 2ª ed., *Rio de Janeiro, Editora do Autor, 1963; Contos de Aprendiz*, 3ª ed., Rio de Janeiro,

Editora do Autor, 1963; *Obra completa*, estudo crítico de Emanuel de Morais, Rio de Janeiro, Aguilar, 1964.

SOBRE O AUTOR:

Mário DE ANDRADE, *Aspectos da Literatura Brasileira*, São Paulo, Martins, s/d., págs. 27-45.
Otto MARIA CARPEAUX, *Origens e Fins*, Rio de Janeiro, Casa do Estudante do Brasil, 1943, págs. 329-338.
Afonso ARINOS DE MELLO FRANCO, *Mar de Sargaços*, São Paulo, Martins, 1944, págs. 72-94.
Antônio HOUAISS, "Poesia e estilo de Carlos Drummond" *in Cultura*, I-1, Rio de Janeiro, set.-dez., de 1948, págs. 167-186.
Othon MOACYR GARCIA, *Esfinge Clara*, Rio de Janeiro, S. José, 1955.
Hélcio MARTINS, *A rima na poesia de Carlos Drummond de Andrade*, Rio de Janeiro, José Olympio, 1968.
Luis COSTA LIMA, "O princípio-corrosão na poesia de Carlos Drummond", *in Lira e Antilira*, Rio de Janeiro, Civilização Brasileira, 1968, págs. 133-236.
Antonio CANDIDO, "Inquietudes na poesia de Drummond", *in Vários escritos*, São Paulo, Duas Cidades, 1970, págs. 93-122.
Gilberto MENDONÇA TELES, *Drummond — A estilística da repetição*, Rio de Janeiro, José Olympio, 1970.

Divagação sobre as ilhas

Quando me acontecer alguma pecúnia, passante de um milhão de cruzeiros, compro uma ilha; não muito longe do litoral, que o litoral faz falta; nem tão perto, também, que de lá possa eu aspirar a fumaça e a graxa do porto. Minha ilha (e só de a imaginar já me considero seu habitante) ficará no justo ponto de latitude e longitude, que, pondo-me a coberto de ventos, sereias e pestes, nem me afaste demasiado dos homens nem me obrigue a praticá-los diuturnamente. Porque esta é a ciência e, direi, a arte do bem-viver; uma fuga relativa, e uma não muito estouvada confraternização.

De há muito sonho esta ilha, se é que não a sonhei sempre. Se é que a não sonhamos sempre, inclusive os mais agudos participantes. Objetais-me: "Como podemos amar as ilhas, se buscamos o centro mesmo da ação?" Engajados, vosso engajamento é a vossa ilha, dissimulada e transportável. Por onde fordes, ela irá convosco. Significa a evasão daquilo para que toda alma necessariamente tende, ou seja, a gratuidade dos gestos naturais, o cultivo das formas espontâneas, o gosto de ser um com os bichos, as espécies vegetais, os fenômenos atmosféricos. Substitui, sem anular. Que miragens vê o iluminado no fundo de sua iluminação?... Supõe-se político, e é um visionário. Abomina o espírito de fantasia, sendo dos que mais o possuem. Nessa ilha tão irreal, ao cabo, como as da literatura, ele constrói a sua cidade de ouro, e nela reside por efeito da imaginação, administra-a, e até mesmo a tiraniza. Seu mito vale o da liberdade nas ilhas. E, contentor do mundo burguês, que outra coisa faz senão aplicar a técnica do sonho, com que os sensíveis dentre os burgueses se acomodam à realidade, elidindo-a?

A ilha que traço agora a lápis neste papel é materialmente uma ilha, e orgulha-se de sê-lo. Pode ser abordada. Não pode ser convertida em continente. Emerge do pélago com a graça de uma flor criada para produzir-se em torno d'água e sobre água. Marca assim o seu isolamento, e como não tem bocas de fogo nem expedientes astuciosos para rechaçar o estrangeiro, sucede que este isolamento não é inumano. Inumano seria desejar, aqui, dos morros litorâneos, um cataclismo que sovertesse tão amena, repousante, discreta e digna forma natural, inventada para as necessidades do ser no momento exato em que se farta de seus espelhos, amigos como inimigos.

E por que nos seduz a ilha? As composições de sombra e luz, o esmalte das relvas, a cristalinidade dos regatos — tudo isso existe fora das ilhas, não é privilégio dela. A mesma solidão existe, com diferentes pressões, nos mais diversos locais, inclusive os de população densa, em terra firme e longa. Resta ainda o argumento da felicidade — "aqui eu não sou feliz", declara o poeta, para enaltecer, pelo contraste, a sua pasárgada: mas será que se procura realmente nas ilhas uma ocasião de ser feliz ou um modo de sê-lo? E só se alcançaria tal mercê, de índole extremamente subjetiva, no regaço de uma ilha, e não igualmente em terra comum?

Quando penso em comprar uma ilha, nenhuma dessas excelências me seduz mais que as outras, nem todas juntas constituem a razão de meu desejo. Sou pouco afeiçoado à natureza, que em mim se reduz quase que a uma paisagem moral, íntima, em dois ou três tons, só que latejante em todas as suas partículas. A solidão, carrego-a no bolso, e nunca me faltou menos do que quando, por obrigações de ofício, me debruçava incessantemente sobre a vida dos outros. E felicidade não é em rigor o que eu procuro. Não. Procuro uma ilha, como já procurei uma noiva.

* * *

A ilha me satisfaz por ser uma porção curta de terra (falo de ilhas individuais, não me tentam aventuras marajoaras), um resumo prático, substantivo, dos estirões deste vasto mundo, sem os inconvenientes dele, e com a vantagem de ser quase ficção sem deixar de constituir uma realidade. A casa de campo é diferente. A continuidade do solo torna-se um pobre complemento dessas propriedades individuais ou coletivas, públicas ou particulares, em que todo o desgosto, toda a execrabilidade, toda a mesquinhez da coisa possuída, taxada, fiscalizada, trafegada, beneficiada, herdada, conspurcada se nos apresenta antes que a vista repare em qualquer de seus eventuais e concomitantes encantos. A casa junto ao mar, que já foi uma razoável delícia, passou a ser um pecado, depois que se desinventou a relação entre homem, paisagem e moradia. Tudo forma uma cidade só, torpe e triste, mais triste talvez do que torpe. O progresso técnico teve isto de retrógrado: esqueceu-se completamente do fim a que se propusera, ou devia ter-se proposto. Acabou com qualquer veleidade de amar a vida, que ele tornou muito confortável, mais invisível. Fez-se numa escala de massas, quando as massas não existem, e nenhuma central elétrica de milhões de voltes será capaz de produzir aquilo de que precisamente cada um de nós carece numa cidade excessivamente iluminada: uma certa penumbra. O progresso nos dá tanta coisa que não nos sobra nada nem para pedir nem para desejar nem para jogar fora. Tudo é inútil e atravancador. A ilha sugere uma negação disto.

A ilha deve ser o quanto possível selvagem, sem bichos superiores à força e ao medo do homem. Mas precisa ter bichos, principalmente os de plumagens gloriosas, com alguns exemplares mais meigos. As cores do cinema enjoam-nos do colorido, e só uma cura de autenticidade nos reconciliará com os nossos olhos doentes. Já que não há mais vestidos de cores puras e naturais (de que má pintura moderna se vestem as mulheres do nosso tempo?) peçamos a periquitos e a papagaios, e a algum suave pássaro de colo mimoso, que nos propiciem as sensações delicadas de uma vista voluptuosa, minudente e repousada.

Para esta ilha sóbria não se levará bíblia nem se carregarão discos. Algum amigo que saiba contar histórias está naturalmente convidado. Bem como alguma amiga de voz doce ou quente, que não abuse muito dessa prenda. Haverá pedras à mão — cascalho miúdo — que se possa lançar ao céu, a título de advertência quando demasiada arte puser em perigo o ruminar bucólico da ilha. Não vejo inconveniente na entrada sub-reptícia de jornais. Servem para embrulho, e nas costas do noticiário político ou esportivo há sempre um anúncio de filme em *reprise*, invocativo ou qualquer vaga menção a algum vago evento que, por um obscuro mecanismo, desperte em nós fundas e gratas emoções retrospectivas. Nossa vida interior tende à inércia. E bem-vinda é a provocação exterior que lhe avive a sensibilidade, impelindo-a aos devaneios que formam uma crônica particular do homem, passada muitas vezes dentro dele, somente, mas compensando em variedade ou em profundeza o medíocre da vida social.

Serão admitidos poetas? Em que número? Se foram proscritos das repúblicas ideais e das outras, pareceria cruel bani-los também da ilha de recreio. Contudo, devem comportar-se como se poetas não fossem: pondo de lado os tiques profissionais, o tecnicismo, a excessiva preocupação literária, o misto de esteticismo e frialdade que costuma necrosar os artistas. Sejam homens razoáveis, carentes, humildes, inclinados à pesca e à corrida a pé, saibam fazer alguma coisa simples para o estômago, num fogão improvisado. Não levem para a ilha os seus problemas de hegemonia e ciúme.

Por aí se observa que a ilha mais paradisíaca pede regulamentação, e que os perigos da convivência urbana estão presentes. Tanto melhor porque não se quer uma ilha perfeita, senão um modesto território banhado de água por todos os lados e onde não seja obrigatório salvar o mundo.

A idéia de fuga tem sido alvo de crítica severa e indiscriminada nos últimos anos, como se fosse ignominioso, por exemplo, fugir de um perigo, de um sofrimento, de uma caceteação. Como se devesse o homem consumir-se numa fogueira perene, sem carinho para com as partes cândidas ou pueris dele mesmo, que cumpre preservar principalmente em vista de uma possível felicidade coletivista no futuro. Se se trata de harmonizar o homem com o mundo, não se vê por que essa harmonia só será obtida através do extermínio generalizado e da autopunição dos melhores. Pois afinal, o que se recomenda aos homens é apenas isto: "Sejam infelizes, aborreçam o mais possível os seus semelhantes, recusem-se a qualquer comiseração, façam do ódio um motor político. Assim atingirão ao amor". Obtida a esse preço a cidade futura, nela já não haveria o que amar.

Chega-se a um ponto em que convém fugir menos da malignidade dos homens do que da sua bondade incandescente. Por bondade abstrata nos tornamos atrozes. E o pensamento de salvar o mundo é dos que acarretam as mais copiosas — e inúteis — carnificinas.

Estas reflexões descosidas procuram apenas recordar que há motivos para ir às ilhas, quando menos para não participar dos crimes e dos equívocos mentais generalizados. São motivos éticos, tão respeitáveis quanto os que impelem à ação o temperamento sôfrego. A ilha é a meditação despojada, a renúncia ao desejo de influir e de atrair. Por ser muitas vezes uma desilusão, paga-se relativamente caro. Mas todo o peso dos ataques desfechados contra o pequeno Robinson moderno, que se alongou das rixas miúdas, significa tão-somente que ele tinha razão em não contribuir para agravá-las. Em geral, não se pedem companheiros, mas cúmplices. E este é o risco da convivência ideológica. Por outro lado, há um certo gosto em pensar sozinho. É ato individual, como nascer e morrer.

A ilha é, afinal de contas, o refúgio último da liberdade, que em toda a parte se busca destruir. Amemos a ilha.

*Passeios na ilha — Divagações sobre
a Vida Literária e outras Matérias,*
Rio de Janeiro, "Organização Simões", 1952.

Sentimental

Ponho-me a escrever teu nome
com letras de macarrão.
No prato, a sopa esfria, cheia de escamas
e debruçados na mesa todos contemplam
esse romântico trabalho.

Desgraçadamente falta uma letra,
uma letra somente
para acabar teu nome!

— Está sonhando? Olhe que a sopa esfria!

Eu estava sonhando...
E há em todas as consciências um cartaz amarelo:
"Neste país é proibido sonhar."

Esperteza

Tenho vontade de
— ponhamos amar
por esporte uma loura
o espaço de um dia.

Certo me tornaria
brinquedo nas suas mãos.
Apanharia, sorriria
mas acabado o jogo
não seria mais joguete,
seria eu mesmo.

E ela ficaria espantada
de ver um homem esperto.

Família

Três meninos e duas meninas,
sendo uma ainda de colo.
A cozinheira preta, a copeira mulata,
o papagaio, o gato, o cachorro,
as galinhas gordas no palmo de horta
e a mulher que trata de tudo.

A espreguiçadeira, a cama, a gangorra,
o cigarro, o trabalho, a reza,
a goiabada na sobremesa de domingo,
o palito nos dentes contentes,

o gramofone rouco toda a noite
e a mulher que trata de tudo.

O agiota, o leiteiro, o turco,
o médico uma vez por mês,
o bilhete todas as semanas
branco! mas a esperança sempre verde.
A mulher que trata de tudo
e a felicidade.

Aurora

O poeta ia bêbedo no bonde.
O dia nascia atrás dos quintais.
As pensões alegres dormiam tristíssimas.
As casas também iam bêbedas.

Tudo era irreparável.
Ninguém sabia que o mundo ia acabar
(apenas uma criança percebeu mas ficou calada),
que o mundo ia acabar às 7 e 45.
Últimos pensamentos! últimos telegramas!
José, que colocava pronomes,
Helena, que amava os homens,
Sebastião, que se arruinava,
Artur, que não dizia nada,
embarcam para a eternidade.

O poeta está bêbedo, mas
escuta um apelo na aurora:

Vamos todos dançar
entre o bonde e a árvore?

Entre o bonde e a árvore
dançai, meus irmãos!
Embora sem música
dançai, meus irmãos!
Os filhos estão nascendo
com tamanha espontaneidade.
Como é maravilhoso o amor
(o amor e outros produtos).
Dançai, meus irmãos!
a morte virá depois
como um sacramento.

Soneto da perdida esperança

Perdi o bonde e a esperança.
Volto pálido para casa.
A rua é inútil e nenhum auto
passaria sobre meu corpo.

Vou subir a ladeira lenta
em que os caminhos se fundem.
Todos eles conduzem ao
princípio do drama e da flora.

Não sei se estou sofrendo
ou se é alguém que se diverte
por que não? na noite escassa

com um insolúvel flautim.
Entretanto há muito tempo
nós gritamos: sim! ao eterno.

Castidade

O perdido caminho, a perdida estrela
que ficou lá longe, que ficou no alto,
surgiu novamente, brilhou novamente
como o caminho único, a solitária estrela.

Não me arrependo do pecado triste
que sujou minha carne, como toda carne.
O caminho é tão claro, a estrela tão larga,
os dois brilham tanto que me apago neles.

Mas certamente pecarei de novo
(a estrela cala-se, o caminho perde-se),
pecarei com humildade, serei vil e pobre,
terei pena de mim e me perdoarei.

De novo a estrela brilhará, mostrando
o perdido caminho da perdida inocência.

E eu irei pequenino, irei luminoso
conversando anjos que ninguém conversa.

Confidência do itabirano

Alguns anos vivi em Itabira.
Principalmente nasci em Itabira.
Por isso sou triste, orgulhoso: de ferro.
Noventa por cento de ferro nas calçadas.
Oitenta por cento de ferro nas almas.
E esse alheamento do que na vida é porosidade e
                                             [comunicação.

A vontade de amar, que me paralisa o trabalho,
vem de Itabira, de suas noites brancas, sem mulheres
                                             [e sem horizontes.

E o hábito de sofrer, que tanto me diverte,
é doce herança itabirana.

De Itabira trouxe prendas diversas que ora te ofereço:
este São Benedito do velho santeiro Alfredo Duval;
este couro de anta, estendido no sofá da sala de visitas;
este orgulho, esta cabeça baixa...

Tive ouro, tive gado, tive fazendas.
Hoje sou funcionário público.
Itabira é apenas uma fotografia na parede.
Mas como dói!

Os mortos de sobrecasaca

Havia a um canto da sala um álbum de fotografias
                                             [intoleráveis,

alto de muitos metros e velho de infinitos minutos,
em que todos se debruçavam
na alegria de zombar dos mortos de sobrecasaca.

Um verme principiou a roer as sobrecasacas indiferentes
e roeu as páginas, as dedicatórias e mesmo a poeira dos
[retratos.
Só não roeu o imortal soluço de vida que rebentava
que rebentava daquelas páginas.

Os ombros suportam o mundo

Chega um tempo em que não se diz mais: meu Deus.
Tempo de absoluta depuração.
Tempo em que não se diz mais: meu amor.
Porque o amor resultou inútil.
E os olhos não choram.
E as mãos tecem apenas o rude trabalho.
E o coração está seco.

Em vão mulheres batem à porta, não abrirás.
Ficaste sozinho, a luz apagou-se,
mas na sombra teus olhos resplandecem enormes.
És todo certeza, já não sabes sofrer.
E nada esperas de teus amigos.

Pouco importa venha a velhice, que é a velhice?
Teus ombros suportam o mundo
e ele não pesa mais que a mão de uma criança.
As guerras, as fomes, as discussões dentro dos edifícios
provam apenas que a vida prossegue

e nem todos se libertaram ainda.
Alguns, achando bárbaro o espetáculo,
prefeririam (os delicados) morrer.
Chegou um tempo em que não adianta morrer.
Chegou um tempo em que a vida é uma ordem.
A vida apenas, sem mistificação.

Mãos dadas

Não serei o poeta de um mundo caduco.
Também não cantarei o mundo futuro.
Estou preso à vida e olho meus companheiros.
Estão taciturnos mas nutrem grandes esperanças.
Entre eles, considero a enorme realidade.
O presente é tão grande, não nos afastemos.
Não nos afastemos muito, vamos de mãos dadas.

Não serei o cantor de uma mulher, de uma história,
não direi os suspiros ao anoitecer, a paisagem vista da
[janela,
não distribuirei entorpecentes ou cartas de suicida,
não fugirei para as ilhas nem serei raptado por serafins.
O tempo é a minha matéria, o tempo presente, os
[homens presentes,
a vida presente.

Dentaduras duplas

A Onestaldo de Pennafort

Dentaduras duplas!
Inda não sou bem velho
para merecer-vos...
Há que contentar-me
com uma ponte móvel
e esparsas coroas.
(Coroas sem reino,
os reinos protéticos
de onde proviestes
quando produzirão
a tripla dentadura,
dentadura múltipla,
a serra mecânica,
sempre desejada,
jamais possuída,
que acabará
com o tédio da boca,
a boca que beija,
a boca romântica?...)

Resovin! Hecolite!
Nomes de países?
Fantasmas femininos?
Nunca: dentaduras,
engenhos modernos,
práticos, higiênicos,
a vida habitável:
a boca mordendo,

os delirantes lábios
apenas entreabertos
num sorriso técnico,
e a língua especiosa
através dos dentes
buscando outra língua,
afinal sossegada...
A serra mecânica
não tritura amor.
E todos os dentes
extraídos sem dor.
E a boca liberta
das funções poético-
sofístico-dramáticas
de que rezam filmes
e velhos autores.

Dentaduras duplas,
dai-me enfim a calma
que Bilac não teve
para envelhecer.
Desfibrarei convosco
doces alimentos,
serei casto, sóbrio,
não vos aplicando
na deleitação convulsa
de uma carne triste
em que tantas vezes me eu perdi.

Largas dentaduras,
vosso riso largo
me consolará

não sei quantas fomes
ferozes, secretas
no fundo de mim.
Não sei quantas fomes
jamais compensadas.
Dentaduras alvas,
antes amarelas
e por que não cromadas
e por que não de âmbar?
de âmbar! de âmbar!
feéricas dentaduras,
admiráveis presas,
mastigando lestas
e indiferentes
a carne da vida!

A noite dissolve os homens

A Portinari

A noite desceu. Que noite!
Já não enxergo meus irmãos.
E nem tampouco os rumores
que outrora me perturbavam.
A noite desceu. Nas casas,
nas ruas onde se combate,
nos campos desfalecidos,
a noite espalhou o medo
e a total incompreensão.
A noite caiu. Tremenda,
sem esperança... Os suspiros

acusam a presença negra
que paralisa os guerreiros.
E o amor não abre caminho
na noite. A noite é mortal,
completa, sem reticências,
a noite dissolve os homens,
diz que é inútil sofrer,
a noite dissolve as pátrias,
apagou os almirantes
cintilantes! nas suas fardas.
A noite anoiteceu tudo...
O mundo não tem remédio...
Os suicidas tinham razão.

Aurora,
entretanto eu te diviso, ainda tímida,
inexperiente das luzes que vais acender
e dos bens que repartirás com todos os homens.
Sob o úmido véu de raivas, queixas e humilhações,
adivinho-te que sobes, vapor róseo, expulsando a
[treva noturna.
O triste mundo fascista se decompõe ao contacto
[de teus dedos,
teus dedos frios, que ainda se não modelaram
mas que avançam na escuridão como um sinal verde
[e peremptório.
Minha fadiga encontrará em ti o seu termo,
minha carne estremece na certeza de tua vinda.
O suor é um óleo suave, as mãos dos sobreviventes
[se enlaçam,
os corpos hirtos adquirem uma fluidez,
uma inocência, um perdão simples e macio...

Havemos de amanhecer. O mundo
se tinge com as tintas da antemanhã
e o sangue que escorre é doce, de tão necessário
para colorir tuas pálidas faces, aurora.

José

E agora, José?
A festa acabou,
a luz apagou,
o povo sumiu,
a noite esfriou,
e agora, José?
e agora, você?
você que é sem nome,
que zomba dos outros,
você que faz versos,
que ama, protesta?
e agora, José?

Está sem mulher,
está sem discurso,
está sem carinho,
já não pode beber,
já não pode fumar,
cuspir já não pode,
a noite esfriou,
o dia não veio,
o bonde não veio,
o riso não veio,

não veio a utopia
e tudo acabou
e tudo fugiu
e tudo mofou,
e agora, José?

E agora, José?
Sua doce palavra,
seu instante de febre,
sua gula e jejum,
sua biblioteca,
sua lavra de ouro,
seu terno de vidro,
sua incoerência,
seu ódio — e agora?

Com a chave na mão
quer abrir a porta,
não existe porta;
quer morrer no mar,
mas o mar secou;
quer ir para Minas,
Minas não há mais.
José, e agora?

Se você gritasse,
se você gemesse,
se você tocasse,
a valsa vienense,
se você dormisse,
se você cansasse,
se você morresse...

Mas você não morre,
você é duro, José!

Sozinho no escuro
qual bicho do mato,
sem teogonia,
sem parede nua
para se encostar,
sem cavalo preto
que fuja a galope,
você marcha, José!
José, para onde?

Procura da poesia

Não faças versos sobre acontecimentos.
Não há criação nem morte perante a poesia.
Diante dela, a vida é um sol estático,
não aquece nem ilumina.
As afinidades, os aniversários, os incidentes pessoais não
                                      [contam.
Não façás poesia com o corpo,
esse excelente, completo e confortável corpo, tão
                            [infenso à efusão lírica.
Tua gota de bile, tua careta de gozo ou de dor no escuro
são indiferentes.
Nem me reveles teus sentimentos,
que se prevalecem do equívoco e tentam a longa viagem.
O que pensas e sentes, isso ainda não é poesia.

Não cantes tua cidade, deixa-a em paz.
O canto não é o movimento das máquinas nem o
[segredo das casas.
Não é música ouvida de passagem; rumor do mar nas ruas
[junto à linha de espuma.
O canto não é a natureza
nem os homens em sociedade.
Para ele, chuva e noite, fadiga e esperança nada
[significam.
A poesia (não tires poesia das coisas)
elide sujeito e objeto.

Não dramatizes, não invoques,
não indagues. Não percas tempo em mentir.
Não te aborreças.
Teu iate de marfim, teu sapato de diamante,
vossas mazurcas e abusões, vossos esqueletos de família
desaparecem na curva do tempo, é algo imprestável.

Não recomponhas
tua sepultada e merencória infância.
Não osciles entre o espelho e a
memória em dissipação.
Que se dissipou, não era poesia.
Que se partiu, cristal não era.

Penetra surdamente no reino das palavras.
Lá estão os poemas que esperam ser escritos.
Estão paralisados, mas não há desespero,
há calma e frescura na superfície intacta.
Ei-los sós e mudos, em estado de dicionário.
Convive com teus poemas, antes de escrevê-los.

Tem paciência, se obscuros. Calma, se te provocam.
Espera que cada um se realize e consume
com seu poder de palavra
e seu poder de silêncio.
Não forces o poema a desprender-se do limbo.
Não colhas no chão o poema que se perdeu.
Não adules o poema. Aceita-o
como ele aceitará sua forma definitiva e concentrada
no espaço.

Chega mais perto e contempla as palavras.
Cada uma
tem mil faces secretas sob a face neutra
e te pergunta, sem interesse pela resposta,
pobre ou terrível, que lhe deres:
Trouxeste a chave?

Repara:
ermas de melodia e conceito,
elas se refugiaram na noite, as palavras.
Ainda úmidas e impregnadas de sono,
rolam num rio difícil e se transformam em desprezo.

A flor e a náusea

Preso à minha classe e a algumas roupas,
vou de branco pela rua cinzenta.
Melancolias, mercadorias espreitam-me.
Devo seguir até o enjôo?
Posso, sem armas, revoltar-me?

Olhos sujos no relógio da torre:
Não, o tempo não chegou de completa justiça.
O tempo é ainda de fezes, maus poemas, alucinações e
                                                                   [espera.
O tempo pobre, o poeta pobre
fundem-se no mesmo impasse.

Em vão me tento explicar, os muros são surdos.
Sob a pele das palavras há cifras e códigos.
O sol consola os doentes e não os renova.
As coisas. Que tristes são as coisas, consideradas sem
                                                                     [ênfase.

Vomitar esse tédio sobre a cidade.
Quarenta anos e nenhum problema
resolvido, sequer colocado.
Nenhuma carta escrita nem recebida.
Todos os homens voltam para casa.
Estão menos livres mas levam jornais
e soletram o mundo, sabendo que o perdem.

Crimes da terra, como perdoá-los?
Tomei parte em muitos, outros escondi.
Alguns achei belos, foram publicados.
Crimes suaves, que ajudam a viver.
Ração diária de erro, distribuída em casa.
Os ferozes padeiros do mal.
Os ferozes leiteiros do mal.

Pôr fogo em tudo, inclusive em mim.
Ao menino de 1918 chamavam anarquista.

Porém meu ódio é o melhor de mim.
Com ele me salvo
e dou a poucos uma esperança mínima.

Uma flor nasceu na rua!
Passem de longe, bondes, ônibus, rio de aço do
                                         [tráfego.
Uma flor ainda desbotada
ilude a polícia, rompe o asfalto.
Façam completo silêncio, paralisem os negócios,
garanto que uma flor nasceu.

Sua cor não se percebe.
Suas pétalas não se abrem.
Seu nome não está nos livros.
É feia. Mas é realmente uma flor.

Sento-me no chão da capital do país às cinco horas da
                                         [tarde
e lentamente passo a mão nessa forma insegura.
Do lado das montanhas, nuvens maciças
                                         [avolumam-se.
Pequenos pontos brancos movem-se no mar, galinhas
                                         [em pânico.
É feia. Mas é uma flor. Furou o asfalto, o tédio, o nojo
                                         [e o ódio.

Vida menor

A fuga do real,
ainda mais longe a fuga do feérico,
mais longe de tudo, a fuga de si mesmo,
a fuga da fuga, o exílio
sem água e palavra, a perda
voluntária de amor e memória,
o eco
já não correspondendo ao apelo, e este fundindo-se,
a mão tornando-se enorme e desaparecendo
desfigurada, todos os gestos afinal impossíveis,
senão inúteis,
a desnecessidade do canto, a limpeza
da cor, nem braço a mover-se nem unha crescendo.
Não a morte, contudo.

Mas a vida: captada em sua forma irredutível,
já sem ornato ou comentário melódico,
vida a que aspiramos como paz no cansaço
(não a morte),
vida mínima, essencial; um início; um sono;
menos que terra, sem calor; sem ciência nem ironia;
o que se possa desejar de menos cruel; vida
em que o ar, não respirado, mas me envolva;
nenhum gasto de tecidos; ausência deles;
confusão entre manhã e tarde, já sem dor,
porque o tempo não mais se divide em seções; o
                                            [tempo
elidido, domado.
Não o morto nem o eterno ou o divino,
apenas o vivo, o pequenino, calado, indiferente

e solitário vivo.
Isso eu procuro.

No país dos Andrades

No país dos Andrades, onde o chão
é forrado pelo cobertor vermelho de meu pai,
indago um objeto desaparecido há trinta anos,
que não sei se furtaram, mas só acho formigas.

No país dos Andrades, lá onde não há cartazes
e as ordens são peremptórias, sem embargo tácitas,
já não distingo porteiras, divisas, certas rudes
                                [pastagens
plantadas no ano zero e transmitidas no sangue.

No país dos Andrades, somem agora os sinais
que fixavam a fazenda, a guerra e o mercado,
bem como outros distritos; solidão das vertentes.
Eis que me vejo tonto, agudo e suspeitoso.

Será outro país? O governo o pilhou? O tempo o
                                  [corrompeu?
No país dos Andrades, secreto latifúndio,
a tudo pergunto e invoco; mas o escuro soprou; e
                                [ninguém me secunda.

Adeus, vermelho
(viajarei) cobertor de meu pai.

A ingaia ciência

A madureza, essa terrível prenda
que alguém nos dá, raptando-nos com ela,
todo sabor gratuito de oferenda
sob a glacialidade de uma estela,

a madureza vê, posto que a venda
interrompa a surpresa da janela,
o círculo vazio, onde se estenda,
e que o mundo converte numa cela.

A madureza sabe o preço exato
dos amores, dos ócios, dos quebrantos,
e nada pode contra sua ciência

e nem contra si mesma. O agudo olfato,
o agudo olhar, a mão livre de encantos,
se destroem no sonho da existência.

Legado

Que lembrança darei ao país que me deu
tudo que lembro e sei, tudo quanto senti?
Na noite do sem-fim, breve o tempo esqueceu
minha incerta medalha, e a meu nome se ri.

E mereço esperar mais do que os outros, eu?
Tu não me enganas, mundo, e não te engano a ti.
Esses monstros atuais, não os cativa Orfeu,
a vagar, taciturno, entre o talvez e o se.

Não deixarei de mim nenhum canto radioso,
uma voz matinal palpitando na bruma
e que arranque de alguém seu mais secreto espinho.

De tudo quanto foi meu passo caprichoso
na vida, restará, pois o resto se esfuma,
uma pedra que havia em meio do caminho.

Amar

Que pode uma criatura senão,
entre criaturas, amar?
amar e esquecer,
amar e malamar,
amar, desamar, amar?
sempre, e até de olhos vidrados, amar?

Que pode, pergunto, o ser amoroso,
sozinho, em rotação universal, senão
rodar também, e amar?
amar o que o mar traz à praia,
o que ele sepulta, e o que, na brisa marinha,
é sal, ou precisão de amor, ou simples ânsia?

Amar solenemente as palmas do deserto,
o que é entrega ou adoração expectante,
e amar o inóspito, o cru
um vaso sem flor, um chão vazio,
e o peito inerte, e a rua vista em sonho, e uma ave de
                                                           [rapina.

Este o nosso destino: amor sem conta,
distribuído pelas coisas pérfidas ou nulas,
doação ilimitada a uma completa ingratidão,
e na concha vazia do amor a procura medrosa,
paciente, de mais e mais amor.

Amar a nossa falta mesma de amor, a na secura nossa
amar a água implícita, e o beijo tácito, e a sede
[infinita.

Convívio

Cada dia que passa incorporo mais esta verdade, de
[que eles não vivem senão em nós
e por isso vivem tão pouco; tão intervalado; tão débil.
Fora de nós é que talvez deixaram de viver, para o que
[se chama tempo.
E essa eternidade negativa não nos desola.
Pouco e mal que eles vivam, dentro de nós, é vida não
[obstante.
E já não enfrentamos a morte, de sempre trazê-la
[conosco.

Mas, como estão longe, ao mesmo tempo que nossos
[atuais habitantes
e nossos hóspedes e nossos tecidos e a circulação nossa!
A mais tênue forma exterior nos atinge.
O próximo existe. O pássaro existe.
E eles também existem, mas que oblíquos! e mesmo
[sorrindo, que disfarçados...
Há que renunciar a toda procura.

Não os encontraríamos, ao encontrá-los.
Ter e não ter em nós um vaso sagrado,
um depósito, uma presença contínua,
esta é nossa condição, enquanto,
sem condição, transitamos
e julgamos amar
e calamo-nos.

Ou talvez existamos somente neles, que são omissos, e
                              [nossa existência,
apenas uma forma impura de silêncio, que preferiram.

Poemas, Rio de Janeiro,
José Olympio, 1959.

MURILO MENDES

Murilo Monteiro Mendes nasceu em Juiz de Fora (Minas) em 1901. Fez estudos secundários na sua terra e em Niterói; a partir de 1920 viveu no Rio, tendo sido, entre outras coisas, empregado de banco, inspetor de ensino e serventuário da justiça. A partir de 1953 viveu no estrangeiro como professor universitário de Literatura Brasileira; até 1956, na Bélgica e na Holanda; depois, em Roma. Faleceu em Portugal em 1975.

Murilo Mendes é um poeta fascinante e, à primeira vista, estranho, pela liberdade criadora, a ausência de preconceitos literários e a força experimentadora do lirismo. Embora tenha percorrido mais de um caminho, é notória a unidade da sua visão, que tende a reordenar o mundo segundo uma espécie de agressiva lógica poética. O seu ponto de partida foi um modernismo radical e em grande parte humorístico; mas este humor já se misturava a uma gravidade muito peculiar e a uma espécie de fervorosa tensão, que iria eclodir e depurar-se na fase posterior à conversão ao catolicismo (1934).

A sua poesia vinha formalmente preparada para a expressão do sobrenatural, graças a um acentuado pendor surrealista, manifestado de um modo livre, apropriado à sua norma poética. Depois de 1950 tendeu à objetividade e ao descarnamento da escrita, concentrando-se em experiências condicionadas por lugares que surgem como correlativos da emoção: Ouro Preto, a Sicília, a Espanha, paragens áridas e carregadas de história, gente austera, adequadas ao ascetismo que, em concorrência com um forte impulso vital, compõe um dos termos da sua dialética.

Dos nossos poetas, é sem dúvida o mais difícil e irregular, mesmo porque, na sua obra abundante, nem sempre efetua a seleção requerida pela própria generosidade do estro. Mas o leitor deve confiar no seu canto, aceitá-lo como expressão de um universo refeito contra a ordem natural pela ordem da poesia. Só depois de se familiarizar com as suas leis, poderá perceber-lhe a coerência e a escarpada beleza, constituídas ambas de lucidez e de crença no poder organizador do arbítrio poético, que subverte as coisas antes de lhes dar um novo arranjo.

BIBLIOGRAFIA

DO AUTOR:

1. Cronologia: *Poemas*, 1930; *História do Brasil*, 1932; *Tempo e Eternidade* (com Jorge de Lima), 1935; *A Poesia em Pânico*, 1938; *O Visionário*, 1941; *As Metamorfoses*, 1944; *O Discípulo de Emaús* (prosa), 1944; *Mundo Enigma*, 1945; *Poesia Liberdade*, 1947; *Janela do caos*, 1949; *Contemplação de Ouro Preto*, 1954; *Poesias* (contendo os anteriores, menos o segundo e o livro em prosa, e mais algumas coletâneas inéditas), 1959; *Siciliana*, 1959; *Tempo Espanhol*, 1959; *Antologia poética*, 1964; *A idade do Serrote* (memórias), 1968; *Convergência*, 1970.

2. Edições indicadas: *Poesias*, Rio de Janeiro, José Olympio, 1959; *Antologia Poética*, Lisboa, Novaes, 1964.

SOBRE O AUTOR:

Mário DE ANDRADE, "Poesia em Pânico", in *Empalhador de Passarinho*, São Paulo, Martins, s/d., págs. 41-47.

Álvaro LINS, "Poesia e Forma", in *Jornal de Crítica*, 2ª série, Rio de Janeiro, José Olympio, 1943, págs. 32-42.

Luciana STEGAGNO PICCHIO, "O Itinerário Poético de Murilo Mendes", in *Revista do Livro*, nº 16, 1959, págs. 61-74.

Ruggero JACOBBI, "Introduzione alla poesia de Murilo Mendes", in Murilo Mendes, *Poesie*, Milano, Nuova Academia, 1961, págs. 7-45.

Haroldo DE CAMPOS, "Murilo e o Mundo Substantivo", in *Metalinguagem*, Petrópolis, Vozes, 1967, p. 55-65.

A Poesia e o Nosso Tempo

Nossa época, nascida sob o signo do relativismo, se distingue em boa parte pela flutuação e instabilidade das idéias. Hoje é difícil, senão impossível, fixar um critério seguro, no que se refere à validez de escolas e estilos literários. O que agora parece moderníssimo torna-se "superado", datado, em pouco tempo. Nenhum de nós viverá quinhentos anos para saber o que vai ficar da imensa produção literária da nossa época.

Além disso entramos numa fase da história muito diferente das que nos precederam. Somos os primitivos da era atômica, as primeiras testemunhas dum universo em elaboração, que geme com as dores do parto. Em pé nos rios de asfalto, assistimos à queda de Babilônia. Suspendemos as nossas liras de ferro nestes salgueiros de hoje, que são os monumentos de concreto armado.

O futuro da literatura acha-se pois intimamente ligado à fisionomia deste mundo novo que se constrói. Podemos entretanto arriscar uma profecia*: provavelmente se voltará

---

* Bem sei que contra a opinião de vários críticos.

a acentuar o caráter "cósmico" da poesia. De fato, caminhamos para um tempo e um espaço em que a medida dominante será a da universalidade; caminhamos para uma planetização de fatos e idéias, de que a ciência e a técnica oferecem os sinais mais evidentes.

Assistimos agora ao encontro entre o homem da tradição clássica, produto extremo dum processo milenar de cultura, e o homem consciente da sua nova investidura que o habilita a alargar o conceito de universo, como resultante das fundas pesquisas permitidas pelos atuais instrumentos físicos. A esta diversa construção do mundo, repito, corresponderá possivelmente uma diversa dimensão da poesia. Os que vierem depois verão. *Beati loro*.

* * *

Não considero o artesanato literário um fim em si, mas um meio de comunicação escrita.

Em minha poesia procurei criar regras e leis próprias, um ritmo pessoal, operando desvios de ângulos, mas sem perder de vista a tradição. Restringi voluntariamente meu vocabulário, procurando atingir o núcleo da idéia essencial, a imagem mais direta possível, abolindo as passagens intermediárias. Certo da extraordinária riqueza da metáfora — que alguns querem até identificar com a própria linguagem — tratei de instalá-la no poema com toda a sua carga de força.

Preocupei-me com a aproximação de elementos contrários, a aliança dos extremos, pelo que dispus muitas vezes o poema como um agente capaz de manifestar dialeticamente essa conciliação, produzindo choques pelo contato da idéia e do objeto díspares, do raro e do quotidiano etc.

Atraído simultaneamente pelo terrestre e o celeste, pelo animal e o espiritual, entendi que a linguagem poderia manifestar essa tendência, sob a forma dum encontro de palavras extraídas tanto da Bíblia como dos jornais; procurando mostrar que o "social" não se opõe ao "religioso".

Pus de lado certos preconceitos: por exemplo, o preconceito contra o adjetivo, que empregado com justeza recria o substantivo, e longe de se tornar um apêndice supérfluo, em muitos casos faz um bloco só com ele.

Persegui sempre mais a musicalidade que a sonoridade; evitei o mais possível a ordem inversa; procurei muitas vezes obter o ritmo sincopado, a quebra violenta do metro, porque isso se acha de acordo com a nossa atual predisposição auditiva; certos versos meus são os de alguém que ouviu muito Schönberg, Strawinski, Alban Berg e o jazz.

Empreguei freqüentemente a forma elíptica, visto ser uma tendência acentuada da poesia moderna; de resto não cria uma ruptura entre o poeta e o leitor, antes obriga este a uma disciplina mental, ensinando-lhe a ler nos intervalos, a encobrir analogias e paralelismos. E se o leitor é estúpido também não vale a pena escrever claro demais.

Sendo de natureza impulsiva e romântica, cedo percebi que no plano da criação literária devia me impor um autocontrole e disciplina. Tendo em conta esta minha primeira natureza, julgo ter feito um trabalho de verdadeiro polimento de arestas, pois se os relacionar à minha contínua necessidade de expulsão, meus textos são até muito construídos e ordenados.

Procedi muitas vezes como um cineasta, colocando a "câmara" ora em primeiro, ora em segundo ou terceiro plano; planos estes representados pelo encontro ou pelo isolamento de palavras, pela sua valorização ou afastamento no espaço do poema.

Sou contra a idolatria da linguagem; de resto sou contra qualquer idolatria. Não creio, repito, no artesanato literário como fim: é precisamente uma técnica de comunicação. Que nos diz hoje, por exemplo, a habilidade virtuosística dos Banville, dos Heredia etc.? Que nos diz a arte pela arte? Acho errado que um poeta atual não colha os frutos do grande movimento de renovação da técnica do verso operado em nosso século; que renegue a REVOLUÇÃO.

Cuidar do artesanato, desenvolver ao máximo a ciência da linguagem, de acordo; agora meter a poesia num sapato chinês, isso nunca.

* * *

Penso que poesia deve propor não só um conhecimento, mas ainda uma transfiguração da condição humana, elevando-nos a um plano espiritual mais alto. Realizar isto sem ênfase, de acordo com os rumos atuais da estilística, eis o problema.

Não creio que a preocupação com as pesquisas da linguagem se oponha à "iluminação", não creio que o "fazer" se oponha ao sentir, ao amar, ao se entusiasmar. Em outras palavras, não creio que a afetividade possa desaparecer do campo da poesia. No canto XXVI, verso 117, do *Purgatório*, Guido Guinizelli indica a Dante o "miglior fabbro" — Arnaut Daniel — conceito que se tornou todo um código de estética literária para Ezra Pound e seus admiradores. Ora, esse "miglior fabbro del parlar materno" dedicou toda a sua grande ciência artesanal a compor violentas canções de amor. Acreditamos em uma "semântica industrial"?

É claro que estamos entrosados na nova civilização técnica e admito que uma forma diversa de poesia possa interpretá-la; mas qualquer artesão, por mais rigoroso e lúcido, se pensa, não poderá deixar de plantar os problemas fundamentais do espírito, que nasceram com o homem e viverão sempre com ele.

Penso que todos os homens possuem o germe da poesia. Nem todos, porém, sabem ou podem comunicar a poesia em forma persuasiva. A missão particular do poeta consiste em desvendar o território da poesia, nomeando as coisas criadas e imaginadas, instalando-as no espaço da linguagem, conferindo-lhes uma dimensão nova.

Além de recorrer ao seu tesouro pessoal, à sua vivência, o poeta se inspira no inconsciente coletivo, rico em símbolos, imagens e mitos. Da linguagem universal extrai a sua linguagem específica. A linguagem, ao mesmo tempo que informa o poeta, revela-lhe sua fisionomia pessoal.

Resumindo, pode-se dizer que a operação poética é baseada em linguagem, afetividade e engenho construtivo. O poeta escreverá, portanto, para manifestar suas constelações próprias.

* * *

Desde muitos anos insisto em que a poesia é uma chave do conhecimento, como a ciência, a arte ou a religião; sendo portanto óbvio que lhe atribuo um significado muito superior ao de simples confidência ou de jogo literário. Diversas são as faces da poesia, tal como se tem esta revelado através dos séculos. Que o instrumento básico da poesia é a linguagem, não há a menor dúvida; tornando-se supérfluo mencionar o conhecido diálogo de Mallarmé com Degas.

Já sabemos que é impossível dissociar forma e idéia. Agora, o que se torna mais difícil, dado o número considerável das experiências de linguagem, bem como de teorias da poesia surgidas nos últimos cem anos, é atribuir a esta ou àquela teoria um caráter de verdade estética total, pois os antigos denominadores comuns, as regras clássicas, foram substituídos, alterados ou mesmo destruídos. Considerando-se os movimentos de poesia somente em função da sua capacidade de reagir aos anteriores, incorremos no erro crítico que consiste em julgar as obras literárias apenas como documentos de determinada geração. Bem entendido, isto não implica em que eu negue as ligações de tais obras com o tempo.

(Suplemento Dominical do *Jornal do Brasil*, 25 de julho de 1959.)

Canção do Exílio

Minha terra tem macieiras da Califórnia
onde cantam gaturamos de Veneza.
Os poetas da minha terra
são pretos que vivem em torres de ametista,
os sargentos do exército são monistas, cubistas,
os filósofos são polacos vendendo a prestações.
A gente não pode dormir
com os oradores e os pernilongos.
Os sururus em família têm por testemunha a Gioconda.
Eu morro sufocado
em terra estrangeira.
Nossas flores são mais bonitas

nossas frutas mais gostosas
mas custam cem mil-réis a dúzia.

Ai quem me dera chupar uma carambola de verdade
e ouvir um sabiá com certidão de idade!

O Menino sem Passado

Monstros complicados
não povoaram meus sonhos de criança
porque o saci-pererê não fazia mal a ninguém
limitando-se moleque a dançar maxixes desenfreados
no mundo das garotas de madeira
que meu tio habilidoso fazia para mim.

A mãe-d'água só se preocupava
em tomar banhos asseadíssima
na piscina do sítio que não tinha chuveiro.

De noite eu ia no fundo do quintal
pra ver se aparecia um gigante com trezentos anos
que ia me levar dentro dum surrão,
mas não acreditava nada.

Fiquei sem tradição sem costumes nem lendas
estou diante do mundo
deitado na rede mole
que todos os países embalançam.

Mapa

A Jorge Burlamaqui

Me colaram no tempo, me puseram
uma alma viva e um corpo desconjuntado. Estou
limitado ao norte pelos sentidos, ao sul pelo medo,
a leste pelo Apóstolo São Paulo, a oeste pela minha
                        [educação.
Me vejo numa nebulosa, rodando, sou um fluido,
depois chego à consciência da terra, ando como os
                        [outros,
me pregam numa cruz, numa única vida.
Colégio. Indignado, me chamam pelo número, detesto
                        [a hierarquia.
Me pusera o rótulo de homem, vou rindo, vou
                        [andando, aos solavancos.
Danço. Rio e choro, estou aqui, estou ali, desarticulado,
gosto de todos, não gosto de ninguém, batalho com os
                        [espíritos do ar,
alguém da terra me faz sinais, não sei mais o que é o
                        [bem nem o mal.
Minha cabeça voou acima da baía, estou suspenso,
                        [angustiado no éter,
tonto de vidas, de cheiros, de movimentos, de
                        [pensamentos,
não acredito em nenhuma técnica.
Estou com os meus antepassados, me balanço em
                        [arenas espanholas,
é por isso que saio às vezes pra rua combatendo
                        [personagens imaginários,
depois estou com os meus tios doidos, às gargalhadas,

na fazenda do interior, olhando os girassóis do jardim.
Estou no outro lado do mundo, daqui a cem anos,
              [levantando populações...
Me desespero porque não posso estar presente a todos
              [os atos da vida.
Onde esconder minha cara? O mundo samba na
              [minha cabeça.
Triângulos, estrelas, noite, mulheres andando,
presságios brotando no ar, diversos pesos e movimentos
              [me chamam a atenção,
o mundo vai mudar a cara,
a morte revelará o sentido verdadeiro das coisas.

Andarei no ar.
Estarei em todos os nascimentos e em todas as
              [agonias,
me aninharei nos recantos do corpo da noiva,
na cabeça dos artistas doentes, dos revolucionários...
Tudo transparecerá:
vulcões de ódio, explosões de amor, outras caras
              [aparecerão na terra,
o vento que vem da eternidade suspenderá os passos,
dançarei na luz dos relâmpagos, beijarei sete mulheres,
vibrarei nos canjerês do mar, abraçarei as almas no ar,
me insinuarei nos outros cantos do mundo.

Almas desesperadas eu vos amo. Almas insatisfeitas,
              [ardentes.
Detesto os que se tapeiam,
os que brincam de cabra-cega com a vida, os homens
              ["práticos"...
Viva São Francisco e vários suicidas e amantes suicidas,

e os soldados que perderam a batalha, as mães bem
[mães,
as fêmeas bem fêmeas, os doidos bem doidos.
Vivam os transfigurados, ou porque eram perfeitos ou
[porque jejuavam muito...
viva eu, que inauguro no mundo o estado de bagunça
[transcendente.
Sou a presa do homem que fui há vinte anos passados,
dos amores raros que tive,
vida de planos ardentes, desertos vibrando sob os dedos
[do amor,
tudo é ritmo do cérebro do poeta. Não me inscrevo em
[nenhuma teoria,
estou no ar,
na alma dos criminosos, dos amantes desesperados,
no meu quarto modesto da praia de Botafogo,
no pensamento dos homens que movem o mundo,
nem triste nem alegre, chama com dois olhos andando,
sempre em transformação.

Canto do Noivo

Eu verei tuas formas crescerem pouco a pouco,
verei tuas formas mudarem a cor, o peso, o ritmo,
teus seios se dilatarem na noite quente,
os olhos se transformarem quando brotar a idéia do
[primeiro filho.

Assistirei ao desenvolver das tuas idades,
guardando todos os teus movimentos.
Já está na minha memória a menina mãe de bonecas,

depois a que ficava de tarde na janela,
e a que se alterou quando me conheceu,
e a que está perto da união das almas e dos corpos.
As outras virão. Tuas ancas hão de se alargar,
e os seios caídos, o olhar apagado, os cabelos sem brilho
hão de te arrastar pra mais perto do sentido do amor,
ó minha mártir, forma que eu destruí, integrada em
                                              [mim.

Pré-História

Mamãe vestida de rendas
Tocava piano no caos.
Uma noite abriu as asas
Cansada de tanto som,
Equilibrou-se no azul,
De tonta não mais olhou
Para mim, para ninguém!
Cai no álbum de retratos.

A Anunciação

O anjo pousa de leve
No quarto onde a moça pura
Remenda a roupa dos pobres.
Nasceu uma claridade
Naquele quarto modesto:
A máquina de costurar
Costura raios de luz;

Não se sabe mais se o anjo
É ele mesmo, ou Maria.

A tarde levanta o corpo,
Suspende a respiração,
E o espírito murmurou:
— O Senhor manda saudar
A mais pura das mulheres,
Formosa entre as criaturas,
Mais santa do que mulher.
Deus te escolheu pra nascer

No teu Seio o Salvador.
Serás recebida um dia
Na frente dos serafins,
Também serás traspassada
Com espada de sete dores.
A noite já está nascendo,
Adeus, minha amiga, adeus. —

Maria não se perturba,
Inclina o corpo sereno:
— Espere um pouco, meu anjo,
Não esqueça deste recado.
Eu sou a ancila de Deus,
Tudo o que Ele ordenar
Me esforçarei por cumprir.

Meu corpo nas mãos de Deus,
Minha alma nas mãos de Deus
São menos do que a costura
Aqui nestas pobres mãos. —

O anjo levanta os braços,
Vai a moça estremeceu:
A sombra dele sumindo
Desenha uma cruz no chão.

O Poeta Assassina a Musa

Há dez dias que Clotilde
— Uma das musas queridas —
Anda aborrecendo o poeta.
Aparece carinhosa.
De repente vira as costas,
Diz várias coisas amargas,
Bate impaciente com o pé.
Então o poeta aporrinhado
Joga álcool e ateia fogo
Nas vestes da musa.
A musa descabelada
Sai cantando pela rua.
Súbito o corpo grande se estende no chão.

Diversas musas sobressalentes
Desandam a entoar meus cânticos de dor.
Clotilde ressuscitará no terceiro dia,
Clotilde e o poeta farão as pazes.
Música! Bebidas! Venham todos à função.

Novíssimo Prometeu

Eu quis acender o espírito da vida,
Quis refundir meu próprio molde,
Quis conhecer a verdade dos seres, dos elementos;
Me rebelei contra Deus,
Contra o papa, os banqueiros, a escola antiga,
Contra minha família, contra meu amor,
Depois contra o trabalho,
Depois contra a preguiça,
Depois contra mim mesmo,
Contra minhas três dimensões:
Então o ditador do mundo
Mandou me prender no Pão de Açúcar:
Vêm esquadrilhas de aviões
Bicar o meu pobre fígado.
Vomito bílis em quantidade,
Contemplo lá embaixo as filhas do mar
Vestidas de maiô, cantando sambas,
Vejo madrugadas e tardes nascerem
— Pureza e simplicidade da vida! —
Mas não posso pedir perdão.

Estrelas

Há estrelas brancas, azuis, verdes, vermelhas.
Há estrelas-peixes, estrelas-pianos, estrelas-meninas,
Estrelas-voadoras, estrelas-flores, estrelas-sabiás.
Há estrelas que vêem, que ouvem,
Outras surdas e outras cegas.
Há muito mais estrelas que máquinas, burgueses e
[operários.
Quase que só há estrelas.

Radiograma

O gigante despenteia o mar das Antilhas
A lua se levanta pálida como a musa
Não há notícias do fogo
Dormem algumas constelações
Passam ao largo netas de ondas cascos de sereias
É difícil ficar sozinho.

Descanso

1

Brinco facilmente com as esfinges,
Com o oráculo, a sibila e o turbilhão.
Também as costureiras me comovem
E o trabalhador que voltando da oficina
Senta-se à soleira da porta
Enquanto os filhos fazem uma roda e cantam:
"Eu sou pobre, pobre, pobre..."

2

Vejo as horas numa camélia.
Pintei um quadro no escuro.

Os Amantes Submarinos

Esta noite eu te encontro nas solidões de coral
Onde a força da vida nos trouxe pela mão.
No cume dos redondos lustres em concha
Uma dançarina se desfolha.
Os sonhos da tua infância
Desenrolam-se da boca das sereias.
A grande borboleta verde do fundo do mar
Que só nasce de mil em mil anos
Adeja em torno a ti para te servir,
Apresentando-te o espelho em que a água se mira.
E os finos peixes amarelos e azuis
Circulando nos teus cabelos
Trazem pronto o líquido para adormecer o
                              [escafandrista.
Mergulhamos sem pavor
Nestas fundas regiões onde dorme o veleiro,
À espera que o irreal não se levante em aurora
Sobre nossos corpos que retornam à água do paraíso.

O Pastor Pianista

Soltaram os pianos na planície deserta
Onde as sombras dos pássaros vêm beber.
Eu sou o pastor pianista,
Vejo ao longe com alegria meus pianos
Recortarem os vultos monumentais
Contra a lua.
Acompanhado pelas rosas migradoras

Apascento os pianos que gritam
E transmitem o antigo clamor do homem

Que reclamando a contemplação
Sonha e provoca a harmonia,
Trabalha mesmo à força,
E pelo vento nas folhagens,
Pelos planetas, pelo andar das mulheres,
Pelo amor e seus contrastes,
Comunica-se com os deuses.

Aeropoema

Pelos caminhos da noite
Mudei as asas de bronze.

O sonho me disse: Bebe,
Que eu sustento a copa amiga.

Quando acabei de beber
Atirou-me a sede ao chão.

A morte de guarda-chuva
Me espera lúcida e fria.

Ante um Cadáver

Quando abandonaremos a parte inútil e decorativa do
[nosso ser?
Quando nos aproximaremos com fervor da nossa

[essência,
Partindo nosso pobre pão com o Hóspede
Que está no céu e está próximo a nós?
Para que esperar a morte a fim de nos conhecermos...
É em vida que devemos nos apresentar a nós mesmos.
Ainda agora essas coroas, esses letreiros, essas flores
Impedem de se ver o morto na verdade.
Estendam numa prancha o homem nu e definitivo
E o restituam enfim à sua prometida solidão.

Algo

A Maria da Saudade

O que raras vezes a forma
Revela.
O que, sem evidência, vive.
O que a violeta sonha.
O que o cristal contém
Na sua primeira infância.

Idéias Rosas

Minhas idéias abstratas,
De tanto as tocar, tornaram-se concretas:
São rosas familiares
Que o tempo traz ao alcance da mão,
Rosas que assistem à inauguração de eras novas
No meu pensamento,
No pensamento do mundo em mim e nos outros;

De eras novas, mas ainda assim
Que o tempo conheceu, conhece e conhecerá.
Rosas! Rosas!
Quem me dera que houvesse
Rosas abstratas para mim.

Flores de Ouro Preto

A Cecília Meireles

Vi a cidade barroca
Sem enfeites se levantar.
Nem flores eu pude ver,
Flores da vida fecunda,
Nesta áspera Ouro Preto,
Nesta árida Ouro Preto:
Nem veras flores eu vi
Nascidas da natureza,

Da natureza lavada
Pelo frio e o céu azul.
Tristes flores de Ouro Preto!
Só vi cravos-de-defunto,
Apagadas escabiosas,
Murchas perpétuas sem cheiro,
Só vi flores desbotadas
Nascidas de sete meses,
Só vi cravos-de-defunto
Que se atam ao crucifixo,
Que se levam ao Senhor Morto.
Vi flores de pedra azul...

Eu vi nos muros de canga
A simples folhagem rasa,
A avenca úmida e humilde,
Brancos botões pequeninos
A custo se entreabrindo,
Mas não vi flores fecundas,
Não vi as flores da vida
Nascidas à luz do sol.
Eu vi a cidade árida,
Estéril, sem ouro, esquálida;
Eu vi a cidade nobre
Na sua pátina fosca,
Desfolhando lá das grimpas
No seu regaço de pedra
Buquês de flores extintas.

Eu vi a cidade sóbria
Medida na eternidade,
Severa se confrontando
À cinza das ampulhetas,
Sem outro ornato apurado
Além da pedra do chão.
Eu vi a cidade barroca
Vivendo da luz do céu.

As Ruínas de Selinunte

Correspondendo a fragmentos de astros,
A corpos transviados de gigantes,
A formas elaboradas no futuro,

Severas tombando
Sobre o mar em linha azul, as ruínas

Severas tombando
Compõem, dóricas, o céu largo.
Severas se erguendo,
Procuram-se, organizam-se,
Em forma teatral suscitam o deus
Verticalmente, horizontalmente.

Nossa medida de humanos
— Medida desmesurada —
Em Selinunte se exprime:
Para a catástrofe, em busca
Da sobrevivência, nascemos.

Poesias, Rio de Janeiro, José Olympio, 1959.

O Rito Cruento

Em Madri numa praça de corridas
Vi o toureiro confrontar-se à morte,
Vida e morte se medindo, se ajustando
Na condensada lâmina que divide
O homem do animal:

Neste rito de extrema precisão
Vida e morte afrontadas se equilibram
Ante o olho enxuto do toureiro
E o gesto e palavra (cúmplices) do público.

Que a morte para o espanhol inda é hombridade.

Na Corrida

Soubesse eu distinguir
O milésimo de instante
Em que o olho do touro e o do toureiro
Se cruzam no vértice da luta,
Conhecendo cada um
Que irá matar, ou ser morto.

Tempo Espanhol, Lisboa, Morais, 1959.

JORGE DE LIMA

Jorge Matheos de Lima nasceu em Alagoas, em 1893, e faleceu no Rio de Janeiro, em 1953. Estudou em Maceió, no Colégio dos Irmãos Maristas, passando daí para a Faculdade de Medicina, na Bahia, de onde se transferiu para a do Rio de Janeiro. Estudante de Medicina, publicou seu livro de estréia, XIV Alexandrinos. *Formado, regressou a Maceió (1915) para exercer a profissão, que nunca abandonou. Intensificando ao mesmo tempo a atividade literária, inicialmente presa aos estilos do "fim-do-século", Parnasianismo e Simbolismo, chegaria finalmente ao Modernismo, do que é testemunho* Poemas, *de 1927, prefaciado por José Lins do Rego. Ambos, e mais Rachel de Queiroz e outros, formaram então um grupo literário em Maceió. Em 1930, mudou-se para o Rio de Janeiro. Data de 1935 a sua conversão ao catolicismo, marcada pela publicação, conjuntamente com Murilo Mendes, de* Tempo e Eternidade. *Dedicou-se também ao magistério superior, tendo sido primeiro professor de Literatura Luso-Brasileira da Universidade do Distrito Federal, depois de Literatura Brasileira da Universidade do Brasil. Militou na política e manteve sempre o seu consultório, também utilizado como ponto de encontros literários, acolhendo os moços que o procuravam como poeta, apesar do valor do ensaísta e do romancista de tendência surrealista.*

Descendente de senhores de engenho, ele teve a sua infân-

cia e adolescência profundamente marcadas pela paisagem característica dos engenhos tradicionais, com a sua atmosfera peculiar, carregada da presença do escravo negro. Deriva daí a chamada "fase nordestina" de sua poesia. Depois, vem a fase de sentimento religioso, a partir da conversão. É nessa última que surpreendemos o sentido essencial da obra do poeta.

No seu conjunto, ela nos sugere um mito de dimensões cósmicas, que é preciso reter. É complexo, descomunal e contraditório, irreconciliável nos elementos que se entrecruzam nele: o caos tumultuoso e os horizontes serenos, o impulso de ascensão e a atração cega para baixo. Através de toda essa agitação, busca um pouso à sombra de Deus. É como se o poeta cultivasse uma espécie de neobarroquismo que quase consegue a harmonização dos seus componentes contraditórios, do imaterial ao humano, o que se entrevê nos quadros difusos, um tanto alucinatórios ou visionários, de muitos de seus poemas religiosos, nos quais os aspectos surrealistas parecem combinar-se à diretriz lucidamente intelectualizada. Por isso, elas nos impõem uma energia minuciosa mas não dispensam a intuição.

Constituiu recurso importante da criação de Jorge de Lima o balanceio contínuo e progressivo da linguagem poética, de exuberante vocabulário e acentuado virtuosismo, soma de múltipla experiência poética. Enriquecem-na a erudição, as reminiscências, alusões bíblicas e profanas presas a raízes telúricas. Enquanto isto, ele se envolve nas sugestões e símbolos da paisagem oceânica e do céu estelar, pairando, entre um limite e outro, na presença do sexo conturbado pelo sensualismo das práticas religiosas pagãs e primitivas. É como se visionasse, para aprisionar, e ao mesmo tempo deixar em perpétuo movimento, o tumulto caótico do primeiro dia da criação, com reflexos latentes na criatura que está sempre ameaçada pelo desenca-

dear dos seus elementos, enquanto pressente a sombra de Deus que lhe sugere a antevisão da harmonia final.

Toda essa complexa e rica experiência temática e formal, desde a "fase do Nordeste", intensificada na "fase religiosa", converge, numa retomada total, para a última experiência do poeta, com Invenção de Orfeu, *como se pretendesse reorganizá-la sinteticamente.*

BIBLIOGRAFIA
DO AUTOR:

1. Cronologia:
 a) Poesia: *XIV Alexandrinos*, 1914; *O Mundo do Menino Impossível*, 1925; *Poemas*, 1927; *Novos Poemas*, 1929; *Poemas Escolhidos*, 1932; *Tempo e Eternidade*, em colaboração com Murilo Mendes, 1935; *A Túnica Inconsútil*, 1938; *Poemas Negros*, 1947; *Livro de Sonetos*, 1949; *Obra Poética* (inclui a produção anterior, mais *Anunciação e Encontro de Mira-Celi*) 1950; *Invenção de Orfeu*, 1952.

 b) Romance: *Salomão e as Mulheres*, 1927; *O Anjo*, 1934; *Calunga*, 1935; *A Mulher Obscura*, 1939; *Guerra Dentro do Beco*, 1950.

 c) Ensaio, história, biografia: *A Comédia dos Erros*, 1923; *Dois Ensaios*, 1929; *Anchieta*, 1934; *História da Terra e da Humanidade*, 1944; *Vida de São Francisco de Assis*, 1944; *D. Vital*, 1945; *Vida de Santo Antônio*, 1947.

2. Edição indicada: *Obra Completa* — Vol. I — *Poesias e Ensaios*, organização de Afrânio Coutinho, Rio de Janeiro, Aguilar, 1958 (Obs.: só foi publicado o primeiro volume, estando planejado o segundo).

SOBRE O AUTOR:

Waltensir DUTRA: "Descoberta, Integração e Plenitude de Orfeu" e Euríalo CANABRAVA, "Jorge de Lima e a expressão poética" como "Introdução geral" à ed. Aguilar, cit., além de ensaios de José Lins do Rego, Mário de Andrade, Tristão de Athayde e outros.

Luis SANTA CRUZ, *Jorge de Lima — Poesia — estudo e antologia*, Rio de Janeiro, Agir, 1958 ("Nossos Clássicos").

Desprezo contemporâneo pela poesia

A pouca importância que a nossa época realista manifesta pelo motivo Poesia, a intolerância dos senhores burgueses pelo mesmo assunto, a incompreensão que as gerações materializadas ostentam a seu respeito, é sintoma de que os tempos estão podres e que os homens decaíram ao nível das calmarias. O processo comum de crítica objetiva, melhor: a subanálise da maioria dos curiosos das letras não tem penetração para aprofundar o fenômeno poético. Conclui-se que a época não é propícia às coisas extra-humanas e que a forma da poesia atual não atrai ninguém, que os poetas se tornaram herméticos, que se deve retroceder aos modelos tradicionais, etc., etc.

Obrigam o poeta a uma solidão imensa com suas musas que num tempo e meio tão positivos se dispersaram nas coisas, nas mulheres irrealizadas, nas abstrações mutiladas e ocultas: é dever do poeta recompor tudo. Consideremos as flutuações da linguagem: em realidade representam puros índices sociais com que se pode recompor o estado, as perspectivas espirituais, a estatura intelectual da época. Que se comparem as ressonâncias coletivas de hoje e de outrora; as de outrora impregnadas da mais alta poesia; as de hoje surdas aos apelos divinos da grande arte. O que se reverenciava como arte divina, o que se admirava com religioso fervor, não capta o interesse e as vontades aplicadas nos mais torpes imediatismos ao mais chato quotidiano. O que se passa neste domínio do espírito: é uma indulgente olhadela.

Não basta, porém, assinalar o que se passa neste domínio do espírito; é preciso procurar entender o fenômeno. A evolução histórica do homem sacrifica muitas vezes o que lhe deu muito trabalho de organizar e dirigir.

Mas, que coisa está apodrecendo? — a poesia ou a nossa época? A poesia é incorruptível. O tempo é que se degradou. Depois das grandes agitações e reviravoltas sociais deste revolto século, a alma humana está verdadeiramente entorpecida; dir-se-ia que esta aparente febre de movimento, esta agitação desordenada, apenas muscular é um desbragamento das energias impacientes por se desperdiçarem que caracterizam o homem entediado de hoje, porquanto a ação não exige sempre a intervenção de todo o organismo; basta-lhe muitas vezes uma movimentação mais ativa dos gestos, quase sempre uma pequena mímica mais ou menos automática ou sonambúlica.

A vida e o pensamento se desenvolvem em níveis diferentes. A poesia está andando com a sua velocidade habitual, levando o mundo obscuro ou iluminado em sua órbita; revelou-se sob aspectos naturalmente tão velozes, que não nos devemos espantar de que ela dê aos lerdos seres humanos a impressão de coisa hermética, de mistério mesmo. Concluamos que a arte e as idéias que o homem à sombra da vida elabora andaram sempre por caminhos diferentes. O homem perdeu sua velocidade para cima: exaure-se numa agitação de movimentos que se medem em vôos curtos. Mas ao artista é a poesia que o agita: a arte utiliza-se da pessoa do artista como de um veículo que se puxa (não auto), possuindo ela sua presença própria, sua realidade. A arte seria revelação, o artista receptáculo dessa revelação. O artista é apenas um colaborador na magia de que é o oficiante, na tragédia sagrada de que é cúmplice.

Ora, o poeta, como toda criatura, é espiritualmente múltiplo, cruzam-se nele contraditórias ondas de almas de modo que no âmago de cada ser podem achar-se, em campos opostos, numerosas entidades anímicas, combatendo sem trégua. Filosofias, seitas, programas políticos, nada mais têm feito que tentar conseguir para o contraponto biológico e metafísico um núcleo de satisfatória aglutinação de espíritos e corpos. É justamente neste ponto crítico que as organizações contingentes começam a perecer. Preferível seria um ritmo de revezamento conciliador entre a desagregação e a coesão. É o homem um ser compósito e tão confuso que não se sabe, olhando-se baralha-se por si. Esta multiplicidade e este desconhecimento de si, o sábio de hoje pretendeu provar; mas o romance moderno o denunciou pela sua maneira de anteceder a ciência lenta e muitas vezes insegura.

Confuso e nômada, o homem moderno, como o homem da Queda, percorre simultaneamente vários caminhos com o resto da ubiqüidade que lhe sobrou. Compreende-se que o poeta, muitas vezes não tenha consciência crítica de sua própria criação, pois freqüentemente não coexiste dentro dele a tríplice personalidade do juiz, do criador e da criatura. O criador acompanha-se, várias vezes, de outros comparsas mais medíocres, anjos de descaminhos, guias de veredas incertas.

Mas, hoje, eis que a poesia nos surge despida desses mantos com que aparecia ao comum dos mortais; daí o comum desses mortais não a reconhecerem facilmente.

Muitos esforçam-se mesmo por compreender o fenômeno: toleram-na com este passaporte de fantasma: uma espécie de poesia que conseguisse abdicar da forma, o que é impossível. A forma, para estes engraçados subcríticos, era a forma da sua poesia doméstica, a forma das apresentações protocolares. A verdade é que o firme propósito da poesia é apresentar-se sem maquilagem, sem slôperes e sem postiços, sem disfarces nem concessões com que os chefes da fila a atrapalhavam. Que ela surja em sua forma natural, espontânea, livre das receitas dos tratados de versificação. Do mesmo modo que a viciada burguesia procura esquecer que seus dias estão contados pelo simples motivo de não querer acreditar na sua própria decadência, lutam esses grã-finos da literatura com unhas e dentes, pela continuação de suas convenções, simplesmente com pavor de que a fatalidade da revolução da poesia produza, em seu arrojo ciclópico, um ambiente de morte em que não consigam repousar a sua ociosidade.

Se a verdadeira e grande poesia continua desde o início das coisas a ser uma intolerável perturbadora do paraíso burguês nunca a sua força reivindicadora se mostrou mais eficiente e mais temível.

A poesia prossegue como constante força antagônica às revisões qualitativas do progresso. Daí o motivo de sua permanente oposição às convenções, contra os medíocres, contra a lentidão da maioria de seus críticos, geralmente antipoetas de nascença.

Enfim, a poesia é revolucionária, graças à sua essência cristã, essência cristã que sempre existiu mesmo nos verdadeiros poetas anteriores a Cristo.

Em nosso país o problema da poesia parece-se com o problema do teatro. São formas de arte em aparente decadência, sem meios de subsistência econômica por falta de nivelamento.

Solução possível: divulgação da boa poesia e do bom teatro, estipendiados pelos poderes públicos. Coisa como solução do Lloyd navegar pelos portos que ao princípio nada embarcam: gastar uma tonelada de carvão para recolher dois ramos de orquídeas, pois há outros portos para darem pela mesma tonelada de combustível quinhentas sacas de milho e de outros comestíveis compensadores do frete.

> *Obra Completa* — Vol. I — *Poesia e Ensaios,*
> Rio de Janeiro, Aguilar, 1958.

O Mundo do Menino Impossível

Fim da tarde, boquinha da noite
com as primeiras estrelas
e os derradeiros sinos.

Entre as estrelas e lá detrás da igreja,
surge a lua cheia
para chorar com os poetas.

E vão dormir as duas coisas novas desse mundo:
      o sol e os meninos

Mas ainda vela
o menino impossível
      aí do lado
enquanto todas as crianças mansas
      dormem

acalentadas
por Mãe-negra Noite.
O menino impossível
que destruiu
os brinquedos perfeitos
que os vovós lhe deram:

o urso de Nürnberg;
o velho barbado jugoeslavo,
as *poupées de Paris aux
cheveux crêpés*,
o carrinho português
feito de folha-de-flandres,
a caixa de música checoslovaca,
o polichinelo italiano
made in England,
o trem de ferro de U.S.A.
e o macaco brasileiro
de Buenos Aires
moviendo la cola y la cabeza.

O menino impossível
que destruiu até
os soldados de chumbo de Moscou
e furou os olhos de um Papá Noel,
brinca com sabugos de milho,
caixas vazias,
tacos de pau,
pedrinhas brancas do rio...

"Faz de conta que os sabugos
são bois..."

"Faz de conta..."
"Faz de conta..."

E os sabugos de milho
mugem como bois de verdade...

   e os tacos que deveriam ser
soldadinhos de chumbo são
cangaceiros de chapéus de couro...

E as pedrinhas balem!
Coitadinhas das ovelhas mansas
  longe das mães
presas nos currais de papelão!

É boquinha da noite
no mundo que o menino impossível
povoou sozinho!

A mamãe cochila.
O papai cabeceia.
O relógio badala.

E vem descendo
 uma noite encantada
 da lâmpada que expira
  lentamente
   na parede da sala...

O menino poisa a testa
e sonha dentro da noite quieta
  da lâmpada apagada

com o mundo maravilhoso
que ele tirou do nada...

Xô! Xô! Pavão!
Sai de cima do telhado
Deixa o menino dormir
Seu soninho sossegado!

Bangüê

Cadê você meu país do Nordeste
que eu não vi nessa Usina Central Leão de minha terra?
Ah! Usina, você engoliu os bangüezinhos do país das Alagoas!
Você é grande, Usina Leão!
Você é forte, Usina Leão!
As suas turbinas têm o diabo no corpo!
Você uiva!
Você geme!
Você grita!
Você está dizendo que U.S.A. é grande!
Você está dizendo que U.S.A. é forte!
Você está dizendo que U.S.A. é única!
Mas eu estou dizendo que V. é triste
como uma igreja sem sino,
que você é mesmo como um templo evangélico!
Onde é que está a alegria das bagaceiras?
O cheiro bom do mel borbulhando nas tachas?
A tropa dos pães de açúcar atraindo arapuás?
Onde é que mugem os meus bois trabalhadores?
Onde é que cantam meus caboclos lambanceiros?

Onde é que dormem de papos para o ar os bebedores de
                                [resto de alambique?
E os senhores de espora?
E as sinhás-donas de cocó?
E os cambiteiros, purgadores, negros queimados na fornalha?
O seu cozinhador, Usina Leão, é esse tal Míster Cox que tira
                                  [da cana o que a cana não pode dar
e que não deixa nem bagaço
com um tiquinho de caldo
para as abelhas chupar!
O meu bangüezinho era tão diferente,
vestidinho de branco, o chapeuzinho do telhado sobre
                                        [os olhos,
fumando o cigarro do boeiro pra namorar a mata virgem.
Nos domingos tinha missa na capela
e depois da missa uma feira danada:
a zabumba tirando esmola para as almas;
e os cabras de faca de ponta na cintura,
a camisa por fora das calças:
"Mão de milho a pataca!"
"Carretel marca Alexandre a doistões!"
Cadê você meu país de bangüês
com as cantigas da boca da moenda:
"Tomba cana João que eu já tombei!"
E o eixo de maçaranduba chorando
talvez os estragos que a cachaça ia fazer!
E a casa dos cobres com o seu mestre de açúcar
                                          [patoqueiro,
com seu banqueiro avinhado
e as tachas de mel escumando,
escumando como cachorro danado.
E o bangüê que só sabia trabalhar cantando,

cantava em cima das tachas:
"Tempera o caldo mulher que a escuma assobe..."
Cadê a sua casa-grande, bangüê,
com as suas Dondons,
com as suas Têtês,
com as suas Benbens,
com as suas Donanas alcoviteiras?
Com seus Tôtôs e seus Pipius corredores da cavalhada?
E as suas molecas catadoras de piolho,
e as suas negras Calus, que sabiam fazer munguzás,
     manuês,
     cuscuz,
e suas sinhás dengosas amantes dos banhos de rio
e de redes de franja larga!
Cadê os nomes de você, bangüê?
     Maravalha,
     Corredor,
     Cipó branco,
     Fazendinha,
     Burrego-dágua,
     Menino Deus!
Ah! Usina Leão, você engoliu
os bangüezinhos do país das Alagoas!
Cadê seus quilombos com seus índios armados de flecha,
com seus negros mucufas que sempre acabavam vendidos,
tirando esmola para enterrar o rei do Congo?
     "Folga negro
     Branco não vem cá!
     Si vinhé,
     Pau há de levá!"
Você vai morrer, bangüê!

Ainda ontem sêo Major Totonho do Sanharó
    esticou a canela.
De noite se tomou uma caninha
    pra se ter força de chorar.
    E se fez sentinela.
E você, bangüêzinho que faz tudo cantando
foi cantar nos ouvidos do defunto:
    "Totonho! Totonho!
Ouve a voz de quem te chama
vem buscar aquela alma
que há três dias te reclama!"
Bangüê! E eu pensei que estavam
cantando nos ouvidos de você:
    "Bangüê! Bangüê!
Ouve a voz de quem te chama!"

Rei é Oxalá, Rainha é Iemanjá

Rei é Oxalá que nasceu sem se criar.
Rainha é Iemanjá que pariu Oxalá sem se manchar.
Grande santo é Ogum em seu cavalo encantado.
Eu cumba vos dou curau. Dai-me licença angana.
Porque a vós respeito,
e a vós peço vingança
contra os demais aleguás e capiangos brancos,
                        Agô!
que nos escravizam, que nos exploram,
a nós operários africanos,
servos do mundo,
servos dos outros servos.

Oxalá! Iemanjá! Ogum!
Há mais de dois mil anos o meu grito nasceu!

Distribuição da poesia

Mel silvestre tirei das plantas,
sal tirei das águas, luz tirei do céu.
Escutai, meus irmãos: poesia tirei de tudo
para oferecer ao Senhor.
Não tirei ouro da terra
nem sangue de meus irmãos.
Estalajadeiros não me incomodeis.
Bufarinheiros e banqueiros
sei fabricar distâncias
para vos recuar.
A vida está malograda,
creio nas mágicas de Deus.
Os galos não cantam,
a manhã não raiou.
Vi os navios irem e voltarem.
Vi os infelizes irem e voltarem.
Vi homens obesos dentro do fogo.
Vi ziguezagues na escuridão.
Capitão-mor, onde é o Congo?
Onde é a Ilha de São Brandão?
Capitão-mor que noite escura!
Uivam molossos na escuridão.
Ó indesejáveis, qual o país,
qual o país que desejais?
Mel silvestre tirei das plantas,
sal tirei das águas, luz tirei do céu.

Só tenho poesia para vos dar.
Abancai-vos, meus irmãos.

Poema do Cristão

Porque o sangue de Cristo
jorrou sobre os meus olhos,
a minha visão é universal
e tem dimensões que ninguém sabe.
Os milênios passados e os futuros
não me aturdem, porque nasço e nascerei,
porque sou uno com todas as criaturas,
com todos os seres, com todas as coisas
que eu decomponho e absorvo com os sentidos
e compreendo com a inteligência
transfigurada em Cristo.
Tenho os movimentos alargados.
Sou ubíquo: estou em Deus e na matéria;
sou velhíssimo e apenas nasci ontem,
estou molhado dos limos primitivos,
e ao mesmo tempo ressôo as trombetas finais,
compreendo todas as línguas, todos os gestos, todos
                                   [os signos,
tenho glóbulos de sangue das raças mais opostas.
Posso enxugar com um simples aceno
o choro de todos os irmãos distantes.
Posso estender sobre todas as cabeças um céu unânime
                                   [e estrelado.
Chamo todos os mendigos para comer comigo,
e ando sobre as águas como os profetas bíblicos.
Não há escuridão mais para mim.

Opero transfusões de luz nos seres opacos,
posso mutilar-me e reproduzir meus membros, como as
                        [estrelas do mar,
porque creio na ressurreição da carne e creio em Cristo,
e creio na vida eterna, amém!
E, tendo a vida eterna, posso transgredir leis naturais:
a minha passagem é esperada nas estradas;
venho e irei como uma profecia,
sou espontâneo como a intuição e a Fé.
Sou rápido como a resposta do Mestre,
sou inconsútil como a Sua túnica,
sou numeroso como a sua Igreja,
tenho os braços abertos como a sua Cruz despedaçada e
refeita todas as horas, em todas as direções, nos quatro
                        [pontos cardeais;
e sobre os ombros A conduzo
através de toda a escuridão do mundo, porque tenho a
                        [luz eterna nos olhos.
E tendo a luz eterna nos olhos, sou o maior mágico:
ressuscito na boca dos tigres, sou palhaço, sou alfa e
                [ômega, peixe, cordeiro, comedor
                [de gafanhotos, sou ridículo, sou
                [tentado e perdoado, sou
                [derrubado no chão e glorificado,
                [tenho mantos de púrpura e de
                [estamenha, sou burríssimo como
                [São Cristóvão, e sapientíssimo
                [como Santo Tomás. E sou louco,
                [louco, inteiramente louco,
                [[para sempre, para todos os séculos,
                [louco de Deus, amém!

E, sendo a loucura de Deus, sou a razão das coisas, a
                                [ordem e a medida;
sou a balança, a criação, a obediência;
sou o arrependimento, sou a humildade;
sou o autor da paixão e morte de Jesus;
sou a culpa de tudo.
Nada sou.
Miserere mei, Deus, secundum magnam
misericordiam tuam!

O Grande Desastre Aéreo de Ontem

Para Portinari

    Vejo sangue no ar, vejo o piloto que levava uma flor para a noiva, abraçado com a hélice. E o violinista em que a morte acentuou a palidez, despenhar-se com sua cabeleira negra e seu estradivárius. Há mãos e pernas de dançarinas arremessadas na explosão. Corpos irreconhecíveis identificados pelo Grande Reconhecedor. Vejo sangue no ar, vejo chuva de sangue caindo nas nuvens batizadas pelo sangue dos poetas mártires. Vejo a nadadora belíssima, no seu último salto de banhista, mais rápida porque vem sem vida. Vejo três meninas caindo rápidas, enfunadas, como se dançassem ainda. E vejo a louca abraçada ao ramalhete de rosas que ela pensou ser o pára-quedas, e a prima-dona com a longa cauda de lantejoulas riscando o céu como um cometa. E o sino que ia para uma capela do oeste, vir dobrando finados pelos pobres mortos. Presumo que a moça adormecida na cabine ainda vem dormindo, tão tranqüila e cega! Ó amigos, o paralítico vem com extrema rapidez, vem como uma

estrela cadente, vem com as pernas do vento. Chove sangue
sobre as nuvens de Deus. E há poetas míopes que pensam
que é o arrebol.

Anunciação e Encontro de Mira-Celi

9

No momento mais desprendido de tua amada,
sob certo signo que talvez nunca se reproduza,
reconhecerás um momento de Mira-Celi,
se teus gestos forem simples e naturais.
Um cardume de mãos invisíveis dia e noite se move
semeando as suas sementes.
Deixa teus olhos elevarem-se às suas pálpebras
e compreenderás alguma coisa de sua perenidade;
e, embora sejas uma permanência precária,
ficarás fiel à ignorada.
Em muitas coisas inesperadas ou agrestes descobrirás
                                              [seus indícios,
suas analogias e suas conclusões.
Mira-Celi nunca se eclipsa toda,
nunca está submersa;
mas flutua como flutua a música
ou a nuvem que paira sobre as cordilheiras.
A sua presença abre-se como os braços de Deus:
e, quando as flores noturnas fecham as suas corolas,
Mira-Celi se debruça sobre as almas que se recolhem.

Quando olhares teu filho, olha dentro de suas pupilas
as pupilas ancestrais que o antecederam

e viram a terra prometida à distância inatingida.
Então te assentarás, humilde, sobre o chão calcinado;
e, quando já não pensares que Mira-Celi está
                              [próxima,
Ela te surpreenderá tão momentânea e tão viva
que a receberás como uma antecipação.

Livro de Sonetos

[1]

Sei teu grito profundo, e não me animo
a cortar a raiz que a Ti me embasa.
Em mão mais primitiva não me arrimo
devo-Te tudo, origem, patas e asas.

Permite que eu revele história e limo
sem desobedecer a Tua casa.
Nazareno dos lagos, lume primo,
atende à pobre enguia de águas rasas.

Se desses versos outro lume alar-se
misturado com os Teus em joio e trigo,
sete vezes por sete me perdoa.

Ó Desnudado, é meu todo o disfarce
em revelar os tempos que persigo
— na vazante maré com inversa proa.

[2]

Era um tempo de olhares alternados
em que dois entes ou anjos, curiosos
me fitavam das trevas ou de cima,
dias e noites, duros, obstinados.

Livraram-me dos seres entranhados
em nós, uns mansos e outros tumultuosos
transmitidos de sangues e de climas,
da vida extinta dos antepassados.

Esperaram que me fizesse poeta
para dissimular seus graves rostos
e me espreitarem hoje disfarçados.

E eis que deixando essa órbita secreta:
lançam ao poema risos e desgostos,
gritam em torno, chamam-me dos lados.

[3]

Essa pavana é para uma defunta
infanta, bem-amada, ungida e santa,
e que foi encerrada num profundo
sepulcro recoberto pelos ramos

de salgueiros silvestres para nunca
ser retirada desse leito estranho
em que repousa ouvindo essa pavana
recomeçada sempre sem descanso,

sem consolo, através dos desenganos,
dos reveses e obstáculos da vida,
das ventanias que se insurgem contra

a chama inapagada, a eterna chama
que anima esta defunta infanta ungida
e bem-amada e para sempre santa.

INVENÇÃO DE ORFEU

— "Eu pretendi com este livro, que é um poema só, único, dividido em 10 cantos, fazer a modernização da epopéia. Uma epopéia moderna não teria mais um conteúdo novelesco — não dependeria mais de uma história geográfica, nem dos modelos clássicos da epopéia. Verifiquei, depois da obra pronta e escrita, que quase inconscientemente, devido à minha entrega completa ao poema, que não só o *Tempo* como o *Espaço* estavam ausentes deste meu longo poema e que eu tinha assentado as suas fundações nas tradições gratas a uma epopéia brasileira, principalmente, as tradições remotamente lusas e camonianas."

CANTO PRIMEIRO

Fundação da Ilha

II

A ilha ninguém achou
porque todos a sabíamos.
Mesmo nos olhos havia
uma clara geografia.

Mesmo nesse fim de mar
qualquer ilha se encontrava,
mesmo sem mar e sem fim,
mesmo sem terra e sem mim.

Mesmo sem naus e sem rumos,
mesmo sem vagas e areias,
há sempre um copo de mar
para um homem navegar.

Nem achada e nem não vista
nem descrita nem viagem,
há aventuras de partidas
porém nunca acontecidas.

Chegados nunca chegamos
eu e a ilha movediça.
Móvel terra, céu incerto,
mundo jamais descoberto.

Indícios de canibais,
sinais de céu e sargaços,
aqui um mundo escondido
geme num búzio perdido.

Rosa-de-ventos na testa,
maré rasa, aljofre, pérolas,
domingos de pascoelas.
E esse veleiro sem velas!

Afinal: ilha de praias.
Quereis outros achamentos
além dessas ventanias
tão tristes, tão alegrias?

III

E depois das infensas geografias
e do vento indo e vindo nos rosais
e das pedras dormidas e das ramas
e das aves nos ninhos intencionais
e dos sumos maduros e das chuvas
e das coisas contidas nessas coisas
refletidas nas faces dos espelhos
sete vezes por sete renegados,
reinventamos o mar com seus colombos,
e columbas revoando sobre as ondas,
e as ondas envolvendo o peixe, e o peixe
(ó misterioso ser assinalado),
com linguagem dos livros ignorada;

reinventamos o mar para essa ilha
que possui "cabos-não" a ser dobrados
e terras e brasis com boa aguada
para as naves que vão para o oriente.

E demos esse mar às travessias
e aos mapas-múndi sempre inacabados;
e criamos o convés e o marinheiro
e em torno ao marinheiro a lenda esquiva
que ele quer povoar com seus selvagens.

Empreendemos com a ajuda dos acasos
as travessias nunca projetadas,
sem roteiros, sem mapas e astrolábios
e sem carta a El-Rei contando a viagem.
Bastam velas e dados de jogar
e o salitre nas vigas e o agiológio,
e a fé ardendo em claro, nas bandeiras.
O mais: A meia quilha entre os naufrágios
que tão bastantes varram os pavores.
O mais: Esse farol com o feixe largo
que tão unido varre a embarcação.
Eis o mar: era morto e renasceu.
Eis o mar: era pródigo e o encontrei.
Sua voz? Ó que voz convalescida!
Que lamúrias tão fortes nessas gáveas!
Que coqueiros gemendo em suas palmas!
Que chegar de luares e de redes!

Contemos uma história. Mas que história?
A história mal-dormida de uma viagem.

XV

A garupa da vaca era palustre e bela,
uma penugem havia em seu queixo formoso;
e na fronte lunada onde ardia uma estrela
pairava um pensamento em constante repouso.

Esta a imagem da vaca, a mais pura e singela
que do fundo do sonho eu às vezes esposo
e confunde-se à noite à outra imagem daquela
que ama me amamentou e jaz em último pouso.

Escuto-lhe o mugido — era o meu acalanto,
E seu olhar tão doce inda sinto no meu:
o seio e o ubre natais irrigam-me em seus veios.

Confundo-os nessa ganga informe que é meu canto:
semblante e leite, a vaca e a mulher que me deu
o leite e a suavidade a manar de dois seios.

XVI

Desse leite profundo emergido do sonho
coagulou-se essa ilha e essa nuvem e esse rio
e essa sombra bulindo e esse reino e esse pranto
e essa dança contínua amortalhada e pia.

Hoje brota uma flor, amanhã fonte oculta,
e depois de amanhã, a memória sepulta
aventuras e fins, relicários e estios;
nasce a nova palavra em calendários frios.

Descobrem-se o mercúrio e a febre e a ressonância
e esses velosos pés e o pranto dessa vaca
indo e vindo e nascendo em leite e morte e infância.

E em cada passo surge um serpentário de erros
e uma face sutil que de repente estaca
os meninos, os pés, os sonhos e os bezerros.

XVII

E esse rebanho de bezerros, cedo
recomeça constante sua estrada.
As horas moribundas já curvadas
deslizam nos ossuários. Tenho medo.

Ó vida tão confusa e tão lidada,
ó sombra tão compacta e tão rochedo,
de mim que choro que é que resta? Nada
e nada e nada mais do que antecedo.

Antecedo-me, esbarro-me em mim mesmo.
Filiei-me à eternidade sem querer,
e agora vago como se vaga a esmo.

Verto-me em ilha, vejo-me nascer,
retiro dessa ilharga verdadeira
a minha perdição por companheira.

CANTO II

Subsolo e Supersolo

XIX

Estavas linda Inês posta em repouso
mas aparentemente bela Inês;
pois de teus olhos lindos já não ouso
fitar o torvelinho que não vês,
o suceder dos rostos cobiçoso
passando sem descanso sob a tez:
que eram tudo memórias fugidias,
máscaras sotopostas que não vias.

Tu, só tu, puro amor e glória crua,
não sabes o que à face traduzias.
Estavas, linda Inês, aos olhos nua,
transparente no leito em que jazias.
Que a mente costumeira não conclua,
nem conclua da sombra que fazias,
pois, Inês em repouso é movimento,
nada em Inês é inanimado e lento.

As fontes dulçurosas desta ilha
promanam da rainha viva-morta;
o punhal que a feriu é doce tília
de que fez a atra brisa santa porta,
e em cujos ramos suave se enrodilha,
e segredos de amor ao céu transporta.

Não há na vida amor que em vão termine,
nem vão esquecimento que o destine.

Não podendo em sossego Inês estar,
foi preciso mudá-la, nesta lida,
tão inconstante lida — mar e mar.
Descansa a doce Inês na sombra ardida.
Vem alta noite um rei peninsular
amá-la em sua última guarida;
pois que matar de amor bem se mata
para se amar depois a morta abstrata.

Semelhante amor qual esse Rei houve
à dona Inês não é achado. Em vão!
É preciso louvá-lo, e que se louve
o amor que além da morte é duração.
Ó dorida paixão, acalma-te e ouve:
Fui buscá-la alta noite em seu caixão.
Roubou-a à negra paz minha viuvez.
Pajens, vive de novo a sempre Inês.

E para que não finde a eterna lida
e tudo para sempre se renove
nessa constante musa foragida;
entre Andrômedas e Órions alas move.
A sua trajetória é tão renhida,
que a multidão celícola comove.
Vai ser constelação de um mundo novo
esperança maior de eterno povo.

Ó paz, ó fim, ó mundo inominado
descansa doce névoa mensageira.

Teu rosto primogênito gelado,
que pólen misterioso te empoeira?
Calendário de lumes começado,
dormida potestade, luz primeira,
eras ontem rainha, hoje és ritual.
Que destino de gente supra-real!

Estavas, linda Inês, posta em sossego
para sempre no mundo sideral;
baila tudo em redor ao teu ofego,
tudo no atlas celeste era teu graal!
Tudo deixaste, ó amor, ó engano cego,
que viver neste mundo acidental
e morrer pelo amor inda é certeza
de jamais parecer musa ou princesa.

Estavas, linda Inês, repercutida
nesse mar, nessa estátua, nesse poema,
e tão justa e tão plena e coincidida,
que eras a alma da vida curta; e extrema
quando se esvai na terra a curta vida.
Tu te refluis na vaga desse tema,
eterna vaga, vaga em movimento,
agitada e tranqüila como o vento.

Inês da terra, Inês do céu. Inês.
Pronunciada dos anjos. Lume e rota.
Apenas obtenção, logo viuvez.
Depois noviciaria. Antes remota.
Agora sombra. Iluminada tez.
Ontem forma palpável. Hoje ignota.

Mas sempre linda Inês, paz, desapego,
porta da vida para os sem-sossego.

CANTO X

Missão e Promissão

XX

No momento de crer,
    criando
contra as forças da morte,
    a fé.

No momento de prece,
    orando
pela fé que perderam
    os outros.

No momento de fé
        crivado
com umas setas de amor
    as mãos
e os pés e o lado esquerdo,
    Amém.

Obra Completa — Vol. I — *Poesia e Ensaios*, ed. cit.

AUGUSTO FREDERICO SCHMIDT

Augusto Frederico Schmidt, que nasceu no Rio de Janeiro em 1906 e faleceu na mesma cidade em 1965, fez os estudos primários na Suíça e, de volta à Pátria, os secundários. Trabalhou desde cedo no comércio e mais tarde, no decênio de 1930, fundou uma casa editora famosa pela qualidade das publicações. A seguir desenvolveu a sua aptidão para os negócios em empresas mais vastas, tornando-se um homem importante nas finanças do País, em cujo desenvolvimento econômico teve oportunidade de colaborar, como embaixador extraordinário e conselheiro financeiro do governo Kubitschek.

Como poeta, foi acentuada a sua importância na segunda fase do Modernismo, quando se voltou contra o pitoresco e o malabarismo, buscando uma poesia quase direta, espontânea e espiritualista, de aparente simplicidade, que exerceu grande influência no decênio de 1930 e parte do de 1940. Dele procede o verso livre amplo e melodioso, com um toque bíblico, cheio de ressonâncias, marcado pela repetição quase obsessiva, que assalta e domina a sensibilidade do leitor.

O gosto atual pela poesia seca faz parecer indiscreta e excessiva a sua retórica sentimental, — e de fato a facilidade de algumas das suas fórmulas de neo-romântico produziu uma poesia desigual, comprometida em parte pela monotonia e pela prolixidade. Mas uma seleção adequada extrai desse caudaloso universo poético experiências de beleza permanente.

AUGUSTO FREDERICO SCHMIDT

BIBLIOGRAFIA
DO AUTOR:

1. Cronologia:
   a) Poesia: *Canto do Brasileiro*, 1928; *Canto do Liberto*, 1928; *Navio Perdido*, 1929; *Pássaro Cego*, 1930; *Desaparição da Amada*, 1931; *Canto da Noite*, 1934; *Estrela Solitária*, 1940; *Mar Desconhecido*, 1942; *Poesias Escolhidas*, 1946; *Ponto Invisível*, 1949; *Mensagem aos Poetas Novos*, 1950; *Poesias Completas*, 1956; *Aurora Lívida*, 1958; *Babilônia*, 1959.

   b) Prosa: *O Galo Branco*, 1948; *Paisagens e Seres*, 1950; *Discurso aos Jovens Brasileiros*, 1956; *As Florestas*, 1958.

2. Edição indicada: *Poesias Completas*, Rio de Janeiro, José Olympio, 1956.

SOBRE O AUTOR:

Otávio DE FARIA, "Augusto Frederico Schmidt", in *Dois Poetas — Augusto Frederico Schmidt e Vinícius de Moraes*, Rio de Janeiro, Ariel, 1935, págs. 112-231.

Tristão DE ATHAYDE, "A Estrela Solitária", in *A Poesia Brasileira Contemporânea*, Belo Horizonte, Bluhm, 1941, págs. 124-136.

Mário DE ANDRADE, "A Volta do Condor", in *Aspectos da Literatura Brasileira*, 2ª edição, São Paulo, Martins, s/d., págs. 141-171.

Estrela Morta

Morta a Estrela que um dia, solitária,
Nasceu em céu sem termo.
Morta a Estrela que floriu nos meus olhos.
Morta a Estrela que olhei na noite erma.
Morta a Estrela que dançou diante dos nossos olhos,

A Estrela que descendo acendeu este amor
Morta a Estrela que foi para o meu coração,
Como a neve para os ninhos
Como o pecado para os santos
Como a ausência de Deus para os condenados.
Cicatriz do meu céu, Estrela Morta!

Poema

Coberta de lírios, irás docemente,
Coberta de lírios, com os olhos fechados,
Irás para o seio sem termo da noite.
Coberta de lírios!
Teu corpo moreno,
Teu corpo pequeno,
Teu corpo tão puro,
Irá para o fundo da morte sem termo,
Coberto de lírios molhados de orvalho!
Tua voz apagada,
Tua voz tão perdida,
Tua voz sufocada
No seio da morte,
No ar dessa tarde que sinto chegando,
Cantará cantigas dos tempos de outrora,
Dos tempos dos lírios molhados de orvalho.

Tuas mãos tão geladas,
Tuas mãos tão unidas,
Tuas mãos tão perdidas
No frio regaço da morte madrasta,
Tuas mãos, que colhiam os lírios de outrora,

Molhados de orvalho,
Serão maltratadas, serão castigadas
No frio silêncio do seio noturno!

Ah! deixa que o vento,
Que passa chorando,
Agite nos ares o cheiro das matas.
Ah! deixa que as sombras dos tempos de outrora
Envolvam nos ares os céus tão azuis.
Ah! deixa que os rios se turvem com os limos.
Ah! deixa que eu durma na noite esquecida,
Enquanto não colhes nos tristes jardins
Os lírios molhados do orvalho noturno,
Que irão enfeitar
Teu corpo moreno,
Teu corpo pequeno,
Que a morte tocou.

Poema

Repousarei na tua memória
A minha imagem.
Quando chegar a noite
E o vento me arrastar para os largos espaços,
Repousarei na tua memória a minha imagem.
E estarei em ti pousado,
Como a cor na superfície dos mares;
E estarei em ti como a emoção nas lágrimas;
E estarei em ti como a saudade nos olhos imóveis.
Irá da minha imagem
Para a tua compreensão

O sentimento do meu mistério,
O ignorado segredo dos movimentos do meu ser.
E ficarei em ti, iluminado
E distante,
E serei como a luz inútil,
Como a lanterna balançando
Nas pequenas estações passadas,
Nessa longa viagem sem termo.

Soneto do Outono

É o princípio do outono... Quantas flores
Já vi murchar, e quantos verdes frutos
Não vi, depois, na terra apodrecendo,
Derrubados dos galhos pelos ventos!

É o princípio do outono... E as musas claras,
Que brincavam ao sol nuas e puras
E cantavam de amor e de alegria,
Foram graves e quietas se tornando.

E hoje, se ainda as ouço, é em despedida,
Pois lá se vão na estrada caminhando
De mãos dadas e para não tornar.

Pelas minhas janelas dentro em pouco
Verei chegar a doce luz do outono.
E minh'alma estará, enfim, madura.

Exercício Nº 1

Descem sobre as violetas escondidas
Os afagos das doces mãos da Aurora.
E eu contemplo o teu ser, abandonado
Nesse sono, que é um mar de sombra e frio.

A noite imensa se escondeu aos poucos
No teu rosto apagado e em teus cabelos,
No teu seio secreto e sossegado
E nos teus longos pés purificados.

As violetas despertam suspirosas
E o brando vento da manhã agita
As mal nascidas rosas dos jardins.

És o resto da noite, a alma noturna,
Que mal resiste à luz que vem chegando:
És a estrela esquecida e misteriosa.

Elegia

Tua beleza incendiará os navios no mar.
Tua beleza incendiará as florestas.
Tua beleza tem um gosto de morte.
Tua beleza tem uma tristeza de aurora.

Tua beleza é uma beleza de escrava.
Nasceste para as grandes horas de glória,
E o teu corpo nos levará ao desespero.

Tua beleza é uma beleza de rainha.
Dos teus gestos simples, da tua incrível pobreza,
É que nasce essa graça
Que te envolve e é o teu mistério.

Tua beleza incendiará florestas e navios.
Nasceste para a glória e para as tristes experiências,
Ó flor de águas geladas,
Lírio dos frios vales,
Estrela Vésper.

Nasceste para o amor:
E os teus olhos não conhecerão as alegrias,
E os teus olhos conhecerão as lágrimas sem consolo.
Tua beleza é uma luz sobre corpos nus,
É a luz da aurora sobre um corpo frio.
De ti é que nasce esse sopro misterioso
Que faz estremecer as rosas
E arrepia as águas quietas dos lagos.

Incendiarei florestas, incendiarei os navios no mar,
Para que a tua beleza se revele
Na noite, transfigurada!

Canção

O perfume de abril erra pelo ar,
E a lua anda no céu branca e fria.
Acorda, meu amor, que o sono rouba
Estas horas que não voltarão mais.

Acorda, meu amor, abril perfuma
A várzea, e os caminhos tranqüilos
Rescendem a magnólias e jasmins.
Acorda, meu amor, o tempo foge.

A hora não é de sono, a hora é plena,
Para a vida e para os amores.
Acorda, meu amor, a lua enflora
Este mundo noturno estranho e raro.

Acorda, meu amor, não tarda o tempo
Em mudar esta hora e a doce glória
Desta noite, em outras horas e outras noites,
Tristes e escuras, feias e tedientas.

Acorda, meu amor, vem contemplar a vida
Neste noturno mundo, encantado e maduro,
Vem ouvir a vida, nestes cantos de pássaros
Nesta escura agitação dos bichos da noite.

Acorda, meu amor, a hora é de vida.
Vem assistir ao espetáculo da noite.
Vem assistir à silenciosa floração.
Vem contemplar o invisível crescimento dos frutos.

Vem, acorda, a hora é plena e feliz,
Amanhã poderás dormir tranqüila e ninguém te
                            [despertará.
Amanhã poderás dormir; a noite de dormir
Não é esta noite, mas outra, bem diferente

Outra noite mais fria e tão mais longa,
Sem cantos de pássaros, sem esta lua
Enchendo as estradas e a várzea de claras flores,
Sem este cheiro de magnólias e jasmins.

Sonetos

I

Escravo em Babilônia espero a morte.
Não me importam os céus tristes e escuros
Nem claridades, nem azuis felizes,
Se espero a morte, escravo em Babilônia.

Escravo em Babilônia, não me importam
Cantos, que de Sião os ventos trazem
Com as inaudíveis vozes da lembrança,
Se espero a morte, em Babilônia, escravo.

Não me importam amores e esperanças
Se escravo sou e a morte aspiro
Em Babilônia, onde me esqueço

Do que fui, das auroras e dos sonhos
E da enganosa e pérfida doçura
Que neste exílio me precipitou.

Poesias Completas, Rio de Janeiro, José Olympio, 1958.

JOSÉ AMÉRICO DE ALMEIDA

José Américo de Almeida nasceu na Paraíba, em 1887. Formou-se em Direito, tendo inicialmente exercido a magistratura em seu Estado. Manteve contatos com o grupo do Recife — José Lins do Rego, Olívio Montenegro, Gilberto Freyre, e recebeu ao mesmo tempo as sugestões do movimento modernista partido de S. Paulo. Depois da sua estréia, com A Bagaceira, *em 1928, dedicou-se à política, que o elevou a posições importantes e de prestígio na República e em seu estado natal, onde faleceu em 1977.*

O seu romance de estréia foi consagrado como marco inicial de renovação do chamado "romance nordestino", lançando porventura as sementes do "ciclo da cana-de-açúcar" que seria realmente criado por José Lins do Rego. Em romances posteriores, abordou a temática sugerida pelo fenômeno do cangaço, inclusive a perseguição oficial em choque com a proteção dos "coiteiros", e as medidas de combate às conseqüências das secas periódicas. Na verdade, retomava um assunto comum na região nordestina, já freqüente em romances anteriores, desde o século XIX. Ele o subordinou, todavia, a uma nova compreensão e, conseqüentemente, a um tratamento novo. Realiza, por exemplo, cortes freqüentes na narrativa, em oposição ao depoimento e à horizontalidade característicos daquelas contribuições anteriores. O romancista dá igual impor-

tância ao humano e ao social, embora se tome muitas vezes enfático e quase demagógico.

A sua arte tem implicações nas sugestões do Primeiro Congresso de Regionalistas do Recife e, quanto à linguagem, na prosa elíptica de Oswald de Andrade, incisiva e epigramática. Mas o romancista lhe acrescenta vários elementos de cunho próprio, como o emprego de imagens soltas, à maneira de ditos ou frases feitas, de muita luz e colorido.

BIBLIOGRAFIA

DO AUTOR:

1. Cronologia:
a) Ficção: *A Bagaceira*, 1928; *O Boqueirão*, 1935; *Coiteiros,* 1935.

b) Ensaios e memórias: *Reflexões de uma Cabra*, 1928; *A Paraíba e seus problemas*, 1933; *O Ciclo Revolucionário do Ministério da Viação*, 1934; *Ocasos de Sangue*, 1954; *A Palavra e o Tempo*, 1937; 1950; 1965.

2. Edições indicadas: *A Bagaceira*, 7ª ed., Rio de Janeiro, José Olympio, 1937; *Coiteiros*, São Paulo, Comp. Editora Nacional, 1935; *O Boqueirão*, Rio de Janeiro, José Olympio, 1935.

SOBRE O AUTOR:

Tristão DE ATHAYDE, *Estudos,* 3ª série, 1ª parte, Rio de Janeiro, A Ordem, 1950, págs. 137-151.

Nestor VICTOR, *Os de Hoje,* São Paulo, Cultura Moderna, 1955, págs. 143-152.

José EUCLIDES, *Prolegômenos de Sociologia e Crítica*, Rio de Janeiro, A Noite, 1938, págs. 122-144.

A BAGACEIRA

Este romance procura confrontar, em termos de relações humanas e de contrastes sociais, o homem do sertão e o homem do brejo ou dos engenhos. Aproximando o sertanejo e o brejeiro, na paisagem nordestina, o A. condiciona os elementos dramáticos aos ciclos periódicos da seca, os quais delimitam a própria existência do sertanejo. É nessas condições que Valentim Pereira, sua filha Soledade e o agregado Pirunga deixam a fazenda do Bondó, no sertão, e se dirigem para a zona do brejo, onde procuram abrigo no engenho Marzagão. Seu proprietário é Dagoberto Marçao, viúvo, com um filho único, Lúcio. Em férias no engenho, Lúcio se apaixona por Soledade. Volta aos estudos e, quando novamente retorna em férias, sabe da prisão de Valentim como assassino do feitor do engenho, apontado como o sedutor de Soledade. Lúcio, como advogado, se propõe a defender o sertanejo e comunica ao pai a decisão de casar-se com a moça. Esclarece-se então que ela é sua prima e que o verdadeiro sedutor é Dagoberto. Logo depois, Dagoberto e Soledade abandonam o engenho e vão para a fazenda Bondó. Pirunga acompanha-os, encarregado, sob juramento, de vigiá-los, até que Valentim, ao sair da prisão, possa consumar sua verdadeira vingança. Mas Pirunga provoca a morte do senhor de engenho e vem para a proteção de Lúcio, o novo dono do engenho Marzagão. Mais tarde, em outro ciclo da seca que se repete, Soledade, já desfigurada pelo tempo e pelo sofrimento, procura Lúcio para entregar à sua proteção o filho que tivera de Dagoberto, alegando direito líquido.

Há uma visível intenção crítica e panfletária no romance, subordinada à tentativa de análise e demonstração, embora sumária, da condição do nordestino e dos valores que regem a sua vida. É o desejo de dar ênfase à dignidade e ao sentimento de honra do sertanejo e de retratar a desumanidade e os desmandos do senhor de engenho, acentuando contrastes de grandeza e miséria. Por sobre tudo isso, as sugestões de reformas necessárias à estrutura agropecuária da região e à mudança de costumes e valores. A linguagem, direta e sentenciosa, favorece esse processo de revisão e de debate de uma temática já bastante explorada, mas que o A. pretendeu rever, sob a inspiração modernista.

Antes que me Falem

Há muitas formas de dizer a verdade. E talvez a mais persuasiva seja a que tem a aparência de mentira.

*

Se escapar alguma exaltação sentimental, é a tragédia da própria realidade. A paixão só é romântica quando é falsa.

*

O naturalismo foi uma bisbilhotice de trapeiros. Ver bem não é ver tudo: é ver o que os outros não vêem.

*

A alma semibárbara só é alma pela violência dos instintos. Interpretá-la com uma sobriedade artificial seria tirar-lhe a alma.

*

Há uma miséria maior do que morrer de fome no deserto: é não ter o que comer na terra de Canaã.

*

É um livro triste que procura a alegria. A tristeza do povo brasileiro é uma licença poética...

*

Os grandes abalos morais são como as bexigas: se não matam, imunizam. Mas deixam a marca ostensiva.

*

O regionalismo é o pé-de-fogo da literatura... Mas a dor é universal, porque é uma expressão de humanidade. E nossa ficção incipiente não pode competir com os temas cultivados por uma inteligência mais requintada: só interessará por suas revelações, pela originalidade de seus aspectos despercebidos.

*

O amor aqui é um tudo-nada de concessão lírica ao clima e à raça. E um problema de moralidade com o preconceito da vingança privada.

*

Um romance brasileiro sem paisagem seria como Eva

expulsa do paraíso. O ponto é suprimir os lugares-comuns da natureza.

*

A língua nacional tem rr e ss finais... Deve ser utilizada sem os plebeísmos que lhe afeiam a formação. Brasileirismo não é corruptela nem solecismo. A plebe fala errado; mas escrever é disciplinar e construir...

*

Valem as reticências e as intenções.

Noturno de Ódio e de Saudade

Quando Valentim ia correndo em procura do feitor, Corisco soltou um rincho que parecia falar.

Rinchar ele rinchava sempre e talvez mais que qualquer outro cavalo da fazenda; mas, assim, tão expressamente, não havia lembrança.

O sertanejo estacou tomado de supersticiosa curiosidade. Então, Pirunga, que o encalçava, gritou:

— Padrinho! O vaqueiro!

Passava pela estrada um *comboio* do sertão.

Corisco reconhecera algum animal escapo à seca e nitria numa saudação de velhos amigos que se revêem depois de um julgar o outro morto.

— Foi mandado de Deus — dizia Pirunga de si para si.

Porque, de feito, Valentim se deu pressa em voltar tangido pelo alvoroço desse encontro imprevisto.

— Sim, Senhor!
— Senhor, sim!...
E os sertanejos não podiam separar-se, como se suas almas se tivessem colado no vigoroso abraço.
Pegali ria com o rabo.
O vaqueiro entrou em si:
— Eu não contava que o sr. tivesse descido...
Era a forma de indicar a direção dos brejos.
— Desci e... desci muito.
— E está acabado...
— A gente é como o gado sujeito que, tirado do pasto, morre de tristeza. Também dá mal triste na gente. Não está nas minhas forças.
O outro procurou desviar o rumo da conversa desse desaterro de impressões. Mas Valentim insistiu:
— Você não viu a fazenda?
— Chega parece do governo: todo mundo quer tirar o seu pedaço...
— Há verde?
— Se há?! Até as estacas do curral.
— Tem por força passar.
— E o açudeco?
— Ficou cheio-cheio!
— De verdade?
— Chei-inho!
E Valentim visionou o Bondó revertido à fartura do inverno. Imaginou o rio escapando-se no arremesso transitório. No sertão tudo era livre: não se prendiam nem os caudais nas barragens. Mas só as águas não voltavam...
Aviventava a nostalgia incurável, o mal de uma instabilidade que não condizia com a vida sedentária de seu natural.

Era a árvore adulta que, arrancada pela raiz, não pega mais.

Soledade, retirada e tristonha, não percebia a conversa.

Notando-lhe os primores de moça feita, o vaqueiro admirou-se:

— Hum! A menina está um moção!...

E, perdendo o antigo respeito nesse nivelamento da seca:

— Eu, sendo comigo, não deixava brejeiro tomar chegada...

Ela palidejava e enrubescia.

Continuou, sem saber que estava remexendo uma ferida aberta:

— Moça triste é sinal de...

Pirunga levou o indicador aos lábios, pedindo silêncio.

Encontrando o olhar fulminante do pai, Soledade purpurejou-se outra vez e deu-lhe as costas para esconder a vermelhidão do rosto.

Valentim baixou a cabeça e passou a riscar na areia com o dedo tremente. Fez, maquinalmente, uma cruz que Pirunga apagou antes que alguém pisasse em cima.

— Menina, você tem pena do sertão?

Ter pena — como se ajusta essa sinonímia, quando a saudade se aplica ao sertanejo!

É a sua única sentimentalidade.

Valentim aparentava uma calma trágica e ria com um riso acolhedor que lhe não saía da boca.

A tarde languescia. E o esmorecimento do dia bulia-lhe na sensibilidade em carne viva. Faziam-lhe mal as indecisões da luz medrosa, aqui e ali, como ave que não acerta com a dormida.

A colina fronteira como que se espreguiçava. Era a sombra que se estendia. E, em outros pontos, chegava, devagar, em retalhos, como se saísse debaixo das árvores que mudavam de cor.

Vinha-se a noite fechando. E mais se sombreava o rosto de Valentim que se recolheu, pretextando doença:

— Tenho uma tranca nos peitos.

Devia ser o aperto da saudade.

Pirunga segredou ao vaqueiro:

— Ele não tem voz ativa; não pode mais com a vida dela. Torce a orelha e não sai sangue.

E, despeitado:

— Já lhe tomou o fôlego. Anda muito senhora de si.

Vinha da mata vizinha um rumor de crepúsculo brasileiro.

O vento, como um bocejo de sono, transportava o barulho indistinto. E sons miúdos concentravam-se num apito agudo, de mil fôlegos; muitas vozes zumbiam num só grito.

Era a afinação da noite.

Mas, daí a pouco, tornou o silêncio de quem não ouve nada porque só se ouve a si próprio. O silêncio fecundo é o ritmo de quem escuta.

E pegou a toada dos aedos sertanejos, a musa bárbara que não floresce nos pauis dos brejos, mas na terra combusta, como pétalas de raios de sol.

Entoando a trova de Fabião das Queimadas, o violeiro puxava a alma com os dedos:

> *A minha alma de velho*
> *Anda agora renovada,*
> *Que a paixão é como o sonho,*
> *Chega sem ser esperada.*

Dagoberto abriu a janela no escuro e fechou os olhos para ouvir melhor.

Essa voz amorosa eletrizava o ar noturno. Dava a impressão de que tudo estava suspenso, ao seu embalo. Não era o encanto do que vibrava, mas o mistério do que emudecia. Interpretava-se o próprio sentido do silêncio de algumas estrelas, como reticências do céu.

Instado, Pirunga improvisou:

Não se vê um olho d'água,
Quando há seca no sertão.
E enchem-se os olhos d'água,
Quando seca o coração...

O xexéu de minha terra
Que me ensinou a cantar
Antes me tirasse o canto
E me ensinasse a voar...

Um dos tropeiros responde:

Quem deu pena ao passarinho
O canto tinha que dar:
Quem voa sofre saudade,
Quem sofre deve cantar...

Pirunga confiou-se à veia repentista:

No quente do coração
Eu criei um passarinho

*E, foi ter asas, voou,
Não quis mais saber do ninho...*

....

Um bacurau, o gago notívago — baco... baco... bacurau — lembrava no vôo curto e na gaguez os poetas da bagaceira.

E a natureza abafou-se, novamente, em cochichos. Sussurros anônimos. Pios assustados. Murmuravam os sons humildes que tinham estado à espera do silêncio.

Enfim, tudo se calou. A noite sem fala parecia engasgada pelas sombras espessas.

Pegali ladrou grosso, como dono da solidão pacífica.

Valentim não pregava olhos. Sentia em todo o seu mistério a noite primitiva, de quietude e de treva absolutas.

Virava-se na cama, como se, mudando de lugar, pudesse mudar de impressões, ou como se fosse incompatível com o repouso do corpo a intranqüilidade da alma.

Traduzia a insônia pela primeira vez.

O silêncio deixava-o pensar por conta própria sem vozes perturbadoras nem sugestões conselheiras.

O galo da casa grande amiudou. E nenhum outro respondeu, porque só cantava um galo naqueles terreiros.

O instinto de desagravo que lhe latejava na massa do sangue era um impulso bárbaro em litígio com a saudade do rincão distante. Chocavam-se os dois sentimentos fundamentais do sertanejo — a dignidade da família e o apego à gleba. Ele sabia que o crime lhe acarretaria a prisão no meio adverso. A nostalgia quebrantava-lhe o pensamento de vingança.

E a serenidade exterior acalmou-o. Tomou o exemplo das horas sossegadas. Desafogou o desespero na lembrança da fazenda restaurada. E planejou a escapada.

Levantando-se desvanecido da desafronta sanguinária, participou de todo o encanto da alvorada serrana. Tudo cantava como num coro de despedida.

E o cheiro da manhã, tão cheirosa, balsamizou-lhe as depressões da noitada horrenda.

A Bagaceira, 7ª, ed., Rio de Janeiro, José Olympio, 1937.

RACHEL DE QUEIROZ

Rachel de Queiroz nasceu no Ceará (Fortaleza), em 1910. Depois da seca de 1915, que lhe daria matéria para o romance O Quinze, *foi com os pais para o Rio de Janeiro e daí para Belém do Pará. Novamente em Fortaleza, iniciou os estudos regulares, diplomando-se em 1925. Logo depois ingressou no jornalismo, lançando em 1930 o livro de estréia,* O Quinze, *que mereceu o primeiro prêmio concedido pela Fundação Graça Aranha. Teve em seguida o seu período de ação política de esquerda, refletido no romance* Caminhos de Pedra. *Enquanto cultivava a ficção, dedicava-se à colaboração regular em jornais e revistas, tornando-se finalmente cronista exclusiva de* O Cruzeiro, *autora de peças de teatro e tradutora de mérito. Fixada no Rio de Janeiro, encontra-se, contudo, freqüentemente em sua fazenda no Ceará.*

Os quatro primeiros romances de Rachel de Queiroz exprimem intensa preocupação social. Mas a romancista se apóia na análise psicológica dos personagens, sobretudo na natureza do homem nordestino, sob a pressão de forças atávicas e a aceitação fatalista do destino, como é o caso dos dois primeiros — O Quinze e João Miguel. *Eles surgem depois de uma experiência apreciável de outros romancistas, notadamente de fins do século XIX, em cujas obras dominava a preocupação do depoimento, de forma que o social abafava o pessoal. Aqueles dois romances apresentam uma nova tomada de posição na temática do romance nordestino — da seca, do coronelismo e dos impulsos passionais — em que o psicológico se harmoniza com o social. Na conjuntura ecológica em que se situa o personagem, o que preocupa a romancista, em última análise, é a investigação do seu destino. Esse esquema também se aplica à realização dos dois romances seguintes* — Caminhos de Pedra e As Três Marias, *embora essas obras não apresentem compromissos diretos com a paisagem do Nordeste. Esta se encontra apenas latente nos seus assuntos, que abordam a agitação política do momento, métodos de educação relacionados com a posição da mulher e problemas de emancipação feminina, no plano amoroso e social. A linguagem, particularmente no caso dos romances regionalistas, é enriquecida pela escolha adequada do vocabulário e pela técnica do diálogo, que repercutem com felicidade no plano psicológico.*

BIBLIOGRAFIA
DO AUTOR:

1. Cronologia: *O Quinze*, 1930; *João Miguel*, 1932; *Caminhos de Pedra*, 1937; *As Três Marias*, 1939; *A Donzela e a Moura Torta* (crônicas), 1948; *Lampião* (teatro), 1953; *100 Crônicas Escolhidas*, 1958; *A Beata Maria do Egito* (teatro), 1958; *O Brasileiro Perplexo — Histórias e Crônicas*, 1963; *O caçador de tatu* (crônicas), 1967.

2. Edições indicadas: *Quatro Romances*, Rio de Janeiro, José Olympio, 1960; *100 Crônicas Escolhidas*, Rio de Janeiro, José Olympio, 1958.

SOBRE O AUTOR:

Otávio DE FARIA, "O novo romance de Rachel de Queiroz", in *Boletim de Ariel,* I-7, abril de 1932, pág. 8.

Tristão DE ATHAYDE, *Estudos*, 5ª série, Rio de Janeiro, Civilização Brasileira, págs. 93-96.
Almir DE ANDRADE, *Aspectos da Cultura Brasileira*, Rio de Janeiro, Schmidt, 1939, págs. 107-121.

JOÃO MIGUEL

A intenção da romancista parece ter sido apreender a origem, no plano subconsciente e sob determinado condicionamento social, do impulso assassino, que sobrepuja por instantes o sentimento de humanidade passiva e submissa do caboclo sertanejo. Não se sabe bem por que e nem ele próprio formará a consciência moral do ato praticado. Não alimentará, portanto, qualquer sentimento de culpa. Seu ato impulsivo, num instante cego, exprime o afloramento de elementos atávicos, revivendo atos de seres primários. E isto pode ser por um instante, como no caso de João Miguel, ou por períodos longos, como nas manifestações múltiplas do cangaço.

O romance se faz sobretudo com situações e fatos tomados como elementos de ambientação, num presídio de interior, no Nordeste, em que avulta a figura de João Miguel. Pela sua presença e com as suas relações humanas na cadeia, ele se torna o eixo do romance e o principal ângulo de observação e pesquisa da romancista. Forma-se assim um agrupamento humano que continua a manter no presídio o sentido e os hábitos da vida quotidiana em liberdade. Compõem-no: Santa, companheira de João Miguel, e que o abandona pelo cabo Salu, Maria Elói, Filó, Zé Milagreiro, uma visitante diária, Angélica — filha do coronel Nonato, também criminoso, mas preso somente por ser inimigo do delegado ou por ser da oposição política —, além de outros. Nesse caso, a prisão vigora apenas como restrição circunstancial do espaço de relações, mas sem qualquer reflexo corretivo ou punitivo sobre os que aí vivem.

É destacável a linguagem da romancista, pela riqueza psicológica da frase, notadamente no diálogo. Considerada do ponto de vista regionalista, apresenta acentuadas características peculiares ao linguajar caboclo ou próprio da massa sertaneja. Os dois capítulos transcritos o demonstram. Por outro lado, o primeiro fixa aqueles instantes sucessivos do impulso passional e da perplexidade e embotamento da consciência de João Miguel, em face do ato praticado; o outro, a pessoa moral de Santa no momento em que esta se define pelo cabo Salu e tenta justificar-se.

Capítulo 1

João Miguel sentiu na mão que empunhava a faca a sensação fofa de quem fura um embrulho. O homem, ferido no ventre, caiu de borco, e de sob ele um sangue grosso começou a escorrer sem parar, num riacho vermelho e morno, formando poças encarnadas nas anfractuosidades do ladrilho.

Agora imóvel, João Miguel apertava febrilmente na mão a arma assassina, fitando o seu crime, aquele corpo que escabujava no chão, que os outros reviravam e despiam, e em cujos dedos crispados uma mulher tentava introduzir um coto aceso de vela.

Na confusão de imprecações e rezas, e no barulho do próprio sangue que lhe zunia aos ouvidos, ele apenas pôde distinguir a fala de alguém que lhe pôs no ombro a mão pesada:

— Está preso!

Ele olhou o homem que o prendera, olhou a faca, olhou o ferido.

— Está preso!

Sem o atender, João Miguel fixava agora ansiosamente o moribundo, com uma inconsciente esperança de que ele revivesse, de que aquilo não fosse nada, de que ele novamente se erguesse, com o cacete na mão, como há pouco, os olhos fuzilantes, a fala desabrida.

Mas, no chão enlameado de vermelho, o homem movia os pés como um animal que morre. Por entre a roupa desabotoada, o ventre escuro aparecia, lanhado. E a mulher precisou apertar mais a vela, porque os dedos se abriam, moles, enquanto a outra mão raspava fracamente a terra, com as unhas negras.

O outro, o que prendia, insistiu:

— Está preso!

Um cabra fardado, seguido de mais dois soldados, pálido da carreira e respirando com força, foi entrando e gritou:

— E o criminoso?

O homem que prendera acentuou a pressão no ombro de João Miguel e o apresentou ao cabo:

— Está aqui.

João Miguel ouvia tudo, ainda olhando o morto, entendendo mal.

Criminoso? Quem? Seria ele?

Já os soldados o empurravam para fora.

Criminoso?

O cabo deu voz de prisão:

— Pra cadeia!...

João Miguel deixou que o levassem. Detrás dele, em torno dele, os curiosos e as maldições cresciam.

Ele marchava, arrastado, inconsciente, sempre com o

pensamento no morto, na faca, no seu gesto rápido, movido por um impulso estranho e novo, e aquele rasgão na carne mole, e a sangueira roxa, e agora a desgraça sem remédio...

Se pudesse começar de novo! O homem, diante dele, vivo, gritando, também bêbado!...

Mas fora tudo ligeiro como um mau relâmpago; só aquele gesto, com a faca... uma faca nova, brilhante, aguda como um punhal...

João Miguel cuspiu um cuspo grosso que lhe pegava a língua, amargo de cachaça.

Sentia no peito uma angústia desconhecida e medonha. Tinha vontade de correr, de vomitar.

Rudemente os soldados o impeliam:

— Ligeiro, cabra! Avie, senão come facão no lombo!...

E enquanto ele andava, aos empurrões, a sua mão criminosa, despojada da faca que matara, esboçava gestos vagos de arrependimento, como se tentasse desfazer o que fizera, apagar, desmanchar.

A escolta parou defronte da cadeia.

O cabo deixou João Miguel à porta, entre os soldados, e meteu-se pelo corredor fedorento e escuro.

— Seu Doca!

O carcereiro apareceu, de tamancos, a blusa desabotoada:

— Novidade, cabo Salu?

— Está aí um preso. Furou, ainda agorinha, um homem, num samba lá para as bandas da Estação.

— E o delegado já sabe?

— O delegado está numa festa.

João Miguel, dentro de sua perturbação, num movimento meio inconsciente, tentou escapar. Os soldados subjugaram-no, gritando:

— Seu cabo, o homem quer fugir!

Seu Doca tirou do armador uma corda velha que Salu tomou:

— Se você se mexer eu lhe amarro, cabra-sem-vergonha.

E, voltando-se para o carcereiro:

— Onde é que se bota?

Seu Doca olhou o rosário de grades que se cavava ao longo do corredor.

— Bote no quarto do finado Meia-Noite. A chave está na porta.

Empurraram João Miguel até à célula, donde vinha um cheiro mau de morcego, de dejetos podres; e o deixaram lá dentro, como um bicho encurralado.

O carcereiro deu duas voltas na chave e encostou-se à grade, ouvindo Salu que contava:

— O desgraçado não deu tempo ao outro nem de descer o cacete... Assim que ele arribou o braço, passou-lhe a faca e foi um rasgo que abriu de lado a lado do bucho...

***

Afinal foram embora, em procura do delegado, e João Miguel ficou só dentro de sua calada tormenta.

Acocorou-se a um canto, ainda indiferente à prisão e à fedentina, enquanto os morcegos circulavam, e se apinhavam nas telhas, guinchando.

Pouco depois, na escuridão lôbrega, ouviu-se novo barulho de passadas, de gritos, de pragas.

Uma velhota bêbada, desgrenhada e em farrapos, foi levada à força para a célula fronteira.

A chave rangeu, girando, e ouviu-se a voz da mulher:

— Desgraçado, sem-vergonha, filho duma mãe!...

Um soldado gritou:
— Dorme em paz, belezinha!
— Me deixa, assassino, cachorro!...
Os soldados se afastaram, rindo. Muito tempo, agarrada às grades, a mulher continuou as descomposturas. Depois cansou: deitou-se no chão e começou a entoar um estribilho fanhoso, irritante, como para se embalar:

*"Me leve, me leve, senhor Rafael...
me leve, me leve, para o quartel..."*

Aquela voz, insistente como um chiado, espalhando-se pela noite densa e povoada de ruídos estranhos de sepulcro, penetrando a sombra em que jazia a cadeia, suja e imóvel como um bicho morto, entrava pela angústia crescente de João Miguel, atiçava-a, desesperava-a. A cabeça opressa, sufocava, estremecia como esbordoada ao impacto do som agudo da cantilena.

E ele ergueu-se, movimentou-se, foi à grade.

O escuro, sem lhe deixar ver mais além, transmitia-lhe apenas o som obcecante.

— Cala a boca, diabo!

Mas, fanhosa, a voz teimava:

*"Me leve, me leve, senhor Rafael...
me leve... me leve..."*

Ele fechou os punhos, levando, naquele ódio contra a mulher, a fúria do seu próprio desespero:

— Cala, cão, essa boca, cala!...

A voz canalha ainda insistiu:

"Me leve... me leve..."

Mas foi se acabando aos poucos, como um gemido que morre.

E afinal, a mulher dormiu, de ventre para o ar, descomposta, casando o seu resfolegar sonoro com a guincharia aguda dos morcegos.

Capítulo 12

Santa procurava um pretexto; um pretexto bem grande que explicasse tudo e mormente que a livrasse da sensação de vergonha e dó — vergonha acompanhada de medo, para dizer a verdade.

O preso fixava-a, com um olhar parado e triste, onde se liam ansiedade, angústia, desespero e desconfiança.

Mas Santa não encontrava a palavra procurada, nem a idéia necessária, diante daquele olhar que a esgravatava, e onde lhe parecia que dormiam todas as astúcias e todas as perversidades. Afinal, não podia se esquecer de que João Miguel já tinha matado um — e a bem dizer sem motivo.

Ele agora se lamentava:

— É. Eu fui ter muita fé. Besta fui eu, em me fiar em vergonha de quem não tem...

Ela procurou comovê-lo:

— Para que você me bota nome, João?

— Já lhe botei algum que você não mereça?

Meu Deus, que diria? Que desculpa, que mentira? Tinha que haver uma saída! Mas só a verdade bruta lhe ocorria: João Miguel preso, e Salu, e o fingimento, a traição, a mentira de todos os dias... Por que não a dizia então?

João Miguel resmungava agora:

— Você já está tão feita na sua ruindade que não pensa mais nem em arranjar desculpa!

— Não tenho desculpa que dar...

— É... Pra que se desculpar com o besta do preso que está aqui amarrado, sem poder fazer nada?

— João!...

— Você só sabe dizer isso: e "João! João!" Por que é que não conta tudo direito? Por que é que não explica essa história que o Zé Milagreiro diz?

— O Zé Milagreiro é um desgraçado, um miserável, que vive de levantar falso aos outros!

O preso mastigou a sua fúria para dizer:

— Mas, se é mentira, por que você não conta a verdade?

Santa baixou a cabeça e concentrou-se. Depois, começou com a fala surda e o gesto decidido de quem afinal se resolve:

— João, eu não queria te dizer nada, pra você não ficar com raiva de mim, quando eu só fazia isso por teu causo. O Salu vive mais seu Doca, seu Doca segue os conselhos dele pra tudo; você não se lembra da história do canivete? E eu vi que, se você tivesse o Salu por inimigo, nem o cão havia de levar uma vida pior. Por isso tratei ele bem, dizia adeus quando chegava e saía, procurando agradar. E aí o Salu pegou com um paleio para o meu lado, se fazendo de muito delicado, me adjutorando quando eu tratava de arranjar qualquer coisa pra você. E eu, pra ele não se danar, e você é que tinha de pagar o novo e o velho, vou-me fazendo de desentendida, sempre trato dele bem, dou-lhe uma tigela de café quando vai lá em casa. Se pouco lhe falo nisso, é porque sei da sua natureza, e tive medo que você fizesse alguma arte.

Agora, esse povo ruim começa a inorar tudo, e a botar mal no que não tem...

João Miguel olhou-a bem de frente, e Santa viu que a expressão de desconfiança e de ira se acentuava.

— Que ele vivia lá, eu já sabia! E você acha que é muito certo ter um xodó com esse cabra pra poder punir por mim?

— João, quem foi que lhe disse que eu tenho xodó com ninguém? Então, o rapaz ir lá em casa, conversar comigo mais a velha Leocádia, isso pode ser xodó?

— E quantas vezes ele já foi lá?

— Inda ontem Sinhá Leocádia disse ao meu pedido: "Seu Salu, você deve vir aqui as menas vezes que puder. A Santinha, a bem dizer, é uma viúva, e você sabe que viúva é toco de cachorro chover..."

João Miguel acentuou a prega amarga da boca, sua cara pálida tomou uma expressão de crueldade, e ele murmurou:

— Boca de viúva... Chamar de viúva a militriz...

Santa olhou-o com os olhos secos, desesperada, e sibilou:

— Se você me bota de militriz, pra que faz tanta conta de mim? Ninguém se ocupa em querer amarrar mulher-à-toa, não!... Se eu sou alguma cachorra, é muito fácil, é só me largar que logo acho dono!

João Miguel riu:

— Você tinha de se sair com isso...

— Saio, porque tenho a certeza de que você sabe que tudo que andam dizendo é a pura mentira, é o pior dos falsos! Se você acreditasse num pé que fosse dessas histórias todas, não estava aqui, falando comigo! Carecia que tu não fosse mais nem homem, para ainda querer saber de mim!

Ela novamente o colocava dentro de seu velho dilema:

Se acreditava, por que se agarrava a ela? E, se não, por que a atormentava?

— Está bem, Santa. Faz de conta que eu não ouvi nada. Você jura que é muito boa, pois vai me dar as provas disso. Só lhe digo uma coisa: é que não é por toda a vida que eu fico trancado neste degredo, não...

E Santa o viu que se sentava no caixote, e para liquidar o assunto tirava um fio de linha do novelo e se punha a costurar o casco de um chapéu.

Quatro Romances, Rio de Janeiro, José Olympio, 1960.

JOSÉ LINS DO REGO

José Lins do Rego nasceu na Paraíba (no engenho Corredor, município do Pilar), em 1901, e faleceu no Rio de Janeiro, em 1957. Órfão de mãe e com o pai ausente, foi criado no engenho do avô materno. Iniciou os estudos em Itabaiana, no interior, a seguir na capital da Paraíba, e finalmente em Recife, onde também fez o curso superior, na Faculdade de Direito. É dessa época o princípio de sua amizade com José Américo de Almeida, Olívio Montenegro e logo depois com Gilberto Freyre, os quais integraram o grupo modernista do Recife. Formado, foi exercer uma promotoria em Minas Gerais, de onde passou para Maceió, com outras funções. Aí permaneceu nove anos, marcados pelo convívio com Graciliano Ramos, Jorge de Lima e Rachel de Queiroz, vivendo a seguir no Rio de Janeiro. Esteve em países sul-americanos, na Europa, no Oriente e, pouco antes da morte, foi eleito para a Academia Brasileira.

Na obra que deixou — crônicas, pequenos ensaios, literatura infantil, e romances — sente-se a presença do telúrico nostálgico da infância e da adolescência, em testemunho dos últimos lampejos de uma tradição que se fundamentava num sistema patriarcal, escravocrata e latifundiário. Daí o caráter predominantemente memorialista de sua obra de ficção. Nela se acentuam os contrastes de requinte e fartura das casas-grandes com a promiscuidade e a miséria das senzalas, a sensualidade desenfreada e a subserviência dos homens do eito. Mas há também o homem e a paisagem. Certamente a observação se concentra na zona açucareira do Nordeste — rica de tradições que datam do século XVI — no momento em que se decompõe essa estrutura tradicional por força de uma nova ordem econômica. Mas a verdade é que o romancista busca também o sentido de humanidade que define a consciência e o sentimento coletivos do homem da região. Contamina assim o mundo dos engenhos com outros aspectos e elementos da paisagem nordestina, com manifestações do cangaço e do misticismo. A visão dessa humanidade em ruína e dessa sociedade decadente, presa à experiência da infância e da adolescência do romancista, sofre a deformação determinada pelo orgulho íntimo que gera o processo do seu próprio reconhecimento, como se desse vida a fantasmas, que reaparecem presentes na moldura dos relatos orais. O íntimo orgulho da tradição, embora nos últimos reflexos de sua grandeza, e a imaginativa popular, que ao mesmo tempo rebate o sentimento e os impulsos da alma coletiva, são assim os componentes essenciais da obra do ficcionista. Ele se compara a um verdadeiro aedo popular, com o privilégio do poder de visão total. E de tal natureza, que só nos cantores e cantadores do Nordeste, que refletem a memória coletiva, através dos seus processos narrativos e da sua linguagem característica, o escritor, como ele próprio reconheceu, encontraria modelos e sugestões expressivas para os seus romances.

Debaixo dessa definição geral, levando-se em conta as próprias indicações do Autor, a sua obra de ficção se agrupa em: "Ciclo da cana-de-açúcar" — Menino de Engenho, Doidinho, Bangüê, Fogo Morto *e* Usina*; "Ciclo do cangaço, misticismo e seca"* — Pedra Bonita *e* Cangaceiros*; Obras independentes: a) com implicações nos dois ciclos indicados* — O

Moleque Ricardo, Pureza, Riacho Doce, e b) *desligadas desses ciclos* — Água-mãe e Eurídice.

BIBLIOGRAFIA
DO AUTOR:

1. Cronologia:

a) Romances: *Menino do Engenho*, 1932; *Doidinho*, 1933; *Bangüê*, 1934; *O Moleque Ricardo*, 1934: *Usina*, 1936; *Pureza*, 1937; *Pedra Bonita*, 1938; *Riacho Doce*, 1939; *Água-mãe*, 1941; *Fogo Morto*, 1943; *Eurídice*, 1947; *Cangaceiros*, 1953.

b) Literatura infantil, memórias e crônicas: *Histórias da Velha Totônia*, 1936; *Gordos e Magros*, 1942; *Pedro Américo*, 1943; *Poesia e Vida*, 1945; *Conferências no Prata*, 1946; *Bota de Sete Léguas*, 1951; *Homens, Seres e Coisas*, 1952; *A Casa e o Homem*, 1954; *Roteiro de Israel*, 1955; *Meus Verdes Anos*, 1956; *Gregos e Troianos*, 1957; *Presença do Nordeste na Literatura Brasileira*, 1957; *Discurso de Posse e Recepção na Academia Brasileira de Letras*, 1957; *O Vulcão e a Fonte* (publicação póstuma), 1958.

2. Edições indicadas: a) *Romances Reunidos e Ilustrados* — I vol. — *Menino de Engenho, Doidinho, Bangüê*, com introdução — "Memória e regionalismo" — de José Aderaldo Castello, págs. XIV-LXVII; II vol. — *O Moleque Ricardo, Usina*; III vol. — *Pureza, Pedra Bonita, Riacho Doce*; IV vol. — *Água-mãe, Fogo Morto*; V vol. — *Eurídice, Cangaceiros;* Rio de Janeiro, José Olympio, 1960-1961; b) Edições avulsas dos romances na "Coleção Sagarana" da Livraria José Olympio.

SOBRE O AUTOR:

Álvaro LINS, Otto MARIA CARPEAUX e Franklin M. THOMPSON, *José Lins do Rego*, Rio de Janeiro, Serviço de Documentação — M. E. C., 1952.

Mário DE ANDRADE, *O Empalhador de Passarinho*, São Paulo, Martins, s/d., págs. 119-122 e 247-250.
Roberto ALVIM CORREIA, *Anteu e a Crítica*, Rio de Janeiro, José Olympio, 1948, págs. 156-178
João PACHECO, *O Mundo que José Lins do Rego Fingiu*, Rio de Janeiro, São José, 1958.
José ADERALDO CASTELLO, *José Lins do Rego: Modernismo e Regionalismo*, São Paulo, Edart, 1961.

Jorge de Lima e o Modernismo

II

....
....

Jorge de Lima passou dez anos fazendo sonetos de chave de ouro. É o mesmo que afirmar que tirou dez anos de prisão celular. Porém chegou ao último dia da pena ainda vivo, de coração saltando aos primeiros contactos com a liberdade. E as impressões de quem se privou por tanto tempo do seu mundo só poderiam acusar muito interesse pelo pitoresco das coisas: ali por onde dantes passávamos sem um olhar, criam elas um relevo delicioso à vista. Que diga Julien Sorel quando deixava o seu humilde cárcere para morrer. O sol pareceu-lhe como ele nunca tinha visto.

Este caderno de Jorge de Lima bem que se poderia chamar "as impressões dum homem que esteve em cárcere". E são estes poemas mesmo um canto comovido à terra de que ele esteve segregado. E há neles qualquer coisa das surpresas e dos espantos que sofre um homem que via tudo em névoa, ao sair duma operação de catarata. As cores como que vivem com outra intensidade.

Tudo isso nos versos de Jorge de Lima está contado com muita força de comoção. Da boa e legítima comoção que é a que vem da simplicidade, que é a que sai das fontes mais preciosas do coração. Não surgem dum artifício ronaldiano os motivos poéticos desse livro que o poeta quis que eu lesse antes da publicidade. E não se procurem temas a desenvolver nesses poemas de Jorge de Lima. Em Ronald de Carvalho a poesia tem tarefas a cumprir, tem dias de trabalho marcados, horas de aulas a dar. Ora continentalismo a sustentar, ora interesses de três raças tristes a defender.

Manuel Bandeira é culpado em muito desses poemas do jovem poeta de Alagoas.

O caso do príncipe dos poetas alagoanos foi muito simples. Foi uma conversão como a do drama de H. Gheon: o ator Genest que se converteu representando a vida de S. Adriano. Um dia Jorge de Lima leu a "Invocação ao Recife", de Manuel Bandeira. E quis fazer uma pilhéria com o belo poema de Bandeira. Quando terminou, não era mais o príncipe Jorge de Lima, era apenas um poeta. A brincadeira custara-lhe a coroa que lhe dera "O acendedor de lampiões", o seu soneto de dó de peito, para quem Osório Duque Estrada andou marcando lugar nas antologias.

No drama de Gheon o ator pagão, de tão forte fazer o santo, virou santo também. Em Jorge de Lima foi um poeta que saiu do *pastiche* que ele quisera compor. É verdade que em ambos havia qualquer coisa escondida esperando a hora da realização. Não sei se a minha literaturazinha pegou bem o caso. O que sei é que a coisa é verdadeira. Jorge de Lima não é hoje o poeta que é porque quisesse sê-lo. Isto que não. Ele é porque, sem mesmo procurar, chegou aonde está. Ninguém em poesia diz a outro: — "Eu vou fazer a *Ilíada*, ou um poema à Bahia". O poema é que entra dentro do poeta e o domina. Ou ele escreve ou perde o poema.

Verifica-se o mesmo com essa história de poesia modernista no Brasil. Vemos todo dia um novo gritando: — "Eu vou fazer a poesia nova de meu país". A gente vai atrás do ruído, e não encontra nada. Não se descobre poesia, como se fosse fórmula de remédio, com esforço de paciência. Ela tem de vir pelas suas próprias forças.

Aquela receita de Pascal, que em fé é de tão ativa expressão, parece que não se fez para negócios de arte. Em poesia a graça tem de chegar como em São Genés, que sem procurar se situou na mais viva realidade. Ela não faz barulho para conquistar, tem os passos mansinhos de ladrão imperceptível do verso de Claudel. Foi por isso que o Sr. Sérgio Buarque de Holanda, agudo como o diabo, disse uma vez que essa história de arte brasileira "não nascerá da nossa vontade, surgirá muito mais provavelmente da nossa indiferença".

Sérgio Buarque quis com isso tocar no esforço e messianismo de certa gente que a toda a força procura criar uma arte nacional, como se fosse tão fácil criar uma arte.

Daí o ridículo que tem seguido Graça Aranha nesses últimos tempos. O homem vinha da Europa com uma invenção prodigiosa. Ele queria provocar uma arte brasileira por processos de chocadeira mecânica. E foi aquele monstro do "dinamismo cósmico" que nasceu.

Aí Sérgio Buarque de Holanda pensou bem.

....
....

É portanto de nossa indiferença que vem surgindo o que se chamará um dia de arte brasileira. Ela provavelmente não virá dos discursos às estrelas do Sr. Plínio Salgado nem tampouco dos saltinhos à Piolim do muito talentoso Oswald de Andrade.

Para o Sr. Jorge de Lima, o seu caderno de poesias não terá nascido para mudar o curso de alguma coisa.

Os seus versos não trazem dístico na testa: "Eu sou a força nova, Pau-Brasil, Verde e Amarelo, Anta". E tudo isso que entre nós tem sido, de quando em vez, sacudido, de delicioso ridículo. De uma hora para outra Menotti Del Picchia faz ver ao mundo: — "Eu sou um moderno, deixei Júlio Dantas"; e lá vem com "chuvas de pedra" por cima da gente, sem deixar, porém, de reeditar em edições de luxo alexandrinos onde as marcas de Dantas aparecem como um retrato fiel.

Nessa gente opera-se uma modernização de superfície.

Uma vez Raymond Radiguet sem querer disse uma coisa muito profunda: "L'amour est comme la poésie, que tous les amants, même les plus médiocres, s'imaginent qu'ils innovent". Não há namorado, por mais insignificante, que não imagine o seu caso o mais curioso de todos. E pensam que para o seu amor o mundo tem os olhos virados. Em poesia é o mesmo. Os mais vulgares versejadores julgam criar sempre uma coisa nova, uma coisa muito séria. O que tem posto Ronald de Carvalho um bocado fora de si é essa obcecação de com a ponta do pé querer descobrir caminhos nunca vistos, deixando-nos porém a impressão dum Colombo que vai à aventura com apontamentos de *baedeker*.

No poeta destes poemas essa ânsia de novidade está sempre neutralizada por aquilo que Joseph Conrad chamava de "justo sentimento da sinceridade". A sua poesia tem mesmo o ar duma coisa íntima, daquilo que não foi feito "pour épater". Em Jorge de Lima a poesia não é uma atitude, uma parada de convicções. É mais a sua amante que a sua servente. E para um amante se tem sempre o coração pronto para tudo. O seu livro tem muito do entusiasmo e das ingenuidades dos amantes que só olham o seu amor e que só vivem para ele. Muita vez os que estão de fora riem ao que pode levar um amor desta ordem. É que estes não se estão queimando com aquele fogo que é o melhor deleite dos sentidos. E nunca poderão sentir a doce meninice que há em tudo isto, os entusiasmos fáceis e o fresco mundo de primitividade a que retorna o apaixonado. E ficam mesmo de uma cândida ingenuidade os homens que amam assim. Não daquela ingenuidade que no Rio de Janeiro entrou a ser chique. Homens como o Sr. Álvaro Moreyra, que faziam livros cheios da mais cinzenta amargura, onde as mulheres eram requintes de vícios elegantes e os homens davam sempre a impressão de botar uma bala na cabeça no dia seguinte, de tanto cansaço de viver, de uma hora para outra surgem na Avenida, de roupinha curta de marujo, gorro com fitinhas pendidas, puxando trens de flandres pelos passeios. Era que o doloroso tinha virado menino.

A moda tem dessas exigências curiosas, e sobretudo para um homem que pôs a sua literatura a serviço dos magazines de elegâncias.

Em um ensaio muito agudo sobre Manuel Bandeira, ainda inédito, Olívio Montenegro pegou tudo isso com rara felicidade: "É fácil a criança imitar o homem e ficar criança; mas é difícil o homem imitar a criança e ficar homem. Fica um monstro de ridículo, se não tem uma alma de criança, com os poderes espontâneos e vivos de imaginação e de movimento que ela tem".

É com esses poderes vivos de imaginação e movimento que estão feitos muitos dos poemas de Jorge de Lima. Os seus versos têm essa vida das coisas que vêm mais das forças virgens da intuição que de um duro labor de reflexão; mas que nos fazem pensar, que nos levam ao mais profundo de nós mesmos por outros caminhos que os da lógica, por intermédio daquilo que Conventry Patmore diria que era mais inteligente que o entendimento.

É assim o "Mundo do menino impossível". Ali tudo é duma doce simplicidade, duma completa liberdade de movimentos. O poema nos toma todo numa sorte de melancolia. A gente fica triste, duma tristeza gostosa, com o poema. É porque ele é essencialmente um poema, uma verdadeira criação poética. Não tem gritos e exclamações, não traz emboscadas sentimentais para fazer correr lágrimas, nem lances dramáticos de homens que chegam em casa e encontram "a mulher como doida e a filha morta". O anedótico nele não toma lugar à poesia, o interesse dramático não substitui a emoção lírica. São dos mais belos versos que a gente pode ler em português. E poucas vezes me senti tão bem como dentro desse "Mundo do menino impossível". É assim a "Boneca de pano", são assim quase todos os seus poemas.

Outra coisa a notar no Sr. Jorge de Lima é o muito do Nordeste que ele pôs nos seus versos. Eu poderia dizer que com esse seu caderno de poemas o Nordeste teve o seu primeiro livro de poesia. De tudo que há entre nós de pitoresco e de vivo o Sr. Jorge de Lima procurou tirar vida para os seus poemas. Diferente dum artista que viesse de fora observar ou dos amadores de exotismo que vão à terra dos outros como aqueles don-juans de cidade de que fala o Sr. Morais Coutinho.

É vinda de dentro da terra, da vida sentimental do Nordeste, a maior parte dos poemas desse caderno. Quem os escreveu fez como um desterrado que a saudade conduziu ao retorno e que voltasse com todos os sentidos atacados de fome. E se encontra o Nordeste por toda a parte em seus poemas. O Nordeste dos cangaceiros, do rio de São Francisco, de Lampião, do Padre Cícero, da G. W. B. R., dos engenhos bangüês, das procissões, das bonecas de pano que se vendem nas feiras, de toda a sentimentalidade tão característica de nossa gente. É ainda no caráter puramente regionalista de sua poesia que se distingue o Sr. Jorge de Lima. Porque o seu regionalismo não é um limite à sua emoção e não tem por outra parte o caráter de partido político daquele que rapazes de São Paulo oferecem ao país com as insistências de anúncio de remédio. O regionalismo do jovem poeta de Alagoas é a sua emoção mais que a sua ideologia. O Nordeste não vem em sua poesia como um tema ou uma imposição doutrinária, vem como a expressão lírica de um nordestino evocar a sua terra. Não é uma coisa de fora para dentro; mas de dentro para fora. E se sente mesmo o Nordeste no Sr. Jorge de Lima, no que ele tem de nos encantar e de nos comover. No seu catolicismo pervertido de superstições que é uma verdadeira obra de imaginação. Seria um picante ensaio por escrever-se, sobre o catolicismo que o nordestino encheu de notas tão pessoais nas novenas, nos terços, nas procissões de mato, nos quartos de defunto, nas pagas de promessa, e em tantos outros atos que dizem fortemente duma gente crédula em que as forças de criação acusam uma admirável riqueza.

A poesia do poeta alagoano deixa sentir que no fundo de sua alma ficou alguma coisa das pretas amas que cercaram seu berço. Essas negras "Guilherminas" não são só responsáveis pelo leite que nos deram a mamar. Com o seu rico e doce leite elas deixaram por dentro de nós restos de seus medos e devoções. Dessas devoções e desses medos o Sr. Jorge de Lima não se envergonha. Os seus poemas não se importam com os "finos" que olham essas coisas com risozinhos de debique, os que, no entanto, dão as mãos a ler a professores de ciências ocultas.

Em um de seus *Estudos* o Sr. Tristão de Athayde fala dum classicismo brasileiro que está mais com os que chama de moderno que com os de outro lado. E lembra Antonio Sardinha, que no romantismo português via para Portugal o que Maurras com a tradição greco-romana procurava para a França: a "reintegração em si mesmo". Para nós, diz o Sr. Athayde, "só o nativo é clássico"; da mesma forma que para Portugal só o espírito romântico é clássico e para a França a tradição greco-romana. No sentido em que Whitman é um clássico da Norte-América e Antônio Nobre é mais clássico português que Antônio Feliciano de Castilho. É preciso compreender que se toma aqui o clássico no sentido vivo, no sentido psicológico, interior, de uma coisa que não é apenas ordem gramatical e redondo acadêmico.

De fato que não são os coletes traspassados do Sr. Laudelino Freire e as vulgaridades em ordem inversa do Sr. Alberto de Oliveira que trarão espírito clássico brasileiro, o nosso espírito de ordem. Este está mais com Manuel Bandeira, que é um puro lírico, que com toda a saúde vegetal do Sr. Luís Carlos.

Basta saber qual dos dois está mais com a sensibilidade de sua raça, mais em contato com a realidade.

Chega-se assim a esta conclusão: Alberto de Oliveira é que é o revolucionário de nossas letras: e o que se está fazendo contra ele é apenas uma contra-revolução para reintegrar o Brasil em si mesmo. É uma espécie de luta contra os nossos pais em benefício de um patrimônio que eles estavam botando a perder. Brigar com os nossos pais, como queria Péguy, para salvar o que deixaram os nossos avós.

Agora, essa contra-revolução não se fará com caçadas

espetaculosas de papagaios e outras escamoteações parnasianas dos Srs. Menotti e Cassiano Ricardo.

Acabemos com os discursos e com os teoremas, senhores oradores de Anta e etc. Vocês podem encher a cabeça de um Martins Fontes das mais puras idéias de nativismo e ensinar ao homem a fazer versos sem pontos, sem vírgulas. Pois bem, depois de tudo, sem os pontos, sem as vírgulas, com todas as idéias de nativismo, Martins Fontes, quando pegar na pena para escrever, não fará outra coisa que a sua cacete eloqüência do *Verão*.

E por outro lado Manuel Bandeira, dentro de toda a métrica, de todas as disciplinas exteriores, pode fazer em um soneto bem boa poesia.

No Sr. Jorge de Lima, como em Manuel Bandeira, a poesia vive bulindo por todo o seu corpo. É o órgão de sua vida interior, o caminho natural de seus sentidos tomarem a palavra.

Daí a pouca importância que tem para Jorge de Lima essa história de pontos e de vírgulas com que alguns modernos brasileiros limitaram as suas criações de renovadores. E gritam para todos os lados:

— "Nós somos modernos."

Igual a isso só aquele ator da anedota que, levantando a espada, berrava: — "Nós os cavaleiros da idade média..." (Essa imagem a propósito de modernos é de Jean Cocteau. Outro dia Agrippino Grieco aproveitou-se dela, nas mesmas circunstâncias de Cocteau, sem se lembrar de que existem aspas.)

A convenção modernista, porém, não arrastou o Sr. Jorge de Lima ao verso livre.

Essa conquista veio-lhe como uma necessidade de bons ares para a saúde.

A poesia foi quem o levou a isso.

Aos seus poemas ele deixou que vivessem à vontade. Fugiu de os ajustar aos seus preconceitos de antigamente, ou de os compor assim para não ficar atrás, como certos sujeitos, sempre preocupados em tomarem a hora certa os trens que levam à notoriedade e à voga.

Gordos e Magros — Ensaios, Rio de Janeiro, Casa do Estudante do Brasil, 1942.

FOGO MORTO

O romance se apresenta dividido em três partes. Na primeira, "O mestre José Amaro", o A. ressalta o destino e o drama humano deste personagem, orgulhoso da sua categoria de artesão, no exercício de uma profissão independente, passada de pai para filho. Acatado pelos poderosos, é também louvado pelas qualidades de seu trabalho. Mas no caso, mestre José Amaro luta contra o senhor de engenho e alimenta um desespero surdo de quem é afrontado, enquanto sofre com a loucura progressiva da filha e a maledicência do meio. Na segunda parte, lemos a história do engenho Santa Fé, o seu nascimento, esplendor e morte. Construído por um sertanejo de têmpera, o capitão Tomás, é passado por herança para o seu genro, Luís César de Holanda Chacon — o coronel Lula, expressão de requintes de fidalguia e autoridade arbitrária e perversa nos seus domínios, que se despovoam com a libertação dos escravos. Também dominado por imenso orgulho e alimentando um sentimento religioso exagerado, ele se fecha no mundo de sua memória, sem admitir a derrocada ou o fracasso. A terceira parte dá relevo a Vitorino Carneiro da

Cunha, o capitão Vitorino, ou o Papa-Rabo das chacotas da molecada dos engenhos e até dos maiores. É tido como uma espécie de paladino lunático, nas andanças de engenho para engenho, na sua incansável defesa dos injustiçados, grandes ou pequenos.

Essa divisão tripartida, contudo, se unifica pelas inter-relações humanas que se estabelecem, envolvendo análise de detalhes circunstanciais, para a visão sintética da paisagem física e humana na sub-região açucareira. Caracterizada em si mesma, ela é, ao mesmo tempo, condicionada por toda a realidade humana e social da região nordestina. É como se os seus limites se dilatassem e logo se retraíssem, com presenças interferentes de múltiplos valores, circunstâncias e reações, num momento agudo de redefinição da condição e do destino humano naquela paisagem. Convergem assim para este romance os componentes fundamentais de toda a obra regionalista do A., e não somente aqueles do "ciclo da cana-de-açúcar". Seus personagens se apresentam como expressão de todas as dimensões do homem nordestino, presos a raízes telúricas profundas, ao mesmo tempo num esforço dramático de libertação, para o reencontro de uma justa condição humana. Daí a multiplicidade de tipos e personagens, fortes, vigorosos, com uma realidade interior de grande densidade ou totalizando reações e aspirações coletivas: Vitorino Carneiro da Cunha, mestre José Amaro, Lula de Holanda, Tenente Maurício, Antônio Silvino — o famigerado cangaceiro nordestino —, José Passarinho, o cego Torquato.

TERCEIRA PARTE

Capitão Vitorino

IV

Nunca mais que o cabriolé de seu Lula enchesse as estradas com a música de suas campainhas. A família do Santa Fé não ia mais à missa aos domingos. A princípio correra que era doença no velho. Depois inventaram que o carro não podia mais rodar, de podre que estava. Os cavalos não agüentavam mais com o peso do corpo. Na casa-grande do engenho do capitão Tomás a tristeza e o desânimo haviam tomado conta até de D. Amélia. Não tinha coragem de sair de casa com aquela afronta, ali a dois passos, com um morador atrevido sem levar em conta as ordens do senhor de engenho. Todos na várzea se acovardavam com as ordens do cangaceiro. O governo mandava tropa que maltratava o povo, e a força do bandido não se abalava. Pobre de seu marido, que não pudera contar com a ajuda dos outros proprietários. Estivera no Santa Rosa e o conselho que lhe deram fora para que não tomasse providência nenhuma perante as autoridades. Todos temiam as represálias. Lula não lhe dizia nada, mas só aquilo de não querer mais botar a cabeça de fora, de fugir até das obrigações de sua devoção, dizia da mágoa que lhe andava na alma. Não lhe tocara no assunto, mas teve vontade de tomar o trem e ir valer-se do Presidente. Não faria isto para não humilhá-lo. Era o fim que ela não esperava que chegasse assim. O engenho se arrastava na safra de quase nada. Mas ainda moía. O marido um dia chamou-a:

— Amélia, tenho ainda umas moedas, hein? Vai à Paraíba e troca isto com o Mendes.

Era o resto do ouro do seu pai. Há anos que viviam trocando aquelas moedas que o velho Tomás guardara, com tanta usura. Ouro que seria para a educação dos filhos. Às vezes imaginava que estavam no mundo pagando os pecados de sua gente. Quantas ocasiões não ouvira falar na crueldade do seu povo do Ingá. O velho Cabral, dono de centenas de negros, mandando na vida de seus escravos como em bichos. Seria uma determinação de Deus? Via Lula tão cheio de fé, tão crente na proteção divina, que se sentia mais segura dos seus destinos. Mas a vergonha que devia existir no velho orgulhoso não tinha tamanho. A terra era sua, senhor de terra que ele não podia ordenar como quisesse. O negro Floripes não saía dos pés do senhor. Era uma dedicação de cachorro fiel. Algumas vezes, quando o negro chegava do Pilar, ouvia-o a falar com o marido. Era uma conversa, em voz baixa, que a deixava intranquila. Depois, toda a noite nas orações do oratório, a voz de Lula puxava a reza num tom de humildade que não era o seu. Mas, de repente, aquela voz mansa crescia, subia, tornava-se agressiva, e era outra vez o dono de negros mandando surrar, a áspera voz do senhor que ela não tolerava. O negro Floripes acompanhava tudo, mansinho, dócil, de olhos no chão, de mãos nos peitos. D. Amélia via que o marido se acabava, destruía-se. Como naqueles dias que chegavam após os ataques, ficava ele, no quarto, numa sonolência de caduco. Não tinha idade para isto. De súbito, porém, tudo aquilo se mudava num furacão que não durava cinco minutos. Seu Lula gritava dentro de casa como se estivesse em luta com inimigos que lhe enchessem o quarto. D. Olívia, naqueles dias, largava as suas gargalhadas. E gritava também. Por um instante a silenciosa casa-grande do Santa Fé parecia agitada de paixões de gente desesperada. Passava tudo, e outra vez o silêncio tomava conta dos quatro cantos da sala e dos corredores. Seu Lula refugiava-se na rede. D. Olívia continuava a andar de um lado para outro. E lá por fora Deus dava força à terra parada, aos matos que cobriam as várzeas, à vegetação grossa das capoeiras. O povo que passava por ali lamentava tamanho paradeiro. Um dia apareceu um sujeito bem montado, com arreios finos, e vestido de grande. Era um catingueiro de Caldeirão que soubera que o engenho estava à venda, e vinha saber das condições. Seu Lula quase que não ouvia o que o homem falava. D. Amélia apareceu, então, para conversar. Não havia engenho nenhum à venda. Foi quando o marido perguntou, como se tivesse acordado:

— Como? O que foi, hein, Amélia?

— Este senhor está aí porque soube que o Santa Fé estava à venda.

— Como! Quem lhe disse isto?

O homem desculpou-se, e continuou a falar. Tinha vontade de comprar terra na várzea. Aquilo é que era terra! E havia sabido que o Santa Fé estava quase sem safrejar e por isto se botara para falar do assunto. Pedia desculpa, e ia se retirar, quando seu Lula lhe falou em voz alta:

— Sim senhor, vou sair daqui para o cemitério, hein pode dizer por toda a parte.

— Não estou aqui, Coronel, para aborrecer.

— Hein, Amélia, veio aqui comprar o engenho do teu pai.

Lá dentro D. Olívia gritava:

— Velho, estou cosendo a tua mortalha.

O homem parecia assustado. Levantou-se. Seu Lula trêmulo:

— Pode dizer ao José Paulino que não vendo coisa nenhuma.

— Coronel, não estou aqui para levar recado.

D. Amélia conciliava:

— É verdade. O sr. não leve a mal.

— Hein, Amélia, quer comprar o engenho do teu pai.

O homem já estava na calçada, e seu Lula ainda falava aos berros:

— Estão enganados. Fico no engenho. Não é, Amélia?

— Cala a boca, velho — gritava D. Olívia — cala a boca, velho.

Tudo se calara e D. Amélia parecia que havia saído de um sonho. Agora, a casa silenciava. Neném estava no jardim, e na cozinha a cozinheira cantarolava baixo. D. Olívia conversava em surdina. O velho recolhera-se ao quarto. A senhora de engenho botou a cabeça na janela do oitão, e viu a filha cortando os galhos das roseiras. A tarde macia com céu azul, e o sol morno cobrindo a verdura da várzea. O gado do engenho vinha chegando para o curral. Pobre gado, meia dúzia de reses. O moleque que o pastoreava gritava para os bois velhos. Naquele silêncio, naquela tarde tão calma, D. Amélia via que nada mais podia fazer. Ficou ali até que as sombras fossem tomando conta das coisas. A noite começava a cobrir tudo. Bom que tudo nunca mais voltasse a lhe aparecer com aquelas cores que foram de outros tempos. No colégio, lembrava-se do Santa Fé, e vinham lágrimas aos seus olhos de menina saudosa de seus cantos queridos. Tudo de lá tinha tanto agrado para ela! A mãe, o pai, Olívia menina. Aquelas saudades doíam-lhe. Foi acender o candeeiro da sala de jantar. E quando trepou na cadeira para cortar o pavio, viu na porta da frente uns homens parados na calçada. Acendeu a luz e saiu pra saber o que era aquilo. Ouviu então o grito de Floripes, um grito de desespero. Seu Lula levantou-se para ver o que era.

— O que é isto, hein? O que é isto, hein?
Uma voz forte respondeu lá de fora:
— Não é nada, Coronel. O negro está assombrado.
Era o capitão Antônio Silvino no Santa Fé. Os cangaceiros cercaram a casa e o negro Floripes, amarrado, chorava de medo.
— Cala a boca, negro mofino, gritou o chefe.
— Hein, Amélia, quem é que está aí?
— Não é o tenente Maurício não, Coronel, pode ficar sem susto. Mande acender as luzes da casa, Coronel.
Seu Lula abriu a porta da frente, e D. Amélia acendeu o candeeiro da sala de visita. Entrou na sala o capitão Antônio Silvino, de peito coberto de medalhas, de anéis nos dedos, de rifle pequeno na mão, e o punhal atravessado na cintura. Os cabras ficaram na porta.
— Meninos, vigiem isto por aí.
O capitão olhou para a sala bonita, para os quadros da parede, para o piano estendido como morto.
— O Coronel tem uma casa de primeira.
O velho acordara para sentir o perigo. O negro Floripes chorava.
— Manda este negro parar com isto, senão vai se calar de uma vez.
— Capitão, eu peço ao sr. para não matar o negro — falou D. Amélia.
— Minha senhora, eu não ando acabando com o mundo não. Não sou o tenente Maurício.
— Eu sei, capitão.
— Como foi, Amélia, hein, o que quer ele?
— Tenho nome, Coronel, tenho nome. Estou aqui para fazer boa paz.

Já estava sentado no marquesão. O piano ficava bem defronte do chefe. D. Olívia começou a gritar.
— O que há lá dentro?
— Não é nada não, capitão. É uma irmã doente.
Alguns dos cangaceiros estavam aboletados nas cadeiras da sala. E o capitão falou:
— Coronel, como eu disse, estou em boa paz. Não ando matando e esfolando como os mata-cachorros. Agora quero também que me ajude. Eu mandei uma carta ao sr. para lhe pedir proteção para um morador seu. Vejo que o sr. deixou o homem onde estava! Nele não se bole. Homem que merece a minha proteção eu protejo mesmo. Protejo na ponta do punhal, na boca do rifle. Isto, felizmente, o Coronel sabe.
Seu Lula ouvia a fala pausada do homem, branco, de bigodes pretos, de cara rude.
— Tenho esses meninos comigo. É uma rapaziada de bom proceder. Só dou fogo onde é preciso dar fogo. Agora, inimigo é inimigo.
D. Amélia, pálida:
— O capitão não come nada?
— Eu agradeço, minha senhora.
E voltando-se para o velho:
— Coronel, eu sei que o sr. tem muito dinheiro.
— Como?
— Não é preciso esconder leite, Coronel. O dinheiro é seu. Mas para que esconder?
— Capitão, aqui nesta casa não há riqueza.
— Minha senhora, eu sei que tem. Soube até que muita moeda de ouro. Eu vim buscar um pedaço para mim. É verdade, tenho aí estes meninos que preciso contentar.
— Capitão, não há ouro nenhum.
— O velho sabe onde tem a botija.

— Como?
— Como o quê?
Os cangaceiros se riram.
— Velho, eu não sou homem para marmota. Estou aqui na boa paz. Faço tudo no manso.
— Mas, capitão...
— Minha senhora, mulher velha eu sempre respeito. Minha mãe sempre me dizia: toma cuidado com mulher velha. Eu estou falando com o Coronel. E ele parece que não me dá ouvido.

Seu Lula, abatido, olhava para o capitão como se quisesse dizer alguma coisa e não atinasse:
— Capitão, nada tenho.
— Eu sei que tem. Ouro há nesta casa. Eu até quero sair daqui amigo de todos. Lá em Vitória tinha um senhor de engenho com botija, e eu dei um jeito que fez gosto. O bicho, na primeira cipoada, contou tudo.
— Capitão, eu lhe peço pela Virgem Nossa Senhora. Não temos ouro enterrado.
— Minha senhora, eu já disse, o meu negócio é com o velho. Eu não faço mal a ninguém. Agora, ninguém me engana.
— Como?
— Velho, não me venha com partes de doido que não me pega. Eu quero o dinheiro de ouro.
— Capitão, eu já lhe disse, isto tudo é invenção do povo.
— Minha senhora, eu sei como é tudo isto. A D. Inês do safado do Quinca Napoleão também dizia a mesma coisa, e eu soube que me enganaram. Daqui desta casa eu saio hoje com o ouro enterrado.

O velho Lula continuava parado, indiferente à arrogância do homem. D. Amélia avaliava o perigo que corriam.

Neném escondida no quarto e D. Olívia, aos gritos, falando para o pai:

— Velho, vai para o inferno.

O capitão, então, gritou:

— Meninos, o povo desta casa está mesmo escondendo leite. Aqui a coisa tem que sair à força. Godói, pega o velho.

D. Amélia correu para os pés do capitão.

— Pela Santa Virgem, não faça uma coisa desta.

— Pega o velho, Godói.

Levaram seu Lula que começou a tremer, os olhos vidrados. O cangaceiro soltou-o, e o corpo do Coronel estendeu-se no chão, batendo com uma fúria desesperada. Os cangaceiros cercaram para ver o ataque. D. Amélia abraçou-se com o marido. Durava o acesso. Os homens ficaram um instante sérios. Depois o chefe deu as ordens.

— Vamos cascavilhar tudo isso.

Estendido no marquesão, o senhor do engenho arquejava. A mulher perto dele chorava, enquanto os cabras já estavam no quarto rebulindo em tudo. Foi quando se ouviu um grito que vinha de fora. Apareceu o velho Vitorino, acompanhado de um cangaceiro.

— Capitão, este velho apareceu na estrada, dizendo que queria falar com o senhor.

— Quem é você, velho?

— Vitorino Carneiro da Cunha, um criado às ordens.

— E o que quer de mim?

— Que respeite os homens de bem.

— Não estou aqui para ouvir lorotas.

— Não sou loroteiro. O capitão Vitorino Carneiro da Cunha não tem medo de ninguém. Isto que estou dizendo ao sr. disse na focinheira do tenente Maurício.

— O que é que quer este velho?

— Tenho nome, capitão, fui batizado.
— Deixa de prosa.
— Estou falando como homem. Isto que o sr. está fazendo com o Coronel Lula de Holanda é uma miséria.
— Cala a boca, velho.

Um cangaceiro chegou-se para perto de Vitorino.

— Olha, menino, estou falando com o teu chefe. Ainda não cheguei na cozinha.
— Deixa ele comigo, Beija-Flor.
— O que eu lhe digo, capitão Antônio Silvino, é o que digo a todo mundo. Eu, Vitorino Carneiro da Cunha, não me assusto com ninguém.
— Pára com isto, senão eu te mando dar um ensino, velho besta.
— Tenho nome. Sou inimigo político do Coronel Lula, mas estou com ele.
— Está com ele? Pega este velho, Cobra Verde.

Vitorino fez sinal de puxar o punhal, encostou-se na parede e gritou para o cangaceiro:

— Venha devagar.

Uma coronhada de rifle na cabeça botou-o no chão, como um fardo.

— Puxa este bicho lá para fora.

Seu Lula parecia morto, estendido no marquesão. Os cabras cascavilhavam pelos quatro cantos da casa.

— É capaz de estar aí dentro.

E apontou para o piano.

— Velha, como é que se abre este bicho?

D. Amélia levantou-se para erguer a tampa do piano. O chefe olhou para o marfim encardido, olhou para as teclas.

— Este bicho ainda toca? Toca uma coisinha para a

gente ouvir. Onde está a moça da casa para tocar? Velha toca um baiano.

D. Amélia sentou-se no tamborete.

— Velha, toca um baiano.

As mãos finas de D. Amélia bateram no teclado. Um som rouco encheu a casa. E uma valsa triste começou a sair dos dedos nervosos de D. Amélia. Os cangaceiros pararam para ouvir. A música triste, dolente, tropeçava de quando em vez na memória de D. Amélia, mas rompia a dificuldade e espalhava-se pela sala. Vitorino, lá de fora, gritava:

— Estes bandidos me pagam.

A valsa continuava, entretendo o bando que olhava o piano. Quando parou, o capitão disse:

— Cobra Verde, manda aquele velho se calar.

Com pouco ouviu-se um gemido de dor.

— Pára, Cobra Verde. Deixe este peste gemer.

Tinham arrancado os tijolos do quarto de seu Lula. E nada de aparecer o ouro enterrado. O velho, estendido, acordara do seu torpor e o capitão chegou-se para perto:

— Velho, acaba com esta história de ataque. Eu não estou para perder meu tempo.

Era como se não falasse com ninguém. Um silêncio de morte encheu a sala.

— Esta desgraça só fala mesmo na ponta do punhal.

Outra vez D. Amélia ajoelhou-se aos pés do cangaceiro.

— Pela Virgem Maria, Capitão, eu lhe dou as minhas jóias e as de minha filha.

— Nada, velha, eu quero é a botija enterrada. Este velho está pensando que eu sou de brincadeira.

Lá fora Vitorino parou de gemer. D. Olívia cantava:

— Serra, serra, serrador, serra a madeira de Nosso Senhor.

— Capitão, é capaz do dinheiro estar escondido no instrumento.
— É verdade. Vire o bicho de papo para cima.
Estenderam no meio da sala o piano de cauda que o capitão Tomás trouxera do Recife. Parecia um grande animal morto, com os pés para o ar. Um cangaceiro de rifle quebrou a madeira seca, como se arrebentasse um esqueleto.
Tiraram os quadros das paredes.
— É capaz de ter dinheiro guardado em quadros com segredos.
Mas quando ia mais adiantada a destruição das grandezas do Santa Fé, parou um cavaleiro na porta. Os cangaceiros pegaram os rifles. Era o Coronel José Paulino, do Santa Rosa. O chefe chegou na porta.
— Boa noite, Coronel.
— Boa noite, Capitão. Soube que estava aqui no engenho do meu amigo Lula e vim até cá.
E olhando para o piano, os quadros, a desordem de tudo:
— Capitão, aqui estou para saber o que quer o senhor do Lula de Holanda.
E vendo D. Amélia aos soluços, e o velho estendido no marquesão:
— Quer dinheiro, Capitão?
A figura do Coronel José Paulino encheu a sala de respeito.
— Coronel, este velho se negou ao meu pedido. Eu sabia que ele guardava muito ouro velho, dos antigos, e vim pedir com todo o jeito. Negou tudo.
— Capitão, me desculpe, mas esta história de ouro é conversa do povo. O meu vizinho não tem nada. Soube que

o sr. estava aqui e aqui estou para receber as suas ordens. Se é dinheiro que quer, eu tenho pouco, mas posso servir.

Vitorino apareceu na porta. Corria sangue de sua cabeça branca.

— Estes bandidos me pagam.

— Cala a boca, velho malcriado. Pega este velho, Cobra Verde.

— Capitão, o meu primo Vitorino não é homem de regular. O senhor não deve dar ouvido ao que ele diz.

— Não regula, coisa nenhuma. Vocês dão proteção a estes bandidos e é isto o que eles fazem com os homens de bem.

D. Olívia gritava:

— Ah, Madalena, traz água para lavar os meus pés.

— Coronel, eu me retiro. Aqui eu não vim com o intento de roubar ninguém. Vim pedir. O velho negou o corpo.

— Pois eu lhe agradeço, capitão.

A noite já ia alta. Os cangaceiros se alinharam na porta. Vitorino, quase que se arrastando, chegou-se para o chefe e lhe disse:

— Capitão Antônio Silvino, o sr. sempre foi da estima do povo. Mas deste jeito se desgraça. Atacar um engenho como este do Coronel Lula, é mesmo que dar surra num cego.

— Cala a boca, velho.

— Esta que está aqui só se cala com a morte.

Quase que não podia falar. E quando os cabras se foram, o Coronel José Paulino voltou para a sala para confortar os vizinhos. D. Amélia chorava como uma menina. Toda a casa-grande do Santa Fé parecia revolvida por um furacão. Só o quarto dos santos estava como dantes. A lâmpada de azeite iluminava os santos quietos. O negro Floripes chegara-se para rezar. Seu Lula, como um defunto, tinha os braços cruzados no peito. Tudo era de fazer dó. Os galos começaram a cantar. A madrugada insinuava-se no vermelho da barra. Um trem de carga apitou de muito longe. O bueiro surgia da névoa branca, e se podiam ver ainda no céu as últimas estrelas que se apagavam.

— Amélia, quem está aí?

O Coronel José Paulino entrou para falar com o amigo. E Vitorino, sentado no batente da casa-grande, lavava, numa bacia que Neném lhe trouxera, a ferida da cabeça.

— Bandidos, dizia ele, pensavam que me rebaixavam. Não há poder no mundo que me amedronte.

Agora já tinha chegado gente. O dia clareava a desgraça da sala revolta. O Coronel José Paulino despediu-se dos amigos e preparava-se para sair.

— Vitorino, vamos para casa.

— Está muito enganado. Daqui saio para a estação. Vou telegrafar ao Presidente para lhe contar esta miséria. O Rego Barros vai saber disto. Este merda do Antônio Silvino pensava que me fazia correr. De tudo isto, o culpado é você mesmo. Deram gás a este bandido. Está aí. Um homem como Lula de Holanda desfeiteado como um camumbembe. Eu não tenho dinheiro na burra, sou pobre, mas um cachorro deste não pisa nos meus calos.

Outros senhores de engenho foram chegando. O Santa Fé recebia visitas de todos os cantos da várzea. Correra a notícia. D. Amélia dava café aos vizinhos, e os móveis da sala, o piano, os quadros voltaram para os lugares antigos. Seu Lula, estendido no marquesão, não dava sinal de vida. Era como se dormisse um sono profundo. Vitorino falava pelos cotovelos. Não tinha medo de brabo. O bandido ouvira dele o que não esperava. A manhã espelhava-se nas terras verdes do Santa Fé. Aos poucos foi voltando a paz ao engenho ofendido. As visitas se foram. D. Amélia cuidava de arranjar as coisas.

— Amélia, quem está aí?

O marido voltava do sono, e depois caía outra vez na inconsciência. Chegaram mulheres dos moradores, pobres mulheres que não tinham palavras que consolassem. D. Olívia gritava. Vitorino, banhado em sangue, saíra de estrada a fora, com destino à estação. Telegrafaria pedindo providências. Homem como Lula de Holanda não podia sofrer uma desfeita daquela. Ele, Vitorino, não faria como José Paulino, que viera pedir ao bandido um favor. Não, ele não se dobrava. E no passo bambo da burra foi andando. Agitava a tabica no ar. Falava sozinho. O filho se fora para o Rio. A velha ficara com ele. Não pedira para que ficasse. Ele não precisava de ninguém para ser o que era.

Se não quisera acompanhar o filho, não se queixasse dele. Ainda minavam de sua cabeça gotas de sangue que não estancara de todo. Molhara a sua camisa branca, sujara o seu paletó de alpaca. Os pássaros cantavam nas cajazeiras. O sol que cobria a estrada chegava coado pelas folhas verdes. Era um sol brando, amaciado pelas folhas que o vento agitava. O capitão Vitorino Carneiro da Cunha tinha cinco mil-réis no bolso. Daria para o seu telegrama de protesto. O que mandaria dizer ao Presidente? O que mandaria dizer ao Coronel Rego Barros? E as palavras se formavam na sua cabeça. Em nome do povo do Pilar, em nome dos cidadãos honestos do município, pediria garantia aos poderes públicos. O Coronel lhe mandaria uma resposta que seria um brado de coragem. Vitorino Carneiro da Cunha não faria como o primo José Paulino que tolerava o bandido. Podia o seu sangue correr, podiam arrancar-lhe a vida. Era homem para sustentar as suas opiniões, para enfrentar os perigos. A burra tropeçara num pau na estrada e quase que dava com ele no chão. Chegou-lhe as esporas:

— Vamos, burra mofina. A minha égua rudada nunca me fez uma coisa desta.

Nas estacas do cercado, bandos de periquitos gritavam em festa. Os partidos de Santa Rosa eram um mar de verdura. Gemia o canavial com a ventania. Vitorino ia atravessar o rio para pegar o caminho da estação. O céu azul cobria o homem que não temia os perigos, quando a sua burra cambou para a ladeira do rio, um grito estourou, quase que ao pé do seu ouvido:

— Papa-Rabo... Papa-Rabo...

Sacudiu a tabica no ar, mas não tinha força, a burra tropeçou na ladeira e deu com ele no chão. Uma gargalhada de moleques abafou o canto dos pássaros, a gritaria dos periquitos.

— Papa-Rabo... Papa-Rabo...

Romances reunidos e ilustrados —
vol. IV, Rio de Janeiro, José Olympio, 1961.

JORGE AMADO

Nasceu em Pirangi, Estado da Bahia, em 1912. Em Salvador, trabalhou na imprensa e estudou Direito. Transferiu-se para o Rio em 1931, ano em que se tornou conhecido com o romance O País do Carnaval. *A notoriedade veio com os dois seguintes,* Cacau *(1933) e* Suor *(1934). Militante de esquerda, participou do movimento de frente popular da Aliança Nacional Libertadora (1935) e foi detido em 1936 e 1937. De 1941 a 1943 morou em Buenos Aires, onde publicou a biografia de Prestes, e em 1945 foi eleito, em São Paulo, deputado federal. Em 1947, deixou novamente o País por alguns anos, morando na França, na União Soviética e nas Democracias Populares. Por essa altura já se tornara conhecido universalmente; e hoje os seus livros estão traduzidos para mais de trinta línguas. Obteve o Prêmio Stalin de Literatura e em 1959 foi eleito para a Academia Brasileira de Letras.*

A importância de Jorge Amado veio do caráter seco, participante e todavia lírico dos seus primeiros livros, que descrevem a miséria e a opressão do trabalhador rural e das classes populares. A partir de Jubiabá *(1935), o seu estilo se alia cada vez mais à poesia, que avassala* Mar Morto *(1936). Um dos traços característicos da sua maturidade foi a mistura de realismo e romantismo, de poesia e documento, voltando-se para os pobres, para a humanidade da gente de cor da sua terra, que apresenta com uma simpatia calorosa, um vivo senso do pi-*

toresco, e, sempre, um imperativo de justiça social sobrepairando a narrativa.

Em 1942 aparece o livro que para muitos é a sua obra-prima: Terras do Sem-Fim. *Nele, o caráter polêmico se amaina, graças à compreensão mais ampla dos motivos humanos, enquanto os veios poéticos banham uma descrição convincente da realidade.*

Em Seara Vermelha *(1946) abandona as regiões prediletas da sua imaginação (cidade do Salvador, zona cacaueira de Ilhéus) e aborda o problema dos retirantes do sertão, dando ao livro um cunho propagandístico algo trivial, que se acentua em* Os Subterrâneos da Liberdade *(1954), cujo assunto são as agitações políticas do decênio de 1930.*

No ano de 1958 surge um Jorge Amado literariamente refeito, em Grabriela, Cravo e Canela, *panorama humorístico de uma cidade, com um tom ameno e uma segurança de composição que, aliados à humanidade das personagens, lhe asseguraram o maior êxito editorial da literatura brasileira, repercutindo imediatamente no estrangeiro. Essa nova fase foi confirmada em 1961 pela publicação de duas novelas longas, sob o título de* Velhos Marinheiros, *nas quais o Autor, deixando a espontaneidade quase popular dos primórdios, busca um estilo de sabor clássico, para traduzir ironicamente o seu humor.*

A obra de Jorge Amado é dominada pelo impulso, sendo cheia de altos e baixos que revelam descuido de fatura, tanto na composição quanto no acabamento, prejudicando muitas vezes o efeito da sua capacidade fabuladora.

BIBLIOGRAFIA

DO AUTOR:

1. Cronologia:
a) Ficção: *O País do Carnaval,* 1931; *Cacau,* 1933; *Suor,* 1934; *Jubiabá,* 1935; *Mar Morto,* 1936; *Capitães de Areia,* 1937; *Terras do Sem-Fim,* 1942; *São Jorge dos Ilhéus,* 1944; *Seara Vermelha,* 1946; *Os Subterrâneos da Liberdade,* 3 vols., 1954; *Gabriela, Cravo e Canela,* 1958; *Velhos Marinheiros* (novelas), 1961; *Os Pastores da Noite,* 1964; "As Mortes e o Triunfo de Rosalinda", *in Os Dez Mandamentos,* 1965; *Dona Flor e seus dois maridos,* 1966.

b) Outros gêneros: *ABC de Castro Alves* (biografia lírica), 1941; *Vida de Luís Carlos Prestes, El Caballero de la Esperanza,* 1942 (edição brasileira posterior); *Bahia de Todos os Santos* (guia da cidade), 1945; *O Amor de Castro Alves,* mais tarde o *Amor do Soldado* (peça teatral), 1947; *O Mundo da Paz* (viagem).

2. Edição indicada: *Obras de Jorge Amado,* 19 tomos, São Paulo, Martins, s/d.

SOBRE O AUTOR:

Os estudos sobre a obra se encontram, na maioria, reunidos na publicação comemorativa: Jorge Amado, *Trinta Anos de Literatura,* São Paulo, Martins, s/d. (1961).

JUBIABÁ

É um romance algo tosco, narrando a vida de Antônio Balduíno (Baldo), órfão do morro, depois cria de casa abastada e, sucessivamente, vadio, lutador de boxe, trabalhador rural, atleta de circo, afinal operário. Os vários episódios, ligados pela figura central, vão mostrando o povo colorido da Bahia, destacando-se personagens pitorescos como o pai-de-santo Jubiabá, velho quase centenário que encarna a alma da sua raça e protege Antônio Balduíno. Este nutre a vida toda uma fixação amorosa pela filha dos benfeitores, Lindinalva, que deixa ainda adolescente e reencontra, muitos anos mais tarde, na maior degradação, depois de seduzida pelo advogado Barreiras. Balduíno assiste à sua morte e adota o seu filho. A intenção central do livro, além da visão romanesca da vida popular, é sugerir o lento amadurecimento do protagonista, rumo à consciência política. Dos trechos abaixo, o primeiro ilustra os aspectos "pitorescos"; o segundo, os aspectos sociais da obra de Jorge Amado. E ambos mostram a sua força descritiva e o seu senso de movimento, nos momentos felizes.

Macumba

Foi feito despacho de Exu, para que ele não viesse perturbar a boa marcha da festa. E Exu foi para muito longe, para Pernambuco ou para a África.

A noite caía pelos fundos das casas e era aquela noite calma e religiosa da Bahia de Todos os Santos. Da casa do pai-de-santo Jubiabá vinham sons de atabaque, agogô, chocalho, cabaça, sons misteriosos da macumba que se perdiam no pisca-pisca das estrelas, na noite silenciosa da cidade. Na porta, negras vendiam acarajé e abará.

E Exu, como tinham feito o seu despacho, foi perturbar outras festas mais longe, nos algodoais da Virgínia ou nos candomblés do morro da Favela.

Num canto, ao fundo da sala de barro batido, a orquestra tocava. Os sons dos instrumentos ressoavam monótonos dentro da cabeça dos assistentes. Música enervante, saudosa, música velha como a raça, que saía dos atabaques, agogôs, chocalhos, cabaças.

A assistência apertada em volta da sala, junto à parede, estava com os olhos fitos nos *ogans* que ficavam sentados em quadrado no meio da sala. Em torno dos *ogans* giravam as *feitas*. Os *ogans* são importantes, pois eles são sócios do candomblé e as *feitas* são as sacerdotisas, aquelas que podem receber o santo. Antônio Balduíno era *ogan*, Joaquim também, mas o Gordo ainda não o era e estava no meio da assistência, bem junto de um homem branco e magro, calvo, que espiava a cena muito atento, procurando acompanhar a música monótona com pancadas nos joelhos. Do outro lado um jovem negro de roupa azul estava envolvido pela música e pelos cânticos, esquecido de que tinha vindo observar. O resto da assistência era formado por homens pretos, homens mulatos, que se apertavam de encontro a negras gordas, vestidas com anáguas e camisas decotadas e colares no pescoço. As *feitas* dançavam lentamente, sacudindo o corpo.

De repente uma negra velha que estava encostada à parede da frente, perto do homem calvo, e que de há muito tremia nervosa com a música e com os cânticos, recebeu o santo. Foi levada para a camarinha. Mas como ela não era *feita na casa*, ficou lá até que o santo a abandonou e foi pegar uma negrinha moça que também entrou para o quarto das sacerdotisas.

O orixalá era Xangô, o deus do raio e do trovão, e como desta vez ele tinha pegado uma *feita*, a negrinha saiu da camarinha vestida com roupas do santo: vestido branco e contas brancas pintalgadas de vermelho, levando na mão um bastãozinho.

A mãe do terreiro puxou o cântico saudando o santo:

"— Edurô dèmin lonan ê yê!

A assistência cantou em coro:

"— A umbó k'ó wá jô!

E a mãe do terreiro estava dizendo no seu cântico nagô:

"— Abram alas para nós, que viemos dançar".

As *feitas* rodavam em torno dos *ogans* e a assistência reverenciava o santo pondo as mãos para ele, os braços em ângulos agudos, as palmas das mãos voltadas para o orixalá:

— Ôkê!

Todos gritavam:

— Ôkê! Ôkê!

Os negros, as negras, os mulatos, o homem calvo, o Gordo, o estudante, toda a assistência animava o santo:

— Ôkê! Ôkê!

Então o santo penetrou no meio das *feitas* e dançou também. O santo era Xangô, o deus do raio e do trovão, e trazia contas brancas pintalgadas de vermelho sobre o vestido branco. Veio e reverenciou Jubiabá que estava no meio dos *ogans* e era o maior de todos os pais-de-santo. Deu outra volta dançando e reverenciou o homem branco e calvo que estava ali por convite de Jubiabá. O santo reverenciava curvando-se três vezes diante da pessoa, depois a abraçava, apertando-lhe os ombros, e punha a cara ora de um lado ora de outro da do reverenciado.

A mãe do terreiro cantava agora:
"— Iya ri dé gbê ô
— Afi dé si ómón lôwô
— Afi ilé ké si ómón lérun
e ela estava dizendo que:
"— A mãe se enfeita de jóias.
— Enfeita de contas o pescoço dos filhos
— E põe novas contas no pescoço dos filhos...
E os *ogans* e a assistência faziam o coro pronunciando uma onomatopéia que indicava o ruído das contas "que estavam todas a trincar":
"— Ômirô wónrón wónrón wónrón ômirô
Foi quando Joana, que já dançava como se estivesse em transe, foi possuída por Omolu, a deusa da bexiga.

E saiu da camarinha vestida de roupa multicor, onde predominava o vermelho vivo, as calças parecidas àquelas velhas ceroulas, as pontas bordadas aparecendo sob a saia. O tronco estava quase nu, um pano branco amarrado nos peitos. E o tronco de Joana era perfeito de beleza, os seios duros e pontiagudos furando o pano. Mas ninguém via nela a negrinha Joana. Nem Antônio Balduíno via a sua amante Joana, que dormia sem sonhar no areal do cais do porto. Quem estava ali, de busto despido, era Omolu, a deusa terrível da bexiga. Da mãe do terreiro vinha a voz monótona saudando a entrada do santo:
"— Edurô dêmin lonan ê yê!
Sons de atabaques, agogô, cabaça, chocalho. Música que não mudava, que se repetia sempre, mas que excitava doidamente. E o coro da assistência:
"— A umbó k'ó wá jô!
Reverenciavam o santo:
— Ôkê! Ôkê!

E Omolu, que dançava entre as *feitas*, veio e reverenciou Antônio Balduíno. Depois reverenciou pessoas da assistência que *podiam entrar para a casa*. Reverenciou o Gordo, reverenciou o estudante negro que era geralmente simpatizado, reverenciou o homem calvo, reverenciou Roque e vários outros.

Agora todos estavam excitados e todos queriam dançar. Omolu vinha e tirava mulheres da assistência para dançar. Antônio Balduíno movia o tronco como se estivesse remando. Estiravam os braços saudando o santo. Um ar de mistério se espalhava pela sala e vinha de toda parte, dos santos, da música, dos cânticos e, principalmente, de Jubiabá, centenário e pequenino.

Cantavam em coro outra canção de macumba:

"— Eôlô biri ô b'ajá gbá kó a péhindá
e estavam dizendo que "o cachorro quando anda mostra o rabo". Também Oxóssi, o deus da caça veio para a festa da macumba do pai Jubiabá. Vestia de branco, verde e um pouco de vermelho, um arco, distendido com a sua flecha, pendurado de um lado do cinto. Do outro lado conduzia uma aljava. Trazia daquela vez, além do capacete de metal como casco de pano verde, um espanador de fios grossos. E não é sempre que Oxóssi, o deus da caça, o grande caçador, traz o seu espanador de fios grossos.

Os pés descalços das mulheres batiam no chão de barro, dançando. Requebravam o corpo ritualmente, mas esse requebro era sensual e dengoso como corpo quente de negra, como música dengosa de negro. O suor corria e todos estavam tomados pela música e pela dança. O Gordo tremia e não via mais nada senão figuras confusas de mulheres e santos, deuses caprichosos da floresta distante. O homem branco batia com os sapatos no chão e disse para o estudante:

— Eu caio já na dança...

Jubiabá era reverenciado pelo santo. Braços em ângulos agudos saudavam Oxóssi, o deus da caça. Havia quem apertasse os lábios e mãos que tremiam, corpos que tremiam no delírio da dança sagrada. Foi quando de súbito, Oxalá, que é o maior de todos os orixás, e que se divide em dois — Oxodiian, que é o moço, Oxolufã, que é o velho, apareceu derrubando Maria dos Reis, uma pretinha de seus quinze anos, de corpo virgem e roliço. Ele apareceu Oxolufã, Oxalá velho, alquebrado, arrimado a um bordão com lantejoulas. Quando saiu da camarinha vinha totalmente de branco e recebeu a saudação da assistência que se curvou ainda mais:

— Ôkê! Ôkê!

Foi só então que a mãe do terreiro cantou:

"— E ínun ôjá l'a ô jó, inun li a ô lô.

Ela estava avisando:

"— O povo da feira que se prepare. Vamos invadi-la.

E a assistência em coro:

"— Êrô ójá é pará món, ê inun ójá li a ô lê.

"— Povaréu, cuidado, entraremos na feira.

Sim, eles entrariam na feira, porque estavam com Oxalá, que é o maior de todos os orixás.

Oxolufã, que era Oxalá velho, só reverenciou Jubiabá. E dançou entre as *feitas* até que Maria dos Reis caiu estremunhando no chão, assim mesmo sacudindo o corpo no jeito da dança, espumando pela boca [...]

Na sala estavam todos enlouquecidos e dançavam todos ao som dos atabaques, agogôs, chocalhos, cabaças. E os santos dançavam também ao som da velha música da África, dançavam todos os quatro entre as *feitas* ao redor dos *ogans*. E eram Oxóssi, o deus da caça, Xangô, deus do raio e do trovão, Omolu, deusa da bexiga, e Oxalá, o maior de todos, que se espojava no chão.

....

Primeiro dia da greve

Antônio Balduíno passara a noite descarregando um navio sueco que trazia material para a estrada de ferro e que nas noites seguintes seria abarrotado de cacau. Carregava um molho pesado de ferros, quando ao passar junto de Severino, um mulato magricela, este lhe disse:

— A greve do pessoal dos bondes rebenta hoje...

Aquela greve era esperada há muito. Por diversas vezes o pessoal da companhia que dominava a luz, o telefone e os bondes da cidade, tentara se levantar em parede pedindo aumento de salário. Chegaram a fazer uma greve anteriormente, mas foram tapeados com promessas que ainda estavam por se cumprir. E agora, há oito dias que a cidade esperava amanhecer sem bondes e sem telefone. Mas a greve não rebentava, sempre adiada. Por isso Antônio Balduíno não ligou muita importância ao aviso de Severino. Logo depois, porém, ouvia um negro alto dizer:

— A gente devia aderir, ficar com eles...

Os guindastes depositavam no cais enormes rolos de ferro. Os negros iam debaixo deles para os armazéns, parecendo monstros estranhos e ainda assim conversavam. O apito do capataz dava ordens. Um branco passou o braço na testa e sacudiu longe o suor:

— Será que eles conseguem alguma coisa?

Voltavam correndo para junto dos rolos de ferro. Severino murmurou enquanto suspendia o fardo:

— O sindicato deles tem dinheiro pra agüentar a greve...

Saiu correndo com o fardo. Antônio Balduíno levantava pedaços de trilhos:

— Todo mês vai dinheiro pro sindicato. O sindicato tem de agüentar.

O apito do capataz mandava a turma abandonar o trabalho. A turma do dia estava à espera e substituiu imediatamente a que saía. Os materiais para a estrada de ferro continuam a andar para o armazém das docas. Os guindastes rangiam.

Saem em grupos e na porta Antônio Balduíno se recorda de um homem que foi preso ali quando fazia um discurso. Ele era moleque de rua mas se lembrava perfeitamente. Gritara, e com ele o grupo todo, protestando contra a prisão do homem. Gritara porque amava gritar, vaiar a polícia, jogar pedra em soldado. Hoje ele precisa de gritar novamente, como no tempo em que corria solto pela rua e não via os guindastes inimigos prontos a lhe rebentarem a cabeça.

***

Antônio Balduíno vem sozinho pela rua. Tomou um copo de mingau de puba no Terreiro. Junto da negra, homens conversavam sobre a greve.

Antônio Balduíno sai cantando coisas de Lampião:

"Minha mãe me dê dinheiro
pra comprar um cinturão
pra fazer uma cartucheira
pra brigar pra Lampião."

Um conhecido grita:

— Alô, Baldo!

O negro faz um gesto com a mão e continua a cantar:

"A muié de Lampião
quase morre de uma dor
porque não fez um vestido
da fumaça do vapor."

Agora canta em surdina, entre dentes:

"É Lamp, é Lamp, é Lamp,
é Lamp, é Lamp, é Lamp, Lampião."

Com a greve que paralisou os bondes a cidade ficou festiva. Tem um movimento desconhecido hoje. Passam grupos de homens que conversam animadamente. Rapazes empregados no comércio caminham rindo, gozando a cara do patrão que não poderá reclamar o atraso da chegada. Uma mocinha atravessa a rua apressada com medo de alguma coisa. A cidade está cheia de condutores de bonde, de operários das oficinas da companhia. Discutem com calor. Antônio Balduíno sente inveja deles porque estão fazendo alguma coisa (daquelas coisas que Antônio Balduíno gostava de fazer) e o negro não tem nada para fazer nesta manhã de tanto sol. Os grupos passam. Vão todos para o sindicato que fica numa rua ali atrás. Balduíno segue sozinho pela rua deserta. Ouve o ruído das conversas na outra rua. Parece que alguém está fazendo um discurso no sindicato. Ele também é do sindicato dos estivadores. Por sinal que já lhe falaram em ser candidato à diretoria. Devem saber que ele é um negro valente. Mas um homem loiro, que mastiga um cigarro e que amanheceu bêbedo, se atravessa na sua frente:

— Tu também vai fazer greve, negro? Tudo por culpa da princesa Isabel. Onde já se viu negro valer de nada? Agora o que é que se vê? Negro faz até greve, deixa os bondes parados. Devia era entrar tudo no chicote, que negro só serve para escravo... Vai pra tua greve, negro. Os burros não livraram essa cambada? Vá embora antes que eu te cuspa, filho de cão...

O homem cospe no chão. Ele está bêbedo mas Antônio Balduíno o empurra com força e ele se estatela no cimento. Depois o negro limpa as mãos e começa a pensar no motivo por que este homem insulta assim os negros. A greve é dos condutores de bondes, dos operários das oficinas de força e luz, da companhia telefônica. Tem até muito espanhol entre eles, muito branco mais alvo que aquele. Mas todo pobre agora já virou negro, é o que lhe explica Jubiabá.

Do Terreiro vem um rumor de brigas. São os trabalhadores das padarias que aderiram à greve. E os entregadores de pão derrubaram os cestos na rua. Os moleques caem em cima e até criadas de casas ricas vêm apanhar pão de graça.

* * *

Vão encontrá-lo no quarto de Amélia, de gatinhas no chão, brincando com Gustavinho:

— Eu sou o lobisomem...

Se levanta de um pulo. Severino bota a mão no seu ombro e avisa:

— A gente precisa de você, Balduíno...

— Que é? — o negro pensa logo em brigar.

— O sindicato vai se reunir...

O negro Henrique enxuga o suor da cara.
— Deu trabalho pra lhe achar...
Eles estão olhando o menino branco que está sentado no chão. Antônio Balduíno explica meio confuso:
— É meu filho...
— A gente quer aderir à greve... A gente precisa do voto de você.

Ele deixa Gustavinho com o Gordo e sai rindo, alegre, porque também vai fazer a sua greve. No sindicato há uma barulheira horrível. Todos falam ao mesmo tempo e ninguém se entende. A diretoria toma assento na mesa e pede silêncio. Um sujeito pálido diz a Balduíno:
— Tem polícia aqui...
Mas Balduíno não vê nenhum soldado. O pálido explica:
— Disfarçado...

Severino faz um discurso. Não são somente os operários da Circular que estão passando fome. Também eles, das docas, não têm o que comer. E demais têm um dever de solidariedade para com os operários da Circular. São todos irmãos. Eles devem aderir à greve. Os discursos se sucedem. Um dos capatazes (um homenzinho vermelho que nas horas de folga jogava dados com eles na "Lanterna dos Afogados") recita um discurso dizendo que aquilo tudo era besteira, que não via motivos para greve, que tudo estava muito bem. Mas é aparteado e vaiado. O negro Henrique bate a mão na mesa e diz:
— Eu sou um negro burro e não sei palavras bonitas. Mas sei que tem homens aqui que têm filhos com fome e mulher com fome. Aqueles galegos que dirigem os bondes também estão com fome. A gente é negro, eles são brancos, mas nesta hora tudo é pobre com fome...

Foi votada a adesão à greve. A vitória foi dada pelo voto de Antônio Balduíno. Só depois se descobriu que votaram contra pessoas que nem eram da estiva, quanto mais do sindicato.

Foi redigido um manifesto. E foi designada uma comissão para levar aos operários em greve a solidariedade dos estivadores. Antônio Balduíno fazia parte desta comissão e ia alegre porque ia brigar, entrar em barulho, gritar, fazer todas as coisas de que ele gostava.

"COMPANHEIROS DA CIRCULAR

Os estivadores reunidos em assembléia, no seu sindicato de classe, resolveram aderir ao movimento grevista dos seus companheiros da Companhia Circular. Vêm assim trazer o seu apoio incondicional aos grevistas na luta pelas reivindicações. Os companheiros da Circular podem contar com os estivadores. Pelo aumento de salários! Por oito horas de trabalho! Pela abolição das multas!

a) A Diretoria."

Antônio Balduíno leu o manifesto entre aplausos. Os condutores de bondes se abraçavam. Já os padeiros haviam aderido. Agora eram os estivadores. A greve seria, sem dúvida, vitoriosa.

***

Estavam parados todos os serviços de bondes e telefone. À noite não haveria luz elétrica. Os operários haviam enviado à alta direção da Companhia um memorial com as suas pretensões. A diretoria declarara que não concordava e recorrera ao governo. Por falta de energia elétrica não circularam jornais. Havia muita gente na rua e grupos de operários eram encontrados em todas as esquinas, conversando. Passavam patrulhas de cavalaria. Corriam boatos que a Circular estava contratando os desempregados a peso de ouro para que furassem a greve. Um advogado — Dr. Gustavo Barreiras — presidente de uma associação de operários, procurou o governador e conversaram longamente sobre o assunto. Ao voltar declarou no sindicato que o governo achava justas as pretensões dos operários e que ia entrar em entendimentos com a direção da Companhia. Houve muita palma. O jovem advogado estendia as mãos e parecia já colher os votos que o haviam de eleger deputado. Severino disse em voz alta:

— Tapeação.

***

Antônio Balduíno já estava cansado de ouvir tanto discurso. Mas gostava. Aquilo era uma coisa nova para ele, uma das coisas que amaria fazer. Mas era bom. Ele tinha a impressão que naquele momento eram donos da cidade. Donos de verdade. Eles não queriam, não havia luz, nem bondes, nem telefone para os namorados, o navio sueco não descarregaria os trilhos para a estrada de ferro nem carregaria os sacos de cacau que enchiam o armazém 3. Os guindastes estavam parados, vencidos pelos inimigos que eles sempre mataram. E os donos daquilo tudo, os homens que mandavam neles, se escondiam medrosos, sem coragem de aparecer. Antônio Balduíno sempre tivera um grande desprezo pelos que trabalhavam. E preferiria entrar pelo caminho do mar, se suicidar numa noite no cais, do que trabalhar, se Lindinalva não lhe houvesse pedido que tomasse conta do filho. Mas agora o negro olhava com um outro respeito os trabalhadores. Eles podiam deixar de ser escravos. Quando eles queriam ninguém podia com eles. Aqueles homens magros que vieram da Espanha e viviam nos estribos do bonde cobrando passagens, aqueles negros hercúleos que carregavam fardos no cais ou manejavam as máquinas nas oficinas de eletricidade eram fortes e decididos e tinham a vida da cidade nas mãos. No entanto passam rindo, mal vestidos, os pés no chão muitas vezes, e ouvem insultos dos que se acham prejudicados com a greve. Mas eles riem porque agora sabem que são uma força. Antônio Balduíno também descobriu isto e foi como se nascesse de novo.

***

O homem do sobretudo se levantou da mesa do bar e interpelou o operário:
— Por que esta greve?
— Pra melhorar o salário...
— Mas de que é que vocês precisam?
— De dinheiro...
— Querem ser ricos também?

O operário ficou meio atrapalhado. Na verdade ele nunca pensara em ser rico. Queria era mais dinheiro para que a mulher não reclamasse tanto, para poder pagar uma visita do médico (a filhinha estava doente), para comprar outra roupa que aquela estava no fio.

— Vocês querem muita coisa. Onde se viu operário precisar de tanta coisa?

O operário estava confuso. Antônio Balduíno chegou para perto deles. O homem de sobretudo continuava a falar:

— Quer um conselho? Deixe desta besteira de greve. Isso são sujeitos que querem perturbar a ordem... Inventam coisas. Você vai acabar perdendo o emprego e esse dinheiro que ganha. Quer muito, acaba não tendo nenhum.

O operário se lembrou da mulher reclamando, da filha doente. Baixou a cabeça. Antônio Balduíno insultou o homem de sobretudo:

— Quem lhe pagou para você contar esta história?

— Você é um dos tais, não é?

— Sou é muito homem para lhe meter a mão no focinho...

— Sabe com quem está falando?

— Nem quero saber...

Para que saber se a cidade era deles? Hoje ele podia dizer o que quisesse porque eles mandavam na cidade.

— Pois eu sou o doutor Malagueta, ouviu?

— Médico da Circular, não é?

Quem disse isso foi Severino que se aproximava. Vinham com ele vários outros operários. O negro Henrique era gigantesco. O homem de sobretudo dobrou a esquina. O operário que conversara com ele se reuniu ao grupo. Severino explicou:

— Rapaz, greve é como esses colares que a gente vê nas vitrinas. É preso por uma linha. Se cortar a linha caem todas as contas. É preciso não furar a greve...

O operário chamava-se Mariano; fez que sim com a cabeça.

Antônio Balduíno foi com eles para o sindicato dos trabalhadores da Circular esperar a solução da conferência do governo com os diretores da companhia.

***

Na mesa da diretoria do sindicato um negro acabava um discurso:

— "Meu pai foi escravo, eu também fui escravo, mas não quero que meus filhos sejam escravos..."

Há homens sentados e muitos estão em pé porque não há mais lugares vagos.

Uma delegação de padeiros vem prestar seu apoio aos grevistas e lê um manifesto incitando todo o proletariado à greve. "Greve geral", gritam na sala. Um investigador de polícia fuma. Está encostado na porta e não é o único. Mas nem prestam atenção a ele. Agora fala um rapaz de óculos. Diz que os operários são uma imensa maioria no mundo e os ricos uma pequena minoria. Então por que os ricos sugavam o suor dos pobres? Por que esta maioria trabalhava estupidamente para o conforto da minoria?

Antônio Balduíno bate palmas. Tudo aquilo é novo para ele e o que estão dizendo é certo. Ele nunca o soube, porém sempre o sentiu. Por isso nunca quisera trabalhar. Os A.B.C. diziam também aquelas coisas mas não diziam tão claramente, não explicavam. Como nas noites do Morro da Capa Negra ele ouvia e aprendia. O rapaz desceu da cadeira de onde falou. O negro que falara antes fica bem junto de Antônio Balduíno que o abraça:

— Eu também tenho um filho e não quero que ele seja escravo...

O negro que discursava sorri. Está falando um representante dos estudantes. O sindicato dos estudantes de Direito estava solidário com os grevistas. Dizia no seu discurso que todos os operários, os estudantes, os intelectuais pobres, os camponeses e os soldados se deviam unir na luta contra o

capital. Antônio Balduíno não o entendeu muito bem. Mas o negro que discursou lhe explica que o capital e ricos quer dizer a mesma coisa. Ele então apóia o orador. De repente sente vontade de subir numa cadeira e falar também. Ele também tem o que dizer, ele já viu muita coisa. Fura pela sala e trepa numa cadeira. Um operário pergunta a outro:
— Quem é?
— Um estivador... Um que já jogou boxe...
Antônio Balduíno fala. Ele não está fazendo discurso, gente. Está é contando o que viu na sua vida de malandro. Narra a vida dos camponeses nas plantações de fumo, o trabalho dos homens sem mulheres, o trabalho das mulheres nas fábricas de charuto. Perguntem ao Gordo se pensarem que é mentira. Conta o que viu. Conta que não gostava de operário, de gente que trabalhava. Mas foi trabalhar por causa do filho. E agora via que os operários se quisessem não seriam escravos. Se os homens das plantações de fumo soubessem, também fariam greve...

Quase é carregado. Não tomou ainda perfeito conhecimento do seu triunfo. Por que o aplaudem assim? Ele não contou nenhuma história bonita, não bateu em ninguém, não fez um ato de coragem. Contou somente o que viu. Mas os homens aplaudem e muitos o abraçam quando ele passa. Um investigador o fita procurando não esquecer aquela cara. Cada vez Antônio Balduíno gosta mais da greve.

***

O rapaz de óculos se retira e um investigador o segue. Do palácio do governo telefonam para o sindicato. É o doutor Gustavo Barreiras avisando que a conferência se prolongará até a noite quando terão possivelmente uma solução.

— Favorável? — pergunta o secretário do sindicato.
— Honrosa... — responde o dr. Gustavo do outro lado do fio.

Os sinos batem seis horas. A cidade está às escuras.

Obras de Jorge Amado, vol. IV,
São Paulo, Martins, 1944.

GRACILIANO RAMOS

Graciliano Ramos nasceu em Alagoas, em 1892, e faleceu no Rio de Janeiro, em 1953. Filho de comerciante e ligado a família de fazendeiros, peregrinou, na infância, pelo interior de Pernambuco e de seu Estado natal. Iniciou os estudos em Maceió, mas não chegou a completá-los. Fixou-se por algum tempo em Palmeira dos Índios, aventurou-se ao Rio de Janeiro, logo retornou àquela cidade que daria, assim como os sertões do Nordeste, cenários e tipos para seus romances. Data de 1926 a elaboração de Caetés, *cujo ambiente é Palmeira dos Índios, onde foi prefeito. Mudou-se para Maceió em 1930, ocupando ali o lugar de diretor da Imprensa Oficial do Estado (1933-1936). É dessa época o início da elaboração de* S. Bernardo *e* Angústia. *Envolvido em acontecimentos políticos, foi preso sob a acusação de comunismo (ideologia a que de fato aderiu mais tarde), remetido para Pernambuco e depois para o Rio de Janeiro. Viveu então uma experiência dolorosa, que lhe daria matéria de observação e reflexão para o livro póstumo* Memórias do Cárcere, *o mais impressionante depoimento sobre a reação antipopular desencadeada com os acontecimentos de 1935. É obra de memorialista, mas alimenta uma atmosfera própria de ficção, favorável à pintura de situações, fatos e pessoas subjugados por decisões arbitrárias e deploráveis. Durante o período de prisão lança* Angústia *e, em seguida, dedica-se à elaboração de* Vidas Secas. *Cultivou também o conto, recom-*

pôs narrativas populares do Nordeste, escreveu memórias da infância e, já às vésperas da morte, a propósito de uma visita aos países socialistas, escreveu Viagem (Checoslováquia — U.R.S.S.), *de publicação póstuma.*

A composição de sua obra resulta de um processo vigorosamente seletivo e subordinado essencialmente aos limites da experiência pessoal, notadamente sertaneja. Pela aproximação que se pode fazer entre os romances e o livro de memórias — Infância *— vê-se que a obra do ficcionista está em grande parte presa à percepção inicial de seu mundo, durante a infância e adolescência. Compõe-se de aspectos da paisagem do Nordeste agreste, das zonas agropecuárias, em ligação com pequenos centros urbanos. O romancista intuiu admiravelmente a condição subumana do caboclo sertanejo, com a sua consciência embotada, a sua inteligência retardada, as suas reações devidas a reflexos condicionados por um sofrimento secular, por sua vez determinado pelas relações do homem com a própria paisagem e pela passividade ante os mais poderosos. Desta maneira, ao investigar o sentido de um destino coletivo, ele nos dá realmente a medida do homem telúrico no seu estado primário, autômata e passivamente indiferente, nivelando-se com animais, árvores e objetos. Esse protótipo e essa condição infra-humana aparecem no primeiro ou no segundo plano de quase todos os seus livros. A eles se sobrepõe um outro tipo de sertanejo, de sentimento trágico e fatalista, que pensa friamente e age com determinação inabalável, enquanto aceita como inevitáveis os fatos consumados. Nos limites da paisagem rural, de estrutura bem característica, o fazendeiro é poderoso e único, até que se enfraquece em conseqüência da desarticulação de todo um sistema de mandonismo tradicional, ou em conseqüência de um drama pessoal, que nos parece ainda condicionado de qual-*

quer forma pelo sentimento fatalista do homem da região. Abrindo-se ainda para outros horizontes, a sua visão se completa pelo registro dos conflitos interiores do homem urbano, afogado no quotidiano, arrastado à tragédia dos atos passionais.

É importante considerar, na obra de Graciliano Ramos, que o social não prevalece sobre o psicológico, embora não saia diminuído. O que ela investiga é o homem nas suas ligações com uma determinada matriz regional, mas focalizado principalmente no drama irreproduzível de cada destino. Com isso, o romancista confere uma dimensão de universalidade à pesquisa regionalista em sub-regiões nordestinas, superando a atitude do simples depoimento ou relato, tão freqüente quanto característico de muitos que escreveram sobre elas. O expositivo cede lugar à síntese. E nesse caso a linguagem é importante, desde a frase concisa, clara, correta e reduzida aos elementos essenciais, até ao vocabulário meticulosamente escolhido. O romancista coloca-se numa posição de relevo no romance modernista brasileiro, mas se entronca, sob este aspecto, na linhagem machadiana.

BIBLIOGRAFIA

DO AUTOR:

1. Cronologia:

a) Ficção: *Caetés*, 1933; *S. Bernardo*, 1934; *Angústia*, 1936; *Vidas Secas*, 1938; *Dois Dedos*, 1945; *Insônia*, 1945; *Histórias Incompletas*, 1946.

b) Literatura infantil, memórias e viagens: *A Terra dos Meninos Pelados,* 1939; *Histórias de Alexandre* 1944; *Infância*, 1945; *Memórias do Cárcere*; 1953; *Viagem (Checoslováquia — U.R.S.S.)*, 1954; *Linhas Tortas* (publicação póstuma), 1962; *Viventes das Ala-*

goas (publicação póstuma), 1962; *Alexandre e outros heróis* (publicação póstuma), 1962.

2. Edição indicada: Da Liv. Martins Editora de São Paulo, compreendendo: *Caetés, S. Bernardo, Angústia, Vidas Secas, Insônia, Infância, Memórias do Cárcere* (2 vols.), *Viagem (Checoslováquia — U.R.S.S.), Linhas Tortas, Viventes das Alagoas, Alexandre e Outros Heróis*, 1961-1962.

SOBRE O AUTOR:

Antonio CANDIDO, *Ficção e Confissão* — Estudo sobre a obra de Graciliano Ramos, Rio de Janeiro, José Olympio, 1956 (reproduzido em *Caetés*, 6ª ed., São Paulo, Martins, 1961, págs. 11-62), e *Graciliano Ramos — Trechos Escolhidos*, Rio de Janeiro, Agir, 1961 ("Nossos Clássicos").

Floriano GONÇALVES, "Graciliano Ramos e o romance — Ensaio de interpretação" *in Caetés* de Graciliano Ramos, 2ª ed., Rio de Janeiro, José Olympio, 1947, págs. 7-76.

Rolando MOREL PINTO, *Graciliano Ramos — Autor e Ator*, Faculdade de Filosofia de Assis (São Paulo), 1962.

Mário Venâncio

Organizou-se uma sociedade teatral e quiseram colocá-la sob o patrocínio de João Caetano; mas o major Pedro Silva, senhor de engenho, ofereceu aos amadores uma casa que se arruinava no Juazeiro, defronte da cadeia, e a instituição recebeu em conseqüência o nome de Escola Dramática Pedro Silva. Ladrilharam, rebocaram e caiaram o prédio; ergueram o palco, os cenários da floresta, do palácio e da choupana; Joaquim Correntão esmerou-se no pano de boca, vistoso, com três deusas peitudas. E, depois de numerosos ensaios, levaram à cena *O Plebeu*, que arrancou lágrimas da platéia.

Entre os diletantes, um moço desconhecido, novo agente do correio, logo se notabilizou pela feiúra e pelos modos esquisitos. Mário Venâncio era pobre demais: vestia brim fluminense, roupa grosseira de matuto, preparava ele mesmo a comida e vivia numa espécie de gaiola pendurada no morro do Pão-sem-Miolo. A peça da frente servia de repartição, gabinete e sala de visitas.

Logo correu que havia chegado à terra um literato. Vi-o de longe, rápido e miúdo, o rosto fino como focinho de rato, modos de rato — um guabiru ligeiro e cabisbaixo, a dar topadas no calçamento. E alguém afirmou na loja que estava ali um sujeito profundo, colaborador de jornais, autor de livros, o diabo. As maneiras esquivas e torcidas exprimiam vida interior, desprezo ao senso comum, inspiração de poeta. Em geral os poetas tinham aparência maluca e usavam cabelos assim compridos, escondendo as orelhas.

Aproximei-me desse curioso indivíduo no colégio, onde nos apareceu lecionando geografia. Não era a especialidade dele: ajustou-se à matéria como se ajustaria a qualquer outra, apenas para aliviar o trabalho de Jovino Xavier. Pouco a pouco abandonou os mapas, as listas de mares e de rios. Insinuou-nos a fundação de um periódico.

A idéia, aceita com entusiasmo, ao cabo de uma semana esfriou, teria morrido se eu e meu primo Cícero não a resguardássemos. Aferramo-nos a ela e, vencendo embaraços e canseiras, tornamo-nos diretores do *Dilúculo*, folha impressa em Maceió, com duzentos exemplares de tiragem quinzenal, trazidos pelo estafeta Buriti, que vendia revistas e declamava pedaços do *Moço Loiro*. O desgraçado título foi escolha do nosso mentor, fecundo em palavras raras.

Estabeleceu-se a redação na agência do correio, logo convertida em asilo de doidos. À tarde reuniam-se lá os membros da Escola Dramática Pedro Silva, os da Instrutora Viçosense, sociedade que dormia o ano inteiro, acordava na posse da diretoria e, concluídos os discursos, tornava ao sono. Essa gente fazia um barulho que assustava os transeuntes, afligia os vizinhos, atraía caixeiros tímidos, emaranhados nos cipoais da concordância e da métrica. Sem apanhar direito o sentido das conversas, apoderava-me de alguns vocábulos, estudava-os no dicionário, empregava-os com energia.

Representado *O Plebeu*, Mário Venâncio colhera no guarda-roupa do teatro uma farpela que utilizava em noites de inverno e por fim misturava ao fato ordinário. De tamancos, calça de algodão esfiapada nas bainhas, camisa de meia, fraque e chapéu duro, atravessava a rua, dirigia-se à bodega; as mãos carregadas de embrulhos, lenha debaixo do braço, voltava, corcunda, tropeçando, ia à cozinha, atiçava o fogo, temperava a panela. Em seguida entrava na sala, enxugando os dedos longos, sentava-se à mesa coberta de jornais, cartas, almofadas e carimbos, perto da estante:

— O naturalismo...

Perplexo, eu examinava as pessoas em redor, procurava distinguir nelas o efeito da arenga difícil. Estariam compreendendo? Às vezes me assustavam discussões embrulhadas; rapazes silenciosos animavam-se, discorriam com exagero e ódio, religiosamente. Isso me dava tontura e enjôo. Uma idéia clara me surgia: os romances agradáveis eram bugigangas. Em troca, exibiam-me insipidez e obscuridade. Ali é que estava a beleza, especialmente na prosa de Coelho Neto.

Não me importava a beleza: queria distrair-me com

aventuras, duelos, viagens, questões em que os bons triunfavam e os malvados acabavam presos ou mortos. Incapaz de revelar a preferência, resignei-me e agüentei as *Baladilhas*, o *Romanceiro*, outros aparatos elogiados, que me revolveram o estômago. Cochilei em cima deles, devolvi-os receando que me forçassem a comentá-los. Para mim eram chinfrins, mas esta opinião contrariava a experiência alheia. Julguei-me insuficiente, calei-me, engoli bocejos. Enquanto o dono da casa explanava a literatura encrencada, esforcei-me por entendê-la. Senti medo e preguiça. Não me arriscaria a controvérsia: acovardava-me a presença de uma autoridade.

O *Pequeno Mendigo* e várias artes minhas lançadas no *Dilúculo* saíram com tantos arrebiques e interpolações que do original pouco se salvou. Envergonhava-me lendo esses excessos do nosso professor: toda a gente compreenderia o embuste.

Mário Venâncio fabricava artigos e notícias, reduzia os diretores a simples testas-de-ferro. Ornou de contos sérios as páginas mesquinhas. Assim principiava um deles, admirado na Instrutora Viçosense e na Escola Pedro Silva: "Jerusalém, a deicida, dormia sossegadamente à luz pálida das estrelas. Sobre as colinas pairava uma tênue neblina, o hálito da grande cidade adormecida. Nos casais dos cabreiros, cães de vigília ululavam lugubremente". Os nossos ouvidos eram insensíveis a colisões. E a brisa do monte das Oliveiras, a torrente no Cédron, lugares bíblicos, valorizavam o trabalho.

Mas não ficávamos na torrente e na brisa. Descíamos o monte das Oliveiras, caíamos na planície nacional, visitávamos a *Casa de Pensão* e *O Coruja*. Da cópia saltávamos ao modelo, invadíamos torpezas dos *Rougon-Macquart*, publicadas em Lisboa.

Feria-me às vezes, porém, uma saudade viva das personagens de folhetins: abandonava a agência, chegava-me à biblioteca de Jerônimo Barreto, regressava às leituras fáceis, revia condes e condessas, salteadores e mosqueteiros brigões, viajava com eles em diligência pelos caminhos da França. Esquecia Zola e Victor Hugo, desanuviava-me. Havia sido ingrato com os meus pobres heróis de capa e espada. Não me atrevia a exibi-los agora. Disfarçava-os cuidadoso e, fortalecido por eles, submetia-me de novo ao pesadume, ia buscar o artifício e a substância, em geral muito artifício e pouca substância.

O funcionário postal facilitou-me a correspondência com livrarias: obtive catálogos de Garnier e de Francisco Alves, escrevi cartas, recebi faturas e pacotes. Não possuindo recursos, habituei-me a furtar moedas na loja, guardá-las num frasco bojudo oculto sob fronhas e toalhas no compartimento superior da cômoda. Entre níqueis e pratas surgiram cédulas — e enchi as prateleiras da estante larga, presente de aniversário. Esses delitos não me causavam remorso. Cheguei a convencer-me de que meu pai, encolhido e avaro por natureza, os aprovava tacitamente. Desculpava-me censurando-lhe a sovinice, tentando agarrar esperanças absurdas.

Mário Venâncio me pressagiava bom futuro, via em mim sinais de Coelho Neto, de Aluísio Azevedo — e isto me ensoberbecia e alarmava. Acanhado, as orelhas ardendo, repeli o vaticínio: os meus exercícios eram composições tolas, não prestavam. Sem dúvida, afirmava o adivinho. Ainda não prestavam. Mas eu faria romances. Gastei meses para certificar-me de que o palpite não encerrava zombaria. Depois a vaidade esmoreceu, foi substituída por uma vaga aflição. Que teria o homem percebido nos meus escritos? Se me decidisse a confiar nele, amargaria a vida inteira o provável engano. Examinei-me por dentro e julguei-me vazio. Não me achava capaz de conceber um daqueles enredos ensangüentados, férteis em nobres valorosos e donzelas puras. E, desatento, andava na rua aos encontrões, meio cego, meio surdo. Nunca descreveria um candeeiro como o de metal amarelo que iluminava, com azeite e difíceis pavios, duas páginas das *Cenas da Vida Amazônica*. Os candeeiros me passavam despercebidos. E seriam necessários? Os debates na agência não tinham fim. Lembrava-me dos governistas e oposicionistas espalhados, rancorosos, nas esquinas da cidadezinha e nos jornais da capital. Assombrava-me o partidarismo exaltado, a minha colaboração no *Dilúculo* era terrivelmente eclética. Mário Venâncio continuava a animar-me, eu desviava pretensões arriscadas.

Esse amável profeta bebeu ácido fênico. Levantei-me da espreguiçadeira, onde me seguravam as novidades e os sofrimentos da artrite e de uma novela russa, fui encontrar o infeliz amigo estirado no sofá, junto à mesa coberta de papéis, brochuras, pedaços de lacre, almofadas e carimbos.

Um emissário da administração, feita a sindicância, redigiu necrológio pomposo, enterrou o cadáver sob a folhagem de salgueiros, entre raízes e ciprestes, vegetais desconhecidos no lugar.

O *Dilúculo* também morreu logo. Distanciei-me da crítica. E não me entendi com o público, muito incerto. No colégio, na Escola Pedro Silva, na Instrutora Viçosense, toleravam-me. Em casa, sem exame, detestavam as minhas novas ocupações.

Infância (memórias), Rio de Janeiro, José Olympio, 1945.

S. BERNARDO

O A. dá a palavra ao personagem, Paulo Honório, que se propõe repassar a sua vida, tomando como episódio central o malogro da experiência conjugal. É esse o momento em que se desencadeiam sobre ele forças contrárias que surgem, e as que ressurgem, estas até então contidas pelo poder dos triunfos ascensionais sob a vontade firme e egoísta. É como se o destino confabulasse secretamente, aguardando a oportunidade favorecida pela insegurança, para atacar friamente e abater de uma vez aquele que ousara violentar sua própria e verdadeira condição humana, ditada por sua origem. Nesse caso, é preciso também que se considere: primeiro, o homem em sua existência telúrica, ao mesmo tempo envolvido pelas características de uma sociedade rural, patriarcalista e latifundiária; segundo, o relevo dado aos contrastes de rudeza primária e inteligência arguta desse homem, num momento em que aquela mesma sociedade se submetia a um processo de mudanças radicais. Então, a obra também resulta numa penetrante e fecunda análise, embora parcial, de problemas rurais do Nordeste.

Mas toda a grandeza e universalidade do romance repousa de fato no sentimento da fatalidade, que se converte em sentimento trágico, de passiva aceitação do inevitável. E essa atitude se compreende tanto nas implicações do homem com a paisagem e com a estrutura social em que ele se situa, quanto em relação à sua própria vida afetiva. Paulo Honório, de origem humilde, atinge os objetivos que predeterminara, fazendo-se rico e poderoso proprietário, em desafio ostensivo aos valores tradicionais da região. Quando resolve casar-se, procedendo sempre com determinação calculada, soma aos seus desígnios a expectativa de nova experiência que será minada por sua própria incapacidade de ajustar-se à vida afetiva e à comunhão íntima e moral, exigidas pela categoria da companheira escolhida. E o que poderia ter revigorado os seus triunfos egoístas se converte no instrumento da tragédia fria de autodestruição mútua do casal. Na aniquilação total do homem em vida, Paulo Honório termina reconhecendo, debaixo de irremovível fatalismo, que tudo aconteceria da mesma maneira, se a experiência, já conhecida, se repetisse.

Esse sentimento desolador do inevitável, no processo autopunitivo, encontra nos capítulos abaixo o seu instante premonitório e o seu clima mais denso, o do próprio instante da sua consumação.

Capítulo XIX

Conheci que Madalena era boa em demasia, mas não conheci tudo de uma vez. Ela se revelou pouco a pouco, e nunca se revelou inteiramente. A culpa foi minha, ou antes a culpa foi desta vida agreste, que me deu uma alma agreste.

E, falando assim, compreendo que perco o tempo. Com efeito, se me escapa o retrato moral de minha mulher, para que serve esta narrativa? Para nada, mas sou forçado a escrever.

Quando os grilos cantam, sento-se aqui à mesa da sala de jantar, bebo café, acendo o cachimbo. Às vezes as idéias não vêm, ou vêm muito numerosas — e a folha permanece meio escrita, como estava na véspera. Releio algumas linhas, que me desagradam. Não vale a pena tentar corrigi-las. Afasto o papel.

Emoções indefiníveis me agitam — inquietação terrível, desejo doido de voltar, de tagarelar novamente com Madalena, como fazíamos todos os dias, a esta hora. Sau-

dade? Não, não é isto: é desespero, raiva, um peso enorme no coração.
 Procuro recordar o que dizíamos. Impossível. As minhas palavras eram apenas palavras, reprodução imperfeita de fatos exteriores, e as dela tinham alguma coisa que não consigo exprimir. Para senti-las melhor, eu apagava as luzes, deixava que a sombra nos envolvesse até ficarmos dois vultos indistintos na escuridão.
 Lá fora os sapos arengavam, o vento gemia, as árvores do pomar tornavam-se massas negras.
 — Casimiro!
 Casimiro Lopes estava no jardim, acocorado ao pé da janela, vigiando.
 — Casimiro!
 A figura de Casimiro Lopes aparece à janela, os sapos gritam, o vento sacode as árvores, apenas visíveis na treva. Maria das Dores entra e vai abrir o comutador. Detenho-a: não quero luz.
 O tique-taque do relógio diminui, os grilos começam a cantar. E Madalena surge no lado de lá da mesa. Digo baixinho:
 — Madalena!
 A voz dela me chega aos ouvidos. Não, não é aos ouvidos. Também já não a vejo com os olhos.
 Estou encostado à mesa, as mãos cruzadas. Os objetos fundiram-se, e não enxergo sequer a toalha branca.
 — Madalena...
 A voz de Madalena continua a acariciar-me. Que diz ela? Pede-me naturalmente que mande algum dinheiro a mestre Caetano. Isto me irrita, mas a irritação é diferente das outras, é uma irritação antiga, que me deixa inteiramente calmo. Loucura estar uma pessoa ao mesmo tempo zangada

e tranqüila. Mas estou assim. Irritado contra quem? Contra mestre Caetano. Não obstante ele ter morrido, acho bom que vá trabalhar. Mandrião!

A toalha reaparece, mas não sei se é esta toalha sobre que tenho as mãos cruzadas ou a que estava aqui há cinco anos.

Rumor do vento, dos sapos, dos grilos. A porta do escritório abre-se de manso, os passos de seu Ribeiro afastam-se. Uma coruja pia na torre da igreja. Terá realmente piado a coruja? Será a mesma que piava há dois anos? Talvez seja até o mesmo pio daquele tempo.

Agora seu Ribeiro está conversando com dona Glória no salão. Esqueço que eles me deixaram e que esta casa está quase deserta.

— Casimiro!

Penso que chamei Casimiro Lopes. A cabeça dele, com o chapéu de couro de sertanejo, assoma de vez em quando à janela, mas ignoro se a visão que me dá é atual ou remota.

Agitam-se em mim sentimentos inconciliáveis: encolerizo-me e enterneço-me; bato na mesa e tenho vontade de chorar.

Aparentemente estou sossegado: as mãos continuam cruzadas sobre a toalha e os dedos parecem de pedra. Entretanto ameaço Madalena com o punho. Esquisito.

Distingo no ramerrão da fazenda as mais insignificantes minudências. Maria das Dores, na cozinha, dá lições ao papagaio. Tubarão rosna acolá no jardim. O gado muge no estábulo.

O salão fica longe: para irmos lá temos de atravessar um corredor comprido. Apesar disso a palestra de seu Ribeiro e d. Glória é bastante clara. A dificuldade seria reproduzir o que eles dizem. É preciso admitir que estão conversando sem palavras.

Padilha assobia no alpendre. Onde andará Padilha?

Se eu convencesse Madalena de que ela não tem razão... Se lhe explicasse que é necessário vivermos em paz... Não me entende. Não nos entendemos. O que vai acontecer será muito diferente do que esperamos. Absurdo.

Há um grande silêncio. Estamos em julho. O nordeste não sopra e os sapos dormem. Quanto às corujas, Marciano subiu ao forro da igreja e acabou com elas a pau. E foram tapados os buracos de grilos.

Repito que tudo isso continua a azucrinar-me.

O que não percebo é o tique-taque do relógio. Que horas são? Não posso ver o mostrador assim às escuras. Quando me sentei aqui, ouviam-se as pancadas do pêndulo, ouviam-se muito bem. Seria conveniente dar corda ao relógio, mas não consigo mexer-me.

Capítulo XXXI

Uma tarde subi à torre da igreja e fui ver Marciano procurar corujas. Algumas se haviam alojado no forro, e à noite era cada pio de rebentar os ouvidos da gente. Eu desejava assistir à extinção daquelas aves amaldiçoadas.

Lá de cima escutava o barulho que Marciano, invisível, fazia. E, pelas quatro janelinhas abertas aos quatro cantos do céu, contemplava a paisagem. Por uma delas via em baixo um pedaço do escritório, uma banca e, sentada à banca, minha mulher escrevendo. Com um ligeiro desvio de olhos, afastava a cena familiar e corriqueira, divisava o oitão da casa, portas, janelas, a cama de d. Glória, um canto da sala de jantar. Levantava a cabeça — e o horizonte compunha-se de telhas, argamassa, lambrequins. Mais para cima, campos, serra, nuvens.

O capim-gordura tinha virado grama, e os bois que pastavam nele eram como brinquedos de celulóide. O algodoal galgava colinas, descia, tornava a mostrar-se mais longe, desbotado. Numa clareira da mata escura, quase negra, desmaiavam na sombra figurinhas de lenhadores.

Uma coruja gritava. E Marciano surgia de esconderijos cheios de treva, o pixaim branco de teias de aranha:

— Mais uma. É um corujão da peste, seu Paulo.

Eu fungava:

— Em que estará pensando aquela burra? Escrevendo. Que estupidez!

Rosa do Marciano atravessava o riacho. Erguia as saias até a cintura. Depois que passava o lugar mais fundo, ia baixando as saias. Alcançava a margem, ficava um instante de pernas abertas, escorrendo água, e saía torcendo-se [...]

A distância arredondava e o sol dourava cocurutos de montes. Pareciam extraordinárias cabeças de santos.

— Se aquela mosca-morta prestasse e tivesse juízo, estaria aqui aproveitando esta catervagem de belezas.

Ali pelos cafus desci as escadas, bastante satisfeito. Apesar de ser um indivíduo medianamente impressionável, convenci-me de que este mundo não é mau. Quinze metros acima do solo, experimentamos a vaga sensação de ter crescido quinze metros. E quando, assim agigantados, vemos rebanhos numerosos a nossos pés, plantações estirando-se por terras largas, tudo nosso, e avistamos a fumaça que se eleva de casas nossas, onde vive gente que nos teme, respeita e talvez até nos ame, porque depende de nós, uma grande serenidade nos envolve. Sentimo-nos bons, sentimo-nos fortes. E se há ali perto inimigos morrendo, sejam embora inimigos de pouca monta que um moleque devasta a cacete, a convicção que temos da nossa fortaleza torna-se estável e aumenta. Diante disto, uma boneca traçando linhas invisíveis num papel apenas visível merece pequena consideração. Desci, pois, as escadas em paz com Deus e com os homens, e esperava que aqueles pios infames me deixassem enfim tranqüilo.

Matutando, penetrei no jardim e encaminhei-me ao pomar, fazendo tenção de ver se a poda estava em regra.

Defronte do escritório descobri no chão uma folha de prosa, com certeza trazida pelo vento. Apanhei-a e corri a vista, sem interesse, pela bonita letra redonda de Madalena. Francamente, não entendi. Encontrei diversas palavras desconhecidas, outras conhecidas de vista, e a disposição delas, terrivelmente atrapalhada, muito me dificultava a compreensão. Talvez aquilo fosse bem-feito, pois minha mulher sabia gramática por baixo da água e era fecunda em riscos e entrelinhas, mas estavam riscados períodos certos, e em vão tentei justificar as emendas.

— Ocultar com artifícios o que deve ser evidente!

Passeando entre as laranjeiras, esqueci a poda, reli o papel e agadanhei idéias indefinidas que se baralharam, mas que me trouxeram um arrepio. Diabo! Aquilo era trecho de carta, e de carta a homem. Não estava lá o nome do destinatário, faltava o princípio, mas era carta a homem, sem dúvida.

Li a folha pela terceira vez, atordoado, detendo-me nas expressões claras e procurando adivinhar a significação dos termos obscuros.

— Está aqui a prova, balbuciei assombrado. A quem serão dirigidas estas porcarias?

As suspeitas voaram para cima de João Nogueira, do dr. Magalhães, de Azevedo Gondim, do Silveira da escola normal. Reli a carta um pelotão de vezes, e enquanto lia, praguejava como um condenado, e as fontes me latejavam. Afinal a noite caiu, não enxerguei mais as letras. Sim senhor! Carta a homem! Estive um tempão caminhando debaixo das fruteiras.
— Eu sou algum Marciano [...]?
E voltei furioso, decidido a acabar depressa com aquela infelicidade. Zumbiam-me os ouvidos, dançavam-me listras vermelhas diante dos olhos.

Ia tão cego que bati com as ventas em Madalena, que saía da igreja.
— Meia volta! gritei segurando-lhe um braço. Temos negócio.
— Ainda? perguntou Madalena.
E deixou-se levar para a escuridão da sacristia.

Acendi uma vela e, encostando-me à mesa carregada de santos, sobre o estrado onde padre Silvestre se paramenta em dias de missa:
— Que estava fazendo aqui? Rezando? É capaz de dizer que estava rezando.
— Ainda? repetiu Madalena.

Esperei que ela me sacudisse desaforos, mas enganei-me: pôs-se a observar-me como se me quisesse comer com os olhos muitos abertos. Ferviam dentro de mim violências desmedidas. As minhas mãos tremiam, agitavam-se em direção a Madalena. Apertei-as para conter os movimentos e, com os queixos contraídos:
— A senhora escreveu uma carta.

O vento frio da serra entrava pela janela, mordia-me as orelhas, e eu sentia calor. A porta gemia, de vez em quando dava no batente pancadas coléricas, depois continuava a gemer. Aquilo me irritava, mas não me veio a idéia de fechá-la. Madalena estava como se não ouvisse nada. E eu, dirigindo-me a ela e a uma litografia pendurada à parede:

— Cuidam que isto vai ficar assim?

O pequeno mais velho do Marciano entrou nas pontas dos pés. Sem me voltar para ele, bradei:

— Vai-te embora.

O menino aproximou-se da janela.

— Vai-te embora, berrei de novo.

Provavelmente o meu aspecto lhe causou estranheza. Balbuciou:

— Fechar a igreja, seu Paulo.

Percebi que os meus modos eram desarrazoados e respondi com simulada brandura:

— Perfeitamente. Volta mais tarde, ainda é cedo.

Nove horas no relógio da sacristia.

O nordeste começou a soprar, e a porta bateu com fúria. Mergulhei os dedos nos cabelos.

— Que estás fazendo, peste?

O cabrito fugiu.

Nem sei quanto tempo estive ali, em pé. A minha raiva se transformava em angústia, a angústia se transformava em cansaço.

— Para quem era a carta?

E olhava alternadamente Madalena e os santos do oratório. Os santos não sabiam. Madalena não quis responder.

O que me espantava era a tranqüilidade que havia no rosto dela. Eu tinha chegado fervendo, projetando matá-la. Podia viver com a autora de semelhante maroteira?

À medida, porém, que as horas se passavam, sentia-me cair num estado de perplexidade e covardia.

As imagens de gesso não se importavam com a minha aflição. E Madalena tinha quase a impassibilidade delas. Por que estaria assim tão calma?

Afirmei a mim mesmo que matá-la era ação justa. Para que deixar viva mulher tão cheia de culpa? Quando ela morresse, eu lhe perdoaria os defeitos.

As minhas mãos contraíam-se, moviam-se para ela, mas agora as contrações eram fracas e espaçadas.

— Fale, exclamei com voz mal segura.

— Para quê?

— Há uma carta. Eu preciso saber, compreende?

Meti a mão no bolso e apresentei-lhe a folha, já amarrotada e suja. Madalena estendeu-a sobre a mesa, examinou-a, afastou-a para um lado.

— Então?

— Já li.

A vela acabou-se. Acendi outra e fiquei com o fósforo entre os dedos até queimar-me.

— Diga alguma coisa.

Pareceu-me que havia ali um equívoco e que, se Madalena quisesse, tudo se esclareceria. O coração dava-me coices desesperados, desejei doidamente convencer-me da inocência dela.

— Para quê? murmurou Madalena. Há três anos vivemos uma vida horrível. Quando procuramos entender-nos, já temos a certeza de que acabamos brigando.

— Mas a carta?

Madalena apanhou o papel, dobrou-o e entregou-me:

— O resto está no escritório, na minha banca. Provavelmente esta folha voou para o jardim quando eu escrevia.

— A quem?

— Você verá. Está em cima da banca. Não é o caso para barulho. Você verá.
— Bem.
Respirei. Que fadiga!
— Você me perdoa os desgostos que lhe dei, Paulo?
— Julgo que tive as minhas razões.
— Não se trata disso. Perdoa?
Rosnei um monossílabo.
— O que estragou tudo foi esse ciúme, Paulo.
Palavras de arrependimento vieram-me à boca. Engoli-as, forçado por um orgulho estúpido. Muitas vezes por falta de um grito se perde uma boiada.
— Seja amigo de minha tia, Paulo. Quando desaparecer essa quizília, você reconhecerá que ela é boa pessoa.
Eu era tão bruto com a pobre da velha!
— Conseqüência desse mal-entendido. Ela também tem culpa. Um bocado ranzinza.
— Seu Ribeiro é trabalhador e honesto, você não acha?
— Acho. Antigamente deu cartas e jogou de mão. Hoje é refugo. Um sujeito decente, coitado.
— E o Padilha...
— Ah! não! Um enredeiro. Nem está direito você torcer por ele. Safadíssimo.
— Paciência! O Marciano... Você é rigoroso com o Marciano, Paulo.
— Ora essa! exclamei enfadado. Que rosário!
— Não se zangue, disse Madalena sem erguer a voz.
— O que eu queria...
Sentei-me num banco.
O que eu queria era que ela me livrasse daquelas dúvidas.
— Que é que você queria? perguntou Madalena sentando-se também.

— Sei lá!

E encolhi-me, as mãos pesadas sobre os joelhos. Madalena, com ar meio sério, meio de brincadeira:

— Se eu morrer de repente..

— Que história é essa, mulher? Lembrança fora de propósito.

— Por que não? Quem sabe qual há de ser o meu fim? Se eu morrer de repente...

— Acabe com isso, criatura. Para que falar nessas coisas?

— Ofereça os meus vestidos à família de mestre Caetano e à Rosa. Distribua os livros com seu Ribeiro, o Padilha e o Gondim.

Levantei-me, impaciente:

— Que conversa sem jeito!

E agarrei-me a um assunto agradável para afugentar aquelas idéias tristes:

— Estou com vontade de viajar.

Sentei-me novamente, animei-me, acendi um cigarro:

— Depois da safra. Deixo seu Ribeiro tomando conta da fazenda. Vamos à Bahia. Ou ao Rio. O Rio é melhor. Passamos uns meses descansando, você cura a macacoa do estômago, engorda e se distrai. É bom a gente arejar. A vida inteira neste buraco, trabalhando como negro! E damos um salto a S. Paulo. Valeu?

Madalena, olhando a luz, que tremia, agitando sombras nas paredes, saiu-se com esta:

— Hoje pela manhã já havia na mata alguns paus-d'arco com flores. Contei uns quatro. Daqui a uma semana estão lindos. É pena que as flores caiam tão depressa.

— Efetivamente, resmunguei procurando relacionar o Rio e S. Paulo com os paus-d'arco. E que me diz da viagem?

Madalena tinha os olhos presos na vela:

— Sim, estive rezando. Rezando, propriamente, não, que rezar não sei. Falta de tempo.

Meu Deus! como andava aquela cabeça! Era a resposta à minha primeira pergunta.

— Escrevia tanto que os dedos adormeciam. Letras miudinhas, para economizar papel. Nas vésperas dos exames dormia duas, três horas por noite. Não tinha proteção, compreende? Além de tudo a nossa casa na Levada era úmida e fria. No inverno levava os livros para a cozinha. Podia visitar igrejas? Estudar sempre, sempre, com medo das reprovações...

Estava perturbada, via-se perfeitamente que estava perturbada. Largou outras incoerências:

— As casas dos moradores, lá embaixo, também são úmidas e frias. É uma tristeza. Estive rezando por eles. Por vocês todos. Rezando... Estive falando só.

O relógio da sacristia tocou meia-noite.

— Meu Deus! Já tão tarde! Aqui tagarelando...

Levantou-se e pôs-me a mão no ombro:

— Adeus, Paulo. Vou descansar.

Voltou-se da porta:

— Esqueça as raivas, Paulo.

Por que não acompanhei a pobrezinha? Nem sei. Porque guardava um resto de dignidade besta. Porque ela não me convidou. Porque me invadiu uma grande preguiça.

Fiquei remoendo as palavras desconexas e os modos esquisitos de Madalena. Depois pensei na carta que ela havia deixado no escritório, incompleta.

Para quem seria? Lá vinha novamente o ciúme. Aquilo ainda causaria infelicidades sem remédio.

Pouco a pouco me fui amadornando, até cair num sono

embrulhado e penoso. Creio que sonhei com rios cheios e atoleiros.

Quando dei acordo de mim, a vela estava apagada e o luar, que eu não tinha visto nascer, entrava pela janela. A porta continuava a ranger, o nordeste atirava para dentro da sacristia folhas secas, que farfalhavam no chão de ladrilhos brancos e pretos. O relógio tinha parado, mas julgo que dormi horas. Galos cantaram, a lua deitou-se, o vento se cansou de gritar à toa e a luz da madrugada veio brincar com as imagens do oratório.

Ergui-me, o espinhaço doído da posição incômoda. Estirei os braços. Moído, como se tivesse levado uma surra.

Saí, dirigi-me ao curral, bebi um copo de leite. Conversei um instante com Marciano sobre as corujas. Em seguida fui passear no pátio, esperando que o dia clareasse de todo.

Realmente a mata, enfeitada de paus-d'arco, estava uma beleza.

Três anos de casado. Fazia exatamente um ano que tinha começado o diabo do ciúme.

A serraria apitou; as suíças de seu Ribeiro surgiram a uma janela; Maria das Dores abriu as portas; Casimiro Lopes apareceu com uma braçada de hortaliças.

Desci ao açude. Derreado, as cadeiras doendo. Que noite! Despi-me entre as bananeiras, meti-me na água, mergulhei e nadei.

Quando cheguei a casa, o sol já estava alto. O espinhaço ainda me doía. Que noite!

Subindo os degraus da calçada, ouvi gritos horríveis lá dentro.

— Que diabo de chamego é este?

Entrei apressado, atravessei o corredor do lado direito e no meu quarto dei com algumas pessoas soltando exclamações. Arredei-as e estaquei: Madalena estava estirada na cama, branca, de olhos vidrados, espuma nos cantos da boca.

Aproximei-me, tomei-lhe as mãos, duras e frias, toquei-lhe o coração, parado. Parado.

No soalho havia manchas de líquido e cacos de vidro.

D. Glória, caída no tapete, soluçava, estrebuchando. A ama, com a criança nos braços, choramingava. Maria das Dores gemia.

Comecei a friccionar as mãos de Madalena, tentando reanimá-la. E balbuciava:

— A Deus nada é impossível.

Era uma frase ouvida no campo, dias antes, e que me voltava, oferecendo-me esperança absurda.

Pus um espelho diante da boca de Madalena, levantei-lhe as pálpebras. E repetia maquinalmente:

— A Deus nada é impossível.

— Que desastre, senhor Paulo Honório, que irreparável desastre! murmurou seu Ribeiro perto de mim.

E Padilha, encolhido por detrás dele:

— Num momento como este a minha obrigação era vir.

— Agradecido, muito agradecido.

E encaminhei-me ao escritório, levado pelo hábito, murmurando sempre:

— A Deus nada é impossível.

Sobre a banca de Madalena estava o envelope de que ela me havia falado. Abri-o. Era uma carta extensa em que se despedia de mim. Li-a, saltando pedaços e naturalmente compreendendo pela metade, porque topava a cada passo aqueles palavrões que a minha ignorância evita. Faltava uma página: exatamente a que eu trazia na carteira entre faturas de cimento e orações contra maleitas que a Rosa anos atrás me havia oferecido.

S. Bernardo, 3ª ed., Rio de Janeiro, José Olympio, 1947.

ÉRICO VERÍSSIMO

Érico Veríssimo nasceu no Rio Grande do Sul (Cruz Alta) em 1905, de família de tradição e fortuna que repentinamente perdeu o poderio econômico. Malogrado, assim, um plano de estudar na Universidade de Edimburgo, viu-se na contingência de ocupar empregos medíocres, até que se fez secretário da Revista do Globo, *em Porto Alegre, para onde se transferiu definitivamente. Seus primeiros trabalhos apareceram em livro, em 1932, sendo do ano seguinte o romance de estréia,* Clarissa, *que marca muito bem o início da sua popularidade. Desde então passou a exercer uma intensa atividade literária, tendo estado mais de uma vez em missão cultural nos Estados Unidos. Faleceu em Porto Alegre em 1975.*

A obra do ficcionista, já perfeitamente definida, abrange duas etapas: uma que se estende de Clarissa *a* O Resto É Silêncio; *outra que compreende o romance cíclico* O Tempo e o Vento. *No primeiro caso, podemos falar também numa realização seriada, unificando determinados romances que, não obstante, podem ser tomados isoladamente. Seu traço de união é determinado pela presença contínua e entrelaçada de certos personagens, destacadamente os pares Vasco-Clarissa e Noel-Fernanda, que se completam entre si e demonstram a solução ideal que o romancista pretende encontrar para as crises morais e espirituais do homem no mundo atual. Preocupa-o o triunfo da autenticidade de seus personagens e o reconhecimento do sentimento de solidariedade e compreensão, sobre uma sociedade rota e num mundo em crise. Inspira-se, como já se observou, numa espécie de cristianismo primitivo. É a mesma atitude que também se reconhece nos demais romances dessa primeira fase, como* Olhai os Lírios do Campo *ou* O Resto É Silêncio. *Em todos, o registro do quotidiano, nos limites de uma grande metrópole, é feito sempre através do ângulo de visão dos personagens. Na segunda fase, o romancista preocupa-se com a investigação das origens e formação social do seu Estado natal. Realiza então a obra cíclica que recebeu a denominação geral de* O Tempo e o Vento, *de proporções verdadeiramente épicas. Retoma a experiência técnica e expressiva da primeira fase, em que foi fecunda a influência de romancistas norte-americanos e ingleses.*

Apesar das restrições que lhe podem ser feitas de superficialidade na abordagem de temas assim como na análise de caracteres, e de repetições saturantes, as suas experiências são de grande importância para o enriquecimento do romance brasileiro atual.

BIBLIOGRAFIA

DO AUTOR:

1. Cronologia:

a) Ficção: *Fantoches*, 1932; *Clarissa*, 1933; *Música ao Longe*, 1935; *Caminhos Cruzados*, 1935; *Um Lugar ao Sol*, 1936; *Olhai os Lírios do Campo*, 1938; *Saga*, 1940, *As Mãos de Meu Filho*, 1942; *O Resto É Silêncio*, 1943; *Noite*, 1954; *O Tempo e o Vento* — I — *O Continente*, 1949; II — *O Retrato*, 1951; e III — *O Arquipélago*, 1961; *O Senhor Embaixador*, 1965; *O Prisioneiro*, 1967; *Incidente em Antares*, 1971.

b) Ficção didática e literatura infantil: *Os Três Porquinhos*

Pobres, 1935; *Aventuras de Tibicuera,* 1937; *Viagem à Aurora do Mundo,* 1939; *Aventuras no Mundo da Higiene,* 1939.

c) Viagens — *Gato Preto em Campo de Neve,* 1941; *A Volta do Gato Preto,* 1947; *México — História Duma Viagem,* 1957.

d) Biografia — *A Vida de Joana d'Arc,* 1935.

2. Edições indicadas:
a) *Obras,* Porto Alegre, Globo, 1961, 10 vols. (1. *Fantoche e Outros Contos e Artigos*; 2. *Clarissa e Noite*; 3. *Música ao Longo*; 4. *Caminhos Cruzados*; 5. *Um Lugar ao Sol*; 6. *Saga*; 7. *Olhai os Lírios do Campo*; 8. *O Resto É Silêncio*; 9. *A Vida de Joana d'Arc*; 10. *Viagem à Aurora do Mundo*); b) *O Tempo e o Vento,* Porto Alegre, Globo. (I — *O Continente,* 1 vol. 1949; *O Retrato,* 2 vols., 1951; e *O Arquipélago,* 3 vols., 1961); c) *O Senhor Embaixador,* Porto Alegre, Globo, 1965; *O Prisioneiro,* ibidem, 1967; d) *Ficção completa,* organizada com assistência do Autor — vol. I — Romances e novelas: *Clarissa, Caminhos Cruzados, Música ao Longe, Um Lugar ao Sol, Olhai os Lírios dos Campos*; vol. II — *Saga, O Resto É Silêncio, Duas Novelas e Dois Contos, O Senhor Embaixador*; vol. III — *O Tempo e o Vento* — "O escritor diante do espelho — uma autobiografia compacta", *O Continente*; vol. IV — *O Tempo e o Vento — O Retrato, O Arquipélago* (começo); vol. V — *O Tempo e o Vento — O Arquipélago* (continuação e fim), Rio de Janeiro, Aguilar, 1967, com estudos de Antônio Olinto — "A História em estado de pureza", Wilson Martins — "O estilo do romance", *in* vol. I e Jean Roche — "*O Tempo e o Vento,* obra-prima de Érico Veríssimo", *in* vol. V.

SOBRE O AUTOR:

Moisés VELINHO: "Érico Veríssimo, romancista", *in Letras da Província*, Porto Alegre, Globo, 1944, págs. 93-118.
Antônio CANDIDO, "Romance popular", *in Brigada Ligeira*, São Paulo, Martins, 1945, págs. 71-82.

João GASPAR SIMÕES, "Érico Veríssimo", in *Crítica*, Porto, Liv. Latina, 1942, págs. 380-392.

O TEMPO E O VENTO

O Continente *é a primeira parte da trilogia* O Tempo e o Vento, *na qual o A. apresenta um grandioso painel do homem e da paisagem do Rio Grande do Sul. Nesse primeiro romance, a perspectiva de conjunto abrange um espaço histórico que se estende de fins do século XVIII até a revolução de 1893. Desde as origens da Capitania de S. Pedro, com o início da colonização açoriana, as lutas das Missões, as guerrilhas e assaltos de espanhóis da fronteira, a formação de pequenas e grandes estâncias, a fundação de cidades, até a afirmação do poderio econômico e do mandonismo local de famílias que se dividem em lutas intestinas, num guerrilhar contínuo, em que a crônica da Capitania, depois Província, se confunde com a história do País.*

A visão global compõe-se de sucessivas visões parciais, ou limitadas no tempo e no espaço, de forma que a obra verdadeiramente é uma aglutinação de novelas, entremeadas de cantos *de certo sabor poético, impregnados de elementos folclóricos e referências populares. A sua unidade resulta primeiramente do próprio desenrolar histórico dos fatos e situações, tendo a região de Santa Fé como ponto de convergência e irradiação. Esboçam-se ao mesmo tempo as origens e a formação da cidade do mesmo nome. Os fatos e situações, por sua vez, visam de maneira particular ao processo de enraizamento, de afirmação de poderio econômico e de mandonismo local, de determinadas famílias: os Amaral e os Terra e Cambará. No caso, o ponto de partida do desenvolvimento da intriga, paralelamente com as visões retrospectivas, é a luta entre federalistas e republicanos, de 1893. De um lado, estão os Amaral, de outro, os Terra e Cambará, cujas rivalidades de famílias encontram evasão nas lutas políticas.*

O trecho selecionado focaliza, em tempo passado, a morte, em luta com os Amaral, do Capitão Rodrigo Cambará, guerreiro e andarilho, que se fixou em Santa Fé por amor de Bibiana Terra, dando origem à família Terra Cambará e marcando o início da oposição à autoridade até então absoluta dos Amaral, naquela cidade.

Um Certo Capitão Rodrigo

28

Antes de começar o ataque ao casarão, Rodrigo foi à casa do vigário.

— Padre! — gritou, sem apear. Esperou um instante. Depois: — Padre!

A porta da mei'água abriu-se e o vigário apareceu.

— Capitão! — exclamou ele, aproximando-se do amigo e erguendo a mão, que Rodrigo apertou com força.

— Foi só pra saber se vosmecê estava aqui ou lá dentro do casarão. Eu não queria lastimar o amigo...

— Muito obrigado, Rodrigo, muito obrigado. — O Padre Lara sacudiu a cabeça, desalentado. — Vosmecê vai perder muita gente, capitão. Os Amarais são cabeçudos e têm muita munição.

— Eu também sou cabeçudo e tenho muita munição.

— Por que não espera o amanhecer?

Rodrigo deu de ombros.

— Pra não deixar a coisa esfriar.
— Olhe aqui. Vou lhe dar uma idéia. Antes de começar o assalto, por que vosmecê não me deixa ir ao casarão ver se o Cel. Amaral consente em se render pra evitar uma carnificina?
— Não, padre. Não faças aos outros aquilo que não queres que te façam a ti. Não é assim que diz nas Escrituras? Se alguém me convidasse pra eu me render eu ficava ofendido. Um homem não se entrega.
— Mas não há nenhum desdouro. Isto é uma guerra entre irmãos.
— São as mais brabas, padre, são as mais brabas.
De cima do cavalo Rodrigo ouvia a respiração chiante e dificultosa do sacerdote. Lembrou-se das muitas conversas que tiveram noutros tempos.
— Vosmecê é um homem impossível... — disse o padre, desolado.
— Acho que esta noite vou dormir na cama do velho Ricardo. — Sorriu. — Mas sem a mulher dele, naturalmente... E amanhã de manhã quero mandar um próprio levar ao chefe a notícia de que Santa Fé é nossa. A Província toda está nas nossas mãos. Desta vez os legalistas se borraram! Até logo, padre.
Apertaram-se as mãos.
— Tome cuidado, capitão. Vosmecê se arrisca demais.
— Ainda não fabricaram a bala que há de me matar! — gritou Rodrigo, dando de rédea.
— A gente nunca sabe — retrucou o padre.
— E é melhor que não saiba, não é?
— Deus guie vosmecê!
— Amém! — replicou Rodrigo, por puro hábito, pois aprendera a responder assim desde menino.

O padre viu o capitão dirigir-se para o ponto onde um grupo de seus soldados o esperava. A noite estava calma. Galos de quando em quando cantavam nos terreiros. Os galos não sabem de nada — refletiu o padre. Sempre achara triste e agourento o canto dos galos. Era qualquer coisa que o lembrava da morte. Voltou para casa, fechou a porta, deitou-se na cama com o breviário na mão, mas não pôde orar. Ficou de ouvido atento, tomado duma curiosa espécie de medo. Não era medo de ser atingido por uma bala perdida. Não era medo de morrer. Não era nem medo de sofrer na carne algum ferimento. Era medo do que estava para vir, medo de ver os outros sofrerem. No fim de contas — se esmiuçasse bem — o que ele tinha mesmo era medo de viver, não de morrer.

O tiroteio começou. A princípio ralo, depois mais cerrado. O padre olhava para seu velho relógio: uma da madrugada. Apagou a vela e ficou escutando. Havia momentos de trégua, depois de novo recomeçavam os tiros. E assim o combate continuou madrugada adentro. Finalmente se fez um longo silêncio. As pálpebras do padre caíram e ele ficou num estado de madorna, que foi mais uma escura e confusa agonia do que repouso e esquecimento.

O dia raiava quando lhe vieram bater à porta. Foi abrir. Era um oficial dos farrapos cuja barba negra contrastava com a palidez esverdinhada do rosto. Tinha os olhos no fundo e foi com voz cansada que ele disse:

— Padre, tomamos o casarão. Mas mataram o capitão Rodrigo — acrescentou, chorando como uma criança.

— Mataram?

O vigário sentiu como que um soco em pleno peito e uma súbita vertigem. Ficou olhando para aquele homem que nunca vira e que agora ali estava, à luz da madrugada a fitá-lo como se esperasse dele, sacerdote, um milagre que fizesse ressuscitar Rodrigo.

— Tomamos o casarão de assalto. O capitão foi dos primeiros a pular a janela. — Calou-se, como se lhe faltasse fôlego. — Uma bala no peito...

O padre mirava-o, estupidificado, pensando em Bibiana.

— E os Amaral?

— O Cel. Ricardo morreu peleando. O filho fugiu.

O padre sacudia devagarinho a cabeçorra, como que recusando aceitar aquela desgraça.

— Eu queria que vosmecê fosse dar a notícia à mulher do capitão — pediu o oficial.

O vigário saiu de casa e começou a andar na direção da praça quase sem saber o que fazia. O homem caminhava a seu lado e houve um momento em que murmurou:

— Meu nome é Quirino. Quirino dos Reis. Conheci o capitão no Rio Pardo. Brigamos juntos nas forças de Antônio Vicente da Fontoura...

A praça na luz lívida. A figueira, como uma pessoa, grande, triste e escura, no meio da praça. Lá do outro lado, o casarão...

— Perderam muita gente? — perguntou o padre com voz tão fraca que o outro não o ouviu e ele teve de repetir a pergunta.

— Perdemos seis homens e temos uns quinze feridos. Dos caramurus... nem contei. Mas fizemos uns trinta prisioneiros desde o primeiro combate até a tomada do casarão...

O Padre Lara caminhava na direção da casa de Bibiana. Como havia de lhe transmitir a notícia? Dizer tudo de chofre? Ou primeiro mentir que o capitão estava ferido... gravemente, e depois, aos poucos, preparar-lhe o espírito para o pior? Talvez ela lesse no rosto dele o que tinha acontecido.

Talvez já tivesse adivinhado tudo. Essas mulheres às vezes têm uma intuição dos diachos...

—... mas era um homem — murmurava Quirino.

— Hein?

— Estou dizendo que o capitão Rodrigo era um homem. O gen. Bento Gonçalves vai ficar muito triste. — Soltou um suspiro. — Tenho a consciência tranqüila. Eu bem que avisei o capitão. Era loucura tomar o casarão de assalto. Eles iam acabar se entregando. Era só esperar. Mas qual! O capitão queria porque queria. — Suspirou, depois abriu a boca num grande bocejo que pareceu um ronco de animal. A seguir acrescentou: — Nunca vi cristão que gostasse mais de brigar que o capitão Rodrigo!

E o Padre Lara, que já avistava a casa de Bibiana, murmurou mais para si mesmo que para o outro:

— Era um homem impossível.

Disse isso com uma certa ternura zangada, e as lágrimas começaram a escorrer-lhe frias pela face.

Os mortos foram sepultados naquele mesmo dia. Quase toda a população de Santa Fé foi ao enterro do Capitão Rodrigo Cambará, levando-lhe o caixão a pulso até o cemitério. Pedro e Juvenal Terra ajudaram a descê-lo à cova, e todos fizeram questão de atirar um punhado de terra em cima dele.

De volta do cemitério, por longo tempo Pedro Terra caminhou em silêncio ao lado do filho. De vez em quando seu olhar se perdia campo em fora.

— Este ia ser um bom ano para o trigo — disse ele, brincando com a corrente do relógio.

Ele não se esquece — pensou Juvenal, sacudindo a cabeça. Quis falar em Rodrigo, mas não teve coragem.

— Até quando irá durar esta guerra? — perguntou.

— Só Deus sabe.

Juvenal olhava para o casario de Santa Fé, do qual aos poucos se aproximavam. Os telhados escuros estavam lavados de sol. Havia no ar um cheiro de folhas secas queimadas. Ao redor da vila estava tudo tão verde, tão claro e tão alegre que nem parecia que a guerra continuava. Juvenal não podia tirar da cabeça a imagem do cunhado. E não conseguia convencer-se de que ele estava morto, não podia mais rir, nem comer, nem amar, nem falar, nem brigar. Morto, apodrecendo debaixo da terra... Lembrou-se do primeiro dia em que o vira. "Buenas e me espalho, nos pequenos dou de prancha, nos grandes dou de talho." E se viu a si mesmo saltar dum canto, de faca em punho: "Pois dê." Aqueles olhos de águia, insolentes e simpáticos... O mundo era bem triste!

Pedro fez alto e olhou para uma grande paineira florida que se erguia na boca duma das ruas.

— Tinha mais gente no enterro do capitão Rodrigo que no do Cel. Ricardo — observou ele como se estivesse falando com a árvore.

— Rei morto, rei posto — refletiu Juvenal.

Retomaram a marcha e Pedro Terra foi dizendo:

— Mas tenho pena é desses soldados dos Amaral que morreram e foram enterrados de cambulhada num valo, sem caixão nem nada. Eram uns pobres coitados. Muitos até ninguém sabe direito como se chamam. Não podem nem avisar as famílias. Foram enterrados como cachorros.

— É a guerra.

— Eu só queria saber quantas guerras mais ainda tenho que ver.

Um quero-quero soltou o seu guincho agudo e repetido, que deu a Pedro Terra uma súbita vontade de chorar.

Quando o Dia de Finados chegou, Bibiana foi pela manhã ao cemitério com os dois filhos. Estava toda de preto e agora, passado o desespero dos primeiros tempos, sentia uma grande tranqüilidade. Ficou por muito tempo sentada junto da sepultura do marido, enquanto Bolívar e Leonor brincavam correndo por entre as cruzes ou então se acocoravam e se punham a esmagar formigas com as pontas dos dedos. Mentalmente Bibiana conversava com Rodrigo, dizia-lhe coisas. Seus olhos estavam secos. Às vezes parecia que ela toda estava seca por dentro e seria incapaz de qualquer sentimento. No entanto a vida continuava, e a guerra também. A Câmara Municipal de Santa Fé tinha aderido à revolução. O velho Ricardo Amaral estava morto. Bento havia emigrado para o Paraguai com a mulher e o filho. Diziam que os imperiais tinham de novo tomado Porto Alegre. Bibiana não sabia nem queria saber se aquilo era verdade ou não. Não entendia bem aquela guerra. Uns diziam que os farrapos queriam separar a Província do resto do Brasil. Outros afirmavam que eles estavam brigando porque amavam a liberdade e porque tinham sido espezinhados pela Corte. Só duma coisa ela tinha certeza: Rodrigo estava morto e rei nenhum, santo nenhum, deus nenhum podia fazê-lo ressuscitar. Outra verdade poderosa era a de que ela tinha dois filhos e havia de criá-los direito, nem que tivesse de suar sangue e comer sopa de pedra. O pai convidava-a a voltar para casa. Mas ela queria ficar onde estava. Era o seu lar, o lugar onde tinha sido feliz com o marido.

Bibiana olhou para a sepultura de Ana Terra e achou estranho que Rodrigo estivesse agora "morando" tão pertinho da velha. E não deixava de ser ainda mais estranho estarem os dois à sombra do jazigo perpétuo da família Amaral, onde se achavam os restos mortais do Cel. Ricardo. Agora estavam todos em paz.

Bibiana levantou-se. Era hora de voltar para casa, pois em breve o cemitério estaria cheio de visitantes, e ela detestava que lhe viessem falar em Rodrigo com ar fúnebre. Não queria que ninguém a encontrasse ali. Em breve tiraria o luto do corpo: vestira-se de preto porque era um costume antigo e porque ela não queria dar motivo para falatório. Mas no fundo achava que luto era uma bobagem. Afinal de contas para ela o marido estava e estaria sempre vivo. Homens como ele não morriam nunca.

Ergueu Leonor nos braços, segurou a mão de Bolívar, lançou um último olhar para a sepultura de Rodrigo e achou que afinal de contas tudo estava bem.

Podiam dizer o que quisessem, mas a verdade era que o capitão Cambará tinha voltado para casa.

O Tempo e o Vento — I — O Continente,
4ª ed., Porto Alegre, Globo, 1952.

CORNÉLIO PENA

Cornélio Pena nasceu em Petrópolis, em 1896, e faleceu no Rio de Janeiro, em 1958. Viveu em Campinas até os primeiros anos ginasiais, completados em São Paulo, onde ingressou na Faculdade de Direito. Formado, e já iniciado na literatura e na pintura, transferiu-se para Niterói. Mais tarde, fixou residência no Rio de Janeiro (embora tenha voltado a residir temporariamente em São Paulo), tendo sido funcionário público, 3º oficial no Ministério da Justiça e diretor do Instituto de Artes da Universidade do Distrito Federal. O ano de 1935 marca o seu retorno à religião católica, e a sua estréia como romancista.

Situa-se numa posição marcante na ficção brasileira contemporânea: em primeiro lugar, pela relativa originalidade temática e, quando não, pela nova maneira de apreendê-la. Mergulha num passado próximo, vinculado a uma espécie de herança de valores morais, de atitudes soberbas, de poderio ilimitado e de atos e decisões intransigentes, na paisagem das fazendas de criação, de mineração ou de café em Minas Gerais e no Vale do Paraíba. Nelas, sobre o húmus da escravidão, as grandes fortunas alimentam o orgulho de um feudalismo aristocrático redivivo. Em dado momento parece recair sobre seus remanescentes, ainda em pleno fausto, uma punição inexorável, uma cadeia de elos formada através do tempo, que afinal se fecha, aprisionando definitivamente as pessoas. Nessa prisão sombria, os atos e as palavras são contidos, limitados, e mesmo incomunicáveis. Não se sabe de nada claramente, as pessoas repisam seus remorsos, se consomem na angústia, no drama interior, na tortura da alma, se curvam no abismo da loucura ou do misticismo sádico, definitivamente irreconciliáveis, como se estivessem punindo a si mesmas e aos outros, embora não o admitam. Tudo se deixa envolver pelo mistério e só raramente vislumbramos um pálido instante de luz e revelação. Por outro lado, o autor adensa a investigação psicológica da natureza humana dos personagens, mas livre, como já se observou, de qualquer esquema reconhecível, sugerindo apenas o caos e o mistério, revestindo o mundo em que eles vivem de uma atmosfera quase insondável, não obstante os seus instantes premonitórios.

O período longo, acumulando frases, com intensidade rítmica e disposição vocabular sempre iguais, se desenrola numa ondulação monótona de infindável monólogo, saturante, mas condizente com a atmosfera em que se pretendem envolver os fantasmas que sombreiam os vivos. Sugere também com imagens nítidas os objetos minuciosamente descritos, vestuários, alfaias, alimentação, assim como os cenários amplos e esbatidos, tudo em proporções magníficas. Mas parece haver certo abuso nos processos usados, sobretudo para sugerir o mistério, o que limita a força criadora do próprio romancista, notadamente nos seus dois primeiros romances.

BIBLIOGRAFIA

DO AUTOR:

1. Cronologia: *Fronteira*, 1936; *Dois Romances de Nico Horta*, 1939; *Repouso*, 1948; *A Menina Morta*, 1954.

2. Edição indicada: *Romances Completos*, introdução geral por Adonias Filho, Rio de Janeiro, Aguilar, 1958.

SOBRE O AUTOR:

Adonias FILHO, "Introdução geral" à ed. Aguilar, cit., além de críticas de Lêdo Ivo, Tristão de Athayde, Mário de Andrade, Sérgio Milliet e outros.

A MENINA MORTA

O argumento desse romance se esboça através de situações e detalhes, que compõem o ambiente e com ele submergem numa atmosfera que delimita o seu próprio mundo. De repente, todos os seus componentes materiais, humanos e temporais avultam nitidamente em torno de um símbolo de poder unificador e punitivo, a "menina morta". Evocada em sua curta existência, ela deixa entrever a sua missão conciliadora, também inspiradora do perdão e da bondade. Morta, abandona os vivos que se aprisionam cada vez mais nas cadeias do orgulho, do grande latifúndio escravocrata e monocultor, todos surdos aos gemidos da humildade passiva do escravo seviciado e aterrorizado.

A paisagem é a de uma grande fazenda de café no Vale do Paraíba, com seu imenso solar, inúmeros agregados e trezentos escravos. Seus senhores sofrem um drama íntimo, contido pelo orgulho e pelo amor-próprio, que intimidam e impedem qualquer possibilidade de alusão, de quem quer que seja, ao que possa ter acontecido. Ao mesmo tempo, pressente-se a iminência da revolução social e econômica, com a extinção do trabalho servil. A criança, que seria a esperança de uma recon-

ciliação humana geral naquela paisagem de riqueza e poderio às vésperas de se extinguir, se converte naquele símbolo da "menina morta". É a sombra punitiva que paira sobre os desumanizados. Tanto que, como num misterioso processo de metempsicose, ela é confundida com a irmã que sobrevive e é feita herdeira da fazenda. É quando esse vasto latifúndio de repente se desola, quase se intemporaliza, para envolver a sobrevivente numa imensa sombra, juntamente com sua mãe, física e mentalmente debilitada.

O romance parece então dividir-se em duas partes: a primeira, em que perdura a lembrança da menina morta, coexistindo com o seu retrato a óleo na parede, enquanto ela se faz atuante como verdadeira força catalítica; a segunda, preenchida pelo retorno da irmã, coincidindo com a ausência dos pais, até ao entorpecimento sombrio de todo aquele imenso e fervilhante domínio. Os capítulos que se seguem exprimem dois momentos culminantes da composição da ambiência do livro, na primeira parte ou primeiro momento indicado.

Capítulo II

Sobre a mesa colocada bem no centro da sala do oratório, que era imensa e guarnecida dos lados por marquesas cujos encostos se erguiam em pesadas volutas, e ao fundo pelo relógio de armário, fronteiro à capela doméstica, que dava o nome àquele amplo compartimento, foi estendido grande pano de veludo escarlate, todo bordado de prata, em intermináveis ramagens, entrelaçadas nos cantos. Era ali que devia ser posto o pequenino caixão de cetim branco, nesse momento quase terminado por José Carapina, e fora esse trabalho demorado, porque o escravo o fazia sem enxergar bem o que tinha diante de si, de tal modo seus olhos estavam nublados. A princípio o serrote e depois a plaina, que não conseguia manter firme nas mãos trêmulas, e que devia passar sobre as tábuas maiores e as menores que formariam a cabeceira, tinham-lhe parecido estranhos, deformados. Não era o suor que lhe caía do rosto, e abria pequenas manchas no pinho-de-riga, muito branco e marmoreado por desenhos em sépia, mas sim lágrimas puras e cristalinas, em contraste luminoso com sua pele negra e enrugada. Na alma do velho carpinteiro cativo enovelavam-se pequenos e confusos problemas, que se formavam e desapareciam sem que ele pudesse perceber onde estava a verdade e até onde ia a tentação do demônio, pois parecia-lhe grande crime estar a fazer o caixão onde seria aprisionada a Sinhazinha. Ora duvidava se não estavam muito grossas as pranchas que aplainava, ora corria nervosamente as mãos sobre elas, para sentir se não tinham ficado ásperas, de forma a ferir aqueles bracinhos redondos, que tantas vezes tinham passado em torno de seu pescoço cheio de cordas. Já sabia que aquela sua obra tosca seria coberta pelo tecido branco e brilhante desdobrado pela mucama, para medir sobre o seu trabalho, mas, mesmo assim, desejava fazer a caminha bem macia, onde a nenê poderia descansar para sempre...

Para sempre? seria para nunca mais voltar que a Sinhazinha dormiria naquele berço fechado que ele fazia... e a garlopa entortava e corria de lado, quase pegando seus dedos nodosos! Nunca sentira tristeza tão grande e tão estranha, nem mesmo quando fora vendido pelos seus antigos senhores, pois não nascera ali, e sim muito abaixo do rio, na humilde "situação" onde os donos morenos e pobres quase se confundiam com os escravos. Viera de lá com a respiração cortada de soluços, e às vezes parecia ter sido essa uma irremediável desgraça sem fim e sem medida que lhe acontecera, mas o coração lhe doía ao lembrar-se que, no caminho, o tinham assaltado as esperanças de comer bem e tornar-se "negro importante" da fazenda do novo Sinhô muito rico, que ia sempre à Corte e conhecia o Imperador. Nos dias seguintes à sua chegada à fazenda, tivera vontade de fazer como os negros novos, arribados de pouco, que não falavam e comiam terra escondido, no desejo de morrer. Primeiro ficavam com a pele escura e sem brilho, depois quase cinzenta, com laivos amarelos sob os olhos e no pescoço, para depois muito lentamente vir a morte, entre grandes sofrimentos, que os levaria de volta para Benguela distante, para a Guiné selvagem e livre.

Mas a fome vencera, ajudada pelo feijão muito bem-feito, vindo do caldeirão enorme instalado no canto da cozinha, sobre a tripeça de ferro sempre avermelhada pelo fogo constante de lenha cheirosa, pelo angu dourado e pela carne-seca, tão rara na antiga casa, onde as mais das vezes senhores e escravos comiam papa de fubá com bertalha. E assim engordara e crescera, apesar da vergonha que o fazia engolir depressa os bocados, ao lembrar que a Sinhá antiga só teria daquilo nos dias de festa...

E os anos tinham corrido, sem ele saber mais de sua gente, e agora, mesmo se fizesse grande esforço de memória, não teria certeza de qual daqueles negros maltrapilhos, guardados em sua imaginação, vestidos de calças sem surtum, ou então simples trapo passado na cintura, já sem cor nem feitio, seria seu pai, nem qual das negras de camisola rasgada e suja seria sua mãe. Hoje a mulher que o Senhor lhe tinha dado, os filhos que tinham nascido, andavam todos de camisa branca e calça de zuarte, e a negra Almerinda tinha coragem de usar colar vermelho sobre o vestido de chita de tundá... Mas, tudo isso, apesar da bondade severa do Sinhô e da caridade distante e rica da Sinhá, de nada valia sem a presença risonha e chilreante da menina, cujo esquife executava.

    As tábuas, que lembravam paredes de sepultura, pois pareciam de pedra e cegavam a plaina, não queriam se ajustar, não se adaptavam umas às outras! Mas talvez fosse por causa da tremura de suas mãos vigorosas que tinham construído a casa-grande, ajustado os seus tetos e alisado os soalhos imensos. Mesmo os esteios mestres foram desbastados por ele com a enxó muito afiada e transformara troncos gigantescos de árvores seculares em grandes mastros erguidos para o céu, à espera das grandes vigas da armação do telhado, cujo destino seria cobrir o antigo Sinhô e também a Sinhá, a quem devia desposar lá na cidade grande, onde viviam todos os brancos poderosos, e depois o Sr. Comendador, que ali nascera.

    Agora era para a morte que trabalhava, para ajudá-la a levar para bem longe, a um lugar de onde não se volta mais, a Sinhá-pequena, e ele se apressava sem ser preciso que o feitor viesse ver se trabalhava mesmo, se cumpria bem as ordens recebidas. Mas, também o negro fiscal tinha os olhos vermelhos quando lhe dissera o que devia fazer naquela manhã tão clara, de sol tão branco, e que, entretanto, parecia ameaçadora e sufocante para todos os moradores do Grotão.

    Foi forçado a chamar o ajudante, aquele negrinho antipático que lhe tinham dado para fazer os pequenos serviços da carpintaria.

    — Tição, veja se conserta direito essa cabeça de prego, que não está bem quadrada... Senão!...

    Viu que o pretinho tivera coragem de rir, nervosamente, de cabeça baixa, e logo deu-lhe rápida pescoçada, da qual o menino escapou agilmente, mas serviu de escarmento, para que trabalhasse com ligeireza e cuidado as "arestas", como as chamava o feitor, a fim de torná-las bem lisas, com as pontas direitas. Tudo devia ser feito com capricho, pois era o último serviço feito para a menina. As palavras saíam-lhe da boca, sem que as sentisse, e pareciam independentes de sua vontade, tão desatinada agora com o choque sofrido, ao compreender estar morta a Sinhazinha-pequena, pelo silêncio caído sobre toda a fazenda. Ninguém lhe dissera nada, pois negro não precisa saber do que se passa com os senhores, mas logo suspeitara ser a desgraça completa, pois lá se fora a alegria, o enfeite daquelas salas grandes, daqueles pátios de pedra, agora sinistros, desmedidos, e também mortos sem remédio.

Era hora de pregar as tábuas. Devia bater as marteladas, uma vez que elas, lá do quarto onde estava a Nhangana, poderiam ser ouvidas? Experimentou primeiro martelar bem devagarinho, quase sem barulho, mas os pregos entortaram e ameaçaram, com as pancadas frouxas, rachar ou tirar lasca da madeira. Então ele abaixou-se depressa, de forma que o ajudante não visse, e arrancou um pedaço da bainha da calça, que a Almerinda costurara fortemente. Enrolou-a na cabeça do instrumento e bateu sofregamente os pregos, sem fazer ouvir muito as batidas, ensurdecidas pelo pano grosso, de riscado. Era quase nova a calça, e mais tarde teria que ouvir as lamentações de sua negra, e talvez tudo chegasse aos ouvidos de D. Frau, empenhada sempre em se meter em tudo da vida da fazenda, até mesmo nas brigas de marido e de mulher, entre os escravos, e disso resultariam palmatoadas. Mas, era assim que devia fazer e assim o faria.

Estava pronto o pequeno esquife, e a mucama poderia vir agora, para esconder as tábuas debaixo do cetim tão bonito, com os reflexos prateados e azuis. Contudo era preciso levá-lo, e o carpinteiro colocou-o sobre os ombros, como se fosse uma cruz, e atravessou o grande quadrado, muito curvo, penosamente, esmagado pelo peso enorme, acima de suas forças...

Capítulo VIII

O Sr. Justino, diante da porta do quarto de vestir dos senhores, parou, e despediu com aspereza a pretinha que tomara como guia, pois perdera-se na confusão de entradas de salas e corredores daquela casa que lhe parecera sempre um palácio encantado e proibido. Por isso não tivera outro remédio senão ordenar a uma das criadinhas internas que passara por ele, e, ingenuamente, lhe pedira a sua bênção, que lhe mostrasse o caminho até ali. Agora temia não saber como fazer-se anunciar e pensava com impaciência que fora um tolo em mandar a negrinha embora, porque teria podido fazer com que ela própria batesse e chamasse o Senhor. Mas, depois de certo tempo, ouviu passos fortes lá dentro. Pigarreou com intenção, levou ao nariz enorme pitada de rapé cangica, e imediatamente puxou, dos profundos bolsos traseiros da casaca farta, o alcobaça vermelho, à espera do sonoro espirro que seria natural seguir-se. Ainda usava calções e meias brancas muito grossas, de algodão, e os sapatões, com os quais conseguira andar sem fazer barulho, eram ainda de cabedal português, com pestanas que lhe subiam pelos tornozelos. Seu corpo disforme, cheio de gibas de gordura, dava-lhe o aspecto de grande besouro castanho e zumbidor.

Quando soltava os primeiros grunhidos, predecessores do espirro, a porta abriu-se e o Senhor surgiu, de rosto severo e fechado, pois já pressentira ser o administrador o autor dos ruídos indicativos de alguém que lhe desejava falar. Foi obrigado, pois, a esperar que o Sr. Justino sufocasse no lenço os verdadeiros guinchos que involuntariamente produzia, e a impaciência com que o fez, batendo o pé no soalho, em ritmo agitado, não pressagiava nada de bom. Afinal, quando o velho conseguiu restabelecer-se um pouco, disse-lhe asperamente:

— Quer me ouvir agora, Sr. Justino?

— Sr. Comendador, ó meu Sr. Comendador. Queira Vosselência perdoar-me — disse ele em ânsias, a resfolegar, ainda com medo de voltarem as esternutações — eu cá vim porque recebi um recado da Exma. Srª D. Virgínia, que aqui viesse falar com Vosselência...

— Está bem — interrompeu o Senhor, secamente. — Tinha a dar-lhe ordens. Não quero que nenhum dos escravos saia da fazenda, sob pretexto algum. O dia de trabalho há de se passar como todos os outros, logo que se acabe tudo, o que vai ser já. O carro irá com as Sras. Virgínia e Celestina, e mais ninguém da casa. As pessoas acompanharão... se quiserem.

O Sr. Justino, depois de muitas mesuras, e de dizer palavras entrecortadas, foi para o terreiro e mandou dois moleques que fossem chamar os feitores e os capatazes, que eram ao todo vinte, para que se reunissem na sala da casa das máquinas, e para lá se dirigiu. Mas, ao passar pela porta da cozinha, viu, em pé junto ao poial que firmava a entrada, a mulata Libânia já pronta para sair, com o vestido novo do Dia do Ano, todo de cassa branca. Era figura curiosa, muito corada, apesar da pele escura, e os olhos fulguravam como se descobrissem a todo o momento a vida e o mundo. Seus braços roliços e suas pernas vigorosas, descobertas pela saia curta e redonda, graciosamente arregaçada na cintura, para a viagem a pé na estrada, eram admiravelmente esculpidas e lisas e ostentavam saúde e força. Trazia pendente do pescoço boa corrente de ouro, com a cruz lavrada, para demonstrar assim bem claro o seu valimento junto dos donos. Tinha sido a ama-de-leite da menina, e podia fazer muita coisa que nenhuma outra escrava da fazenda nem sequer sonharia, mas conservara-se, ao mesmo tempo, tímida e audaciosa, infantil e amadurecida, e assim suas atitudes não ultrapassavam de muito as das outras. Abaixou os olhos quando notou que o administrador a fitava, e consertou os refolhos da anágua engomada, com afetação, mas não pôde fingir que não o vira, e balbuciou:

— Sua bênção, Sr. Justino...

O velho parou, pesadamente, com os pés bem longe um do outro, o grande alcobaça ainda nas mãos, e disse-lhe com autoridade, engrossando talvez propositadamente a voz:

— Nenhum escravo ou escrava, negro algum da fazenda vai acompanhar o enterro, e se eu souber de alguém que desobedeça, receberá dez palmatoadas! Para alguns, ou para algumas, mandarei pôr um grão de milho na palma da mão...

Libânia tornou-se subitamente rubra, e as lágrimas saltaram longe, como se estivessem comprimidas. Esfregou as mãos nos braços com tanta força que produziram certo chiado áspero, e depois apanhou do bolso da saia um papel amarelado, com gestos rápidos e desenvoltos, e mostrou-o ao administrador com irreprimível insolência, exclamando:

— Eu sou livre! eu sou forra! Aqui está a minha carta de alforria, passada pelo meu Senhor! Não sou negra nem escrava!

Mas a explosão pareceu quebrar o ânimo altivo que a fizera revoltar-se. Logo dobrou-se toda, sacudida pelo pranto, e murmurava palavras indistintas, entre soluços, quase ajoelhada na pedra, e talvez pronunciasse muitas vezes um nome, o da menina que mamara em seu seio. O velho português, que apenas tivera a intenção de mostrar a sua autoridade, e quem sabe vingar-se de ter sido alguma vez repelido, contemplou-a durante alguns momentos, sem compreender a violência do choque que sua recomendação tinha provocado. Depois, com receio de alguém julgar mal de sua atitude, ali no pátio, e ao ver que se aproximavam timidamente outras negras, dirigiu-se para a casa das máquinas, que formava um dos lados do quadrado, onde se resumia toda a vida interna da fazenda.

Ao voltar-se, antes de entrar, viu que da porta do alpendre saíam muitas pessoas, que vinham para se reunirem em frente da pequena escada, à espera decerto do cortejo. Apressou-se em ir ao encontro dos feitores, para que cumprissem com rigor as ordens do Senhor, mas percebeu ser já tarde, e chamou os que lá estavam, agitando o bengalão. Quando vieram até onde se detivera, disse-lhes que ficassem no portão e outros na porteira grande lá fora, para não deixar passar nenhum escravo ou escrava que, aproveitando da confusão que ameaçava estabelecer-se, quisesse escapar para acompanhar o enterro. Correram todos para os seus postos, mas pouco tiveram que fazer, pois os negros estavam, os da casa na capela, os do eito em suas senzalas, onde alguns deles celebravam, às escondidas, os ritos africanos da morte.

Libânia passou por eles, de cabeça erguida, com o olhar esgazeado pela raiva enlouquecedora, e tinha no seio um punhal aguçado. Mas ninguém ousou dizer nada, pois sabiam os feitores que ela era forra, e de grande confiança dos senhores. Ficou no caminho, sentada junto a um tronco retorcido, sem conseguir ordenar os seus pensamentos, mas animada pela resolução inabalável de ir até a igreja, de acompanhar sua menina até o fim, e a resistência que encontrara, a idéia de que o administrador a quisera impedir de fazê-lo, transformava essa sua resolução em vingança, um desafio a tudo e a todos. Com o calor da luta que se travava dentro dela, não podia ainda compreender bem que a Sinhazinha se fora para sempre, que tudo estava agora destruído em sua vida, pois o seu filho verdadeiro morrera logo ao nascer...

Mas, quando passaram os carros por ela, sem que ninguém, a pé, os acompanhasse, a mulata sentiu-se tão sozinha, atrás daquelas grandezas que avançavam velozmente à sua frente, que não pôde correr para seguir a marcha das bestas, com os guizos e as campainhas a tilintarem com sinistra alegria, e deixou-se cair na borda da estrada, sobre a primeira touceira de capim grosso encontrada. Todo o seu corpo doía, suas cadeiras pareciam despedaçar-se, cortadas interiormente por facas afiadas e invisíveis; a cabeça pesava, cheia de zumbidos, de zoadas, como se mil carros de bois a percorressem, e tudo esmagassem em seu trajeto. Depois de ficar ali talvez uma hora, abatida, a balançar o corpo para lá e para cá, no morno desespero de sua incompreensão de tudo aquilo que se sucedia com tamanha rapidez em sua vida, ela ergueu-se e tomou o rumo da fazenda, sem olhar para trás, pois não queria mais ver as vitórias, de capota erguida, que escondiam assim as senhoras de preto, portadoras do pequeno esquife, ou que o acompanhavam simplesmente. Deviam nesse instante começar a descida penosa para o rio, para atravessá-lo e alcançar então a outra margem, onde se erguia a vila de Porto Novo, em cuja matriz seria sepultada a criança.

Libânia acompanhou mentalmente cada solavanco do carro, e sentiu o coração apertar-se, tornar-se quase imóvel, ao lembrar que talvez os bracinhos se magoassem de encontro às tábuas escondidas sob o cetim branco. O marceneiro não sabia fazer as coisas delicadas necessárias à Sinhazinha... Tudo dela viera da Corte, e até mesmo do estrangeiro... Devia ter preparado almofadas de seda fina, enchidas com raízes de capim-cheiroso, para prender delicadamente o corpinho...

Mas como poderia tê-lo feito, se apenas obedecia às ordens que lhe davam? Ninguém teria admitido que ela sugerisse essa lembrança, e seria tratada com o frio desdém que lia nos lábios da Senhora, quando lhe dirigia a palavra, sem que fosse autorizada a isso... Era preferível fugir ou morrer...

Seu coração, subitamente libertado, deu um grande salto e pôs-se a bater em desordem, em tremor incontido, alucinado. Ouvira cortar o ar uma chicotada violenta, sibilante e sonora como o silvo de animal acossado e furioso, e esse golpe repentino ferira os seus ouvidos com todo o terror acumulado pelas dezenas de anos de sofrimento dos da raça de sua mãe. Era filha de branco e de negra, e nunca soubera quem eram os seus pais, pois todas as vezes que fizera perguntas nesse sentido, quando ainda criança, recebera em resposta coques e beliscões impacientes. Agora estava tudo acabado... Agora tudo chegara ao fim. Não sabia mais o que seria dela, nem como viveria naquela casa enorme, que lhe parecia vazia, e cujas paredes brancas já se levantavam bem perto. Era uma prisão perdida entre as árvores, e não mais saberia compreender a linguagem daquela gente agora estranha que se agitava dentro dela, e cujas vozes abafadas ouvia distintamente. Chegou perto das grades do jardim, encostou-se a elas e refletiu alguns instantes, para ao menos saber o que devia fazer, naquele momento que passava velozmente.

Mas depressa convenceu-se de que apenas uma coisa desejava com ardor, irresistivelmente. Era não ser vista por ninguém, não ter que falar, que dar explicações, ouvir consolos ou ralhos pela sua rebelião, não sentir em ninguém piedade ou indiferença, ou mesmo vingativa maldade pelo seu sofrimento. Acompanhou as grades, enquanto qualquer coisa surgia no fundo de seus pensamentos em desordem. Eram muito longas, pois cercavam toda a fachada da casa-grande, os três lances de jardim e as suas divisões, presas ao muro de base não muito alta. Instintivamente Libânia abaixou-se, para não ser vista das vinte janelas que se abriam para aquele lado, e correu agachada e furtiva, sem fazer ruído com os pés, agora descalços, pois tirara as chinelas como maior precaução. Conhecia lá no canto do edifício, depois de dobrar a esquina que ali havia, uma pequena janela de despejos, que dava para uma das copas, e por ela poderia entrar. Assim conseguiu chegar até o quarto pequeno, formado de tabiques, que lhe tinham dado um dia, para evitar o seu contato com as outras negras de dentro, a fim de preservar a menina.

Deitada em sua enxerga, quis dar livre curso ao pranto, mas agora tinha os olhos secos e a garganta áspera. Não podia chorar, e quando quis fazê-lo, conseguiu apenas uma pobre mascarada sem lágrimas. Revolvia-se nas cobertas, fazia a esteira estalar como uma fogueira onde estivesse sendo supliciada, e tinha receio de que ouvissem e alguém viesse ver o que se passava. Teria que levantar-se e ir para o seu serviço... Mas que serviço? passava o dia inteiro sob as ordens imperiosas da Sinhazinha, e não lhe era possível viver sem aquela constante pressão sobre o seu espírito e sobre o seu corpo.

Seria agora mucama de dentro, e decerto teria de ficar perto da Senhora, atenta aos seus gestos quase imperceptíveis, mas que era necessário interpretar com viveza e prontidão, ou teria de voltar para a companhia do chefe dos terreiros de café, com quem a tinham casado, e de cuja companhia tinha sido tirada, por resolução dos Senhores, que nunca lhe tinham explicado por que assim o faziam?

De repente ela ergueu-se, ficou de pé junto à cama, e remexeu suas vestes febrilmente, à procura de alguma coisa. Achou-a logo. Era sua carta de alforria, e rasgou-a em pedaços pequeninos, com as mãos hirtas, os dedos sem se dobrarem. Depois, abriu a canastra de couro, e bem lá no fundo, sob as camisas de algodão, debaixo dos vestidos de paninho, guardou os farrapos de papel, com muito cuidado, como se fossem de vidro.

E só então pôde chorar...

Romances Completos, Rio de Janeiro, Aguilar, 1958.

CYRO DOS ANJOS

    Cyro Versiani dos Anjos nasceu em 1906 na cidade de Montes Claros (Minas), transferindo-se em 1924 para Belo Horizonte, onde se formou em Direito (1932). Fez carreira no funcionalismo, ocupando altos cargos no seu Estado e no Rio, para onde mudou em 1946, a seguir no Distrito Federal, de cujo Tribunal de Contas foi Ministro, além de tēr sido professor da Universidade de Brasília. De 1952 a 1955 foi Professor de Estudos Brasileiros, primeiro na Universidade do México, depois na de Lisboa. Em 1994 morreu no Rio.
    Ligado à brilhante roda literária de Belo Horizonte, teve consagração nacional em 1937, com o romance O Amanuense Belmiro. *Em 1945 publicou* Abdias *e em 1956* Montanha. *Além de romancista, foi desde a juventude colaborador ativo em jornais.*
    Os dois primeiros livros formam um par muito afim, oposto de certo modo ao terceiro, que é um largo panorama de costumes políticos, enquanto eles se constroem em torno de um núcleo lírico e introspectivo. Neste rumo, Cyro dos Anjos é verdadeiramente mestre, pelo perfeito balanceio da ternura e do humor, o senso psicológico e o encanto do estilo, em que se pressente a marca de Machado de Assis, autor próximo à sensibilidade dos mineiros. Mas Cyro dos Anjos se caracteriza pelo calor esbatido do lirismo e da melancolia, traduzidos por uma frase clássica e moderna, cheia de pudor, compondo um dis-

curso sinuoso que traduz admiravelmente a contida riqueza do seu universo ficcional.

Estas mesmas qualidades aparecem, de modo talvez um pouco guindado, mas com uma elegância e uma justeza perfeitas, no seu livro de memórias da infância e da adolescência, onde percebemos as raízes da sua melhor novelística.

BIBLIOGRAFIA

DO AUTOR:

1. Cronologia: *O Amanuense Belmiro*, 1937; *Abdias*, 1945; *Explorações no Tempo*, crônicas, 1952 (edição muito ampliada em 1963 com o subtítulo "Memórias"); *A Criação Literária*, ensaio, 1954; *Montanha*, 1956; *Poemas Coronários* 1964.

2. Edição indicada: As obras acima, salvo a antepenúltima e a última, se encontram editadas por José Olympio.

SOBRE O AUTOR:

João GASPAR SIMÕES, "O Amanuense Belmiro", *in Crítica I*, Porto, Liv. Latina, 1942, págs. 336-347.

Antonio CANDIDO, "Estratégia", *in Brigada Ligeira*, São Paulo, Martins, 1945, págs. 83-90.

Adolfo CASAIS MONTEIRO, "O Amanuense Belmiro", *in O Romance e os seus Problemas*, Lisboa, Casa do Estudante do Brasil, 1950, págs. 177-179.

Eduardo FRIEIRO, "O Amanuense Belmiro", *in Páginas de Crítica*, Belo Horizonte, Itatiaia, 1953, págs. 31-41.

O AMANUENSE BELMIRO

O romance é narrado na primeira pessoa pela personagem central, Belmiro Borba, solteirão tímido e sonhador, dotado de grande capacidade para analisar a si próprio e aos outros, que vive modestamente em Belo Horizonte com duas irmãs, "as velhas". Numa noite de Natal, resolve iniciar uma espécie de diário, para registrar o quotidiano e evocar a infância em Vila Caraíbas, cuja saudade o persegue como doce obsessão. Vemos então o desenrolar das suas meditações, o seu convívio com um grupo de amigos (Jandira, Silviano, Florêncio, Redelvim, Glicério), a sua paixã distante por uma jovem desconhecida da alta roda (Carmélia), identificada na sua imaginação a uma personagem de lenda (A Donzela Arabela) e despertando na memória a lembrança de uma namorada juvenil (Camila). Em tudo se nota que Belmiro foge à ação por meio do sonho e da reflexão, dissolvendo de certo modo a realidade pela excessiva aplicação da inteligência. Os trechos abaixo contam como surgiu a fixação lírica e o caráter ideal de que se revestiu.

§7. A Donzela Arabela

Aconteceu-me ontem uma coisa realmente extraordinária. Não tendo conseguido conter-me em casa, desci para a Avenida, segundo hábito antigo. Já ela estava repleta de carnavalescos, que aproveitavam, como podiam, sua terceira noite.

Pus-me a examinar colombinas fáceis, do lado da Praça Sete, quando inesperadamente me vi envolvido no fluxo de um cordão. Procurei desvencilhar-me, como pude, mas a onda humana vinha imensa, crescendo em torno de mim, por trás, pela frente e pelos flancos. Entreguei-me, então, àquela humanidade que me pareceu mais cansada que alegre. Os sambas eram tristes e os homens pingavam suor como se viessem do fundo de uma mina. Um máscara-de-macaco deu-me o braço e mandou-me cantar. Respondi-lhe que, em rapaz, consumi a garganta em serenatas e que esta, já agora, não ajudava. Imagino a figura que fiz, de colarinho alto e *pince-nez*, no meio daquela roda alegre, pois os foliões se engraçaram comigo, e fui, por momentos, o atrativo do cordão. Tanto fizeram que, sem perceber o disparate, me pus a entoar velha canção de Vila Caraíbas.

Uma gargalhada espantosa explodiu em torno de mim. Deram-me uma corrida e, depois de me terem atirado confete à boca, abandonaram-me ao meio da rua, embriagado de éter. Novo cordão levou-me, porém, para outro lado, e, nesse vaivém, fui arrastado pelos acontecimentos. Um jacto de perfume me atingia às vezes. Procurava, com os olhos gratos, a origem dessa carícia, mas percebia, desanimado, que aquele jacto resvalara de outro rosto a que o destinara uma boneca holandesa. Contudo, aquelas migalhas me consolavam e comoviam. Dêem-me um jacto de éter perdido no espaço e construirei um reino. Mas a boneca holandesa foi arrastada por um príncipe russo, que a livrou dos braços de um marinheiro.

Bebendo aqui, bebendo ali, acabei presa de grande excitação, correndo atrás de choros, de blocos e cordões. Não sei como, envolvido em que grupo, entrei no salão de um clube, acompanhando a massa na sua liturgia pagã.

Lembra-me que homens e mulheres, a um de fundo, mãos postas nos quadris do que ia à frente, dançavam, encadeados, e entoavam os coros sensuais que descem do Morro. Eram cantigas bem tristes, que vinham da carne.

A certo momento, alguém me enlaçou o braço, cantando: "Segura, meu bem, segura na mão, não deixes partir o cordão..." O braço que se lembrou do meu braço tinha uma branca e fina mão. Jamais esquecerei: era uma branca e fina mão. Olhei ao lado: a dona da mão era uma branca e doce donzela. Foi uma visão extraordinária. Pareceu-me que descera até a mim a branca Arabela, a donzela do castelo que tem uma torre escura onde as andorinhas vão pousar. Pobre mito infantil! Nas noites longas da fazenda, contava-se a história da casta Arabela, que morreu de amor e que na torre do castelo entoava tristes melodias.

Efeito da excitação de espírito em que me achava, ou de qualquer outra perturbação, senti-me fora do tempo e do espaço, e meus olhos só percebiam a doce visão. Era ela, Arabela. Como estava bela! A música lasciva se tornou distante, e as vozes dos homens chegavam a mim, lentas e desconexas. Em meio dos corpos exaustos, a incorpórea e casta Arabela. Parecia que eu me comunicava com Deus e que um anjo descera sobre mim. Meu corpo se desfazia em harmonias, e alegre música de pássaros se produzia no ar.

Não me lembra quanto tempo durou o encantamento e só vagamente me recordo de que, em um momento impossível de localizar, no tempo e no espaço, a mão me fugiu. Também tenho uma vaga idéia de que alguém me apanhou do chão, pisado e machucado, e me pôs num canapé onde, já sol alto, fui dar acordo de mim.

O mito donzela Arabela tem enchido minha vida. Esse absurdo romantismo de Vila Caraíbas tem uma força que supera as zombarias do Belmiro sofisticado e faz crescer desmesuradamente, em mim, um Belmiro patético e obscuro. Mas vivam os mitos, que são o pão dos homens.

Nesta noite de quarta-feira de cinzas, chuvosa e reflexiva, bem noto que vou entrando numa fase da vida em que o espírito abre mão de suas conquistas, e o homem procura a infância, numa comovente pesquisa das remotas origens do ser.

Há muito que ando em estado de entrega. Entregar-se a gente às puras e melhores emoções, renunciar aos rumos da inteligência e viver simplesmente pela sensibilidade — descendo de novo, cautelosamente, à margem do caminho, o véu que cobre a face real das coisas e que foi, aqui e ali, descerrado por mão imprudente — parece-me a única estrada possível. Onde houver claridade, converta-se em fraca luz de crepúsculo, para que as coisas se tornem indefinidas e possamos gerar nossos fantasmas. Seria uma fórmula para nos conciliarmos com o mundo.

§ 8. O luar de Caraíbas tudo explica...

Há três ou quatro semanas não tenho tocado nestas notas senão ligeiramente, para acrescentar uma ou outra linha a esta ou àquela página.

Examinando-as, hoje, em conjunto, noto que, já de início, se compromete meu plano de ir registrando lembranças de uma época longínqua e recompor o pequeno mundo de Vila Caraíbas, tão sugestivo para um livro de memórias.

Vejo que, sob disfarces cavilosos, o presente se vai insinuando nestes apontamentos e em minha sensibilidade, e que o passado apenas aparece aqui e ali, em evocações ligeiras, suscitadas por sons, aromas ou cores que recordam coisas de uma época morta.

Analisado agora friamente, o episódio do carnaval me parece um ardil engenhoso, armado por mim contra mim próprio, nesses domínios obscuros da consciência. Tudo se torna claro aos meus olhos: depois de uma infância romântica e de uma adolescência melancólica, o homem supõe que encontrou sua expressão definitiva e que sua própria substância já lhe basta para as combustões interiores; crê encerrado o seu ciclo e volta para dentro de si mesmo, à procura de fugitivas imagens do passado, nas quais o espírito se há de comprazer. Mas as forças vitais, que impelem o homem para a frente, ainda estão ativas nele e realizam um sorrateiro trabalho, fazendo-o voltar para a vida, sedento e agitado. Para iludir-lhe o espírito vaidoso, oferecem-lhe o presente sob aspectos enganosos, encarnando formas pretéritas. Trazem-lhe uma nova imagem de Arabela, humanizando o "mito da donzela" na rapariga da noite de carnaval. Foi hábil o embuste, e o espírito se deixa apanhar na armadilha...

Não farei violência a mim mesmo, e estas notas devem refletir meus sentimentos em toda a sua espontaneidade. Já que as seduções do atual me detêm e desviam, não insistirei teimosamente na exumação dos tempos idos. E estas páginas se tornarão, então, contemporâneas, embora isso exprima o malogro de um plano.

Começarei por contar honestamente os motivos por que, durante as três últimas semanas, abandonei este caderno de apontamentos. São dois, e o segundo é fácil de dizer: foram as velhas. Mas o primeiro... ainda há pouco eu hesitava em confessá-lo: foi a moça.

Depois da quarta-feira de cinzas veio-me uma aura romântica que me pôs meio lunático, trazendo-me dias agitados. Presumivelmente curado da moléstia, posso contar as coisas tal e qual se passaram. Como na noite de carnaval, e já sem a desculpa do álcool e do éter, voltei, de novo, a essa a que vou chamando Arabela, por lhe ignorar o nome de batismo e porque, afinal, o que lhe dei se me afigura o autêntico. Pus-me a procurá-la quase com aflição e, perdendo a noção do ridículo, confiei o episódio e minha desordem sentimental ao Silviano. Felizmente (e com certeza por solidariedade, visto que anda em maré análoga), ele não fez troça. Pelo contrário, ouviu, sério, a confidência.

Podem rir-se de mim, mas os namorados me compreenderão: amei, como se se tratasse de um ser real, aquilo que não passava de uma criação do espírito. A vida não se conforma com o vazio, e a imagem da moça encheu-me os dias.

Tive noites difíceis, bebi algumas vezes e andei como vagabundo pelas ruas. Até o chefe da Seção notou minha inquietude e fez-me assinar um requerimento de férias: "O senhor está precisando de um repouso e deve aproveitar a ocasião. O Secretário está fora, e temos pouco serviço." (Na verdade nunca tivemos serviço, e jamais conheci ficção burocrática mais perfeita que a Seção do Fomento...). Em tal estado de espírito, é fácil de ver que eu não poderia retomar estas notas.

Devo retificar, nesta página, o que atrás foi dito sobre o amanuense que espia o amanuense e lhe estiliza o sofrimento. Observo agora que o namorado, no momento preciso de sua agitação sentimental, não é capaz de se desdobrar ao ponto de permitir que, quando o coração bate desordenadamente, o espírito, astuto e interessado, lhe observe os movimentos para fins literários. As modificações que a paixão determina em nossa substância e a diversa visão, que ela nos proporciona, dos seres e das coisas, poderão vir lucidamente, mais tarde, ao plano da nossa análise, quando, tudo já serenado, o espírito calcula e mede — mas certamente não são suscetíveis de registro, no instante em que devastam nossa sensibilidade. E ninguém o ignora: a literatura das emoções é feita a frio, e a memória ou a imaginação é que reproduz ou cria as cenas passionais. No momento da devastação, alma e corpo se solidarizam.

Eu pediria inutilmente o socorro do bom senso ou da análise nas horas em que vivi a perseguir uma imagem que teria um terço de realidade e dois de fábula. Naquelas horas, entreguei-me inteiramente aos secretos impulsos, percorrendo toda a cidade em busca de Arabela.

Postava-me nos logradouros públicos, penetrando a multidão, não muito convicto, e contudo esperançoso. Muitas vezes entrevi uma figura gentil e fui, em vão, ao seu encalço. Logo verificava o engano. É extraordinário que nesta altura da vida me tenham acontecido tais coisas, mas o luar de Vila Caraíbas tudo explica, e o adolescente permanece no adulto.

Só passados alguns dias a tola idéia deixou-me, e a aventura de carnaval se foi dissipando no meu espírito. Quis, então, voltar a estas notas, que se vão tornando o centro de interesse de minha vida. Mas, na noite em que comecei de novo a folheá-las, ocorreu outro empecilho: o estado de saúde das velhas. Falarei nisso amanhã. Acho-me cansado e não há pressa.

§ 32. Os acontecimentos conduzem os homens

E assim é a vida... Os acontecimentos que até aqui se desenrolaram e em que desempenhei ora o papel de ator principal, ora o de espectador, mudaram, por completo, as intenções deste livro. Naquela noite de Natal, ao início destas notas, expus o plano de ir alinhando apontamentos que me permitissem publicar, mais tarde, um livro de memórias. Estava, então, concebendo qualquer coisa, e essa coisa se me agitava, no ventre, reclamando lugar ao sol. Jamais pensei, naquela ocasião, ou antes dela, que o presente pudesse vir dominar-me o espírito por forma tal, dele expelindo as imagens do passado que então o povoavam, abundantes e vivas.

Estive refletindo, esta tarde, em que, no romance, como na vida, os personagens é que se nos impõem. A razão está com *Monsieur* Gide: eles nascem e crescem por si, procuram o autor, insinuam-se-lhe no espírito.

Não se trata, aqui, de romance. É um livro sentimental, de memórias. Tal circunstância nada altera, porém, a situação. Na verdade, dentro do nosso espírito as recordações se transformam em romance, e os fatos, logo consumados, ganham outro contorno, são acrescidos de mil acessórios que lhes atribuímos, passam a desenrolar-se num plano especial, sempre que os evocamos, tornando-se, enfim, romance, cada vez mais romance. Romance trágico, romance cômico, romance disparatado, conforme cada um de nós, monstros imaginativos, é trágico, cômico ou absurdo.

Vejo que a história do presente já expulsou, definitivamente, destes cadernos, a do passado. Carmélia (travestida de Arabela) e Jandira afastaram a sombra doce de Camila, que, bem o percebo agora, era outra encarnação do mito infantil. Silviano, Redelvim, Glicério, Florêncio e Giovanni e seus pequenos mundos baniram os fantasmas caraibanos, as evocações dos velhos Borbas, a vida sentimental da Vila e da fazenda.

Em vão, tento uma sondagem em Vila Caraíbas, naquele ano extraordinário de 1910. Baldo esforço: inútil resistir a personagens e fatos que, a cada instante, incidem no plano de nossa consciência. Às vezes ainda me vem uma necessidade angustiosa de rever velhas paisagens, de evadir-me para uma região que realmente já não se acha no espaço, e sim no tempo. Mas, no comum dos dias, agora é o presente que me atrai.

§ 33. Ritornelo

Escapou-me ontem, à noite, esta lamentação: acham-se no tempo, e não no espaço, as caras paisagens. Verifiquei esse angustiante fenômeno quando, em 1924, fui à Vila pela última vez. O Borba já havia morrido, a fazenda passara a outras mãos e as velhas já aqui estavam com sua extravagante bagagem.
Camila ainda vivia. Lembra-me quão penoso foi o encontro com o passado. Lembra-me o dia em que só, na varanda da velha fazenda, numa hora por si mesma de intensa melancolia — a hora rural do pôr-do-sol — fiquei a percorrer, com um vago olhar, as colinas e os vales que se desdobravam até ao azul longínquo da serra, limite do meu mundo antigo.
Na verdade, os olhos apenas refletiam imagens, logo as devolvendo para o exterior, porque algo impedia uma comunicação entre o mundo de fora e meu mundo de dentro, rico de uma paisagem mais numerosa, que só possuía, em comum com aquele, os esfumados traços de coisas que se vão extinguindo, ao morrer da luz, e um sinal de sofrimento ou de tristeza, que, em certas oportunidades, nos parecem estar no fundo e na forma de cada coisa, em vez de se localizarem em nós mesmos.
Em vão busquei nas linhas, cores e aromas de cada objeto ou de cada perspectiva, que se apresentavam aos meus olhos, as linhas, cores e aromas de outros dias, já longínquos e mortos.

Inútil tentativa de viajar o passado, penetrar no mundo que já morreu e que, ai de nós, se nos tornou interdito, desde que deixou de existir, como presente, e se arremessou para trás. Vila Caraíbas, a montanha, o rio, o buritizal, a fazenda, a gameleira solitária no monte — que viviam em mim, iluminados por um sol festivo de 1910, ou apenas esboçados por um luar inesquecível que caiu sobre as coisas, naquela noite de 1907 — ali já não estavam. Onde pretendi encontrar a alma das épocas idas, não encontrei senão pobres espectros. A namorada, a lagoa.

Camila era a virgem na sua realização integral, ou, quem sabe, arquétipo, e não criatura. A mocidade que palpitava nela, o mistério dos seus olhos. Segredos de moça em flor, tranças de 1910, polcas no salão cheio de retratos, ao som do velho piano. O luar, a serenata, o campo orvalhado em manhãs de maio, com um sol grande a despontar na serra, e borboletas, e beija-flores. A lagoa, o buriti, os irmãos pássaros. Que restava de tudo, afinal?

O que a meus olhos surgiu foi a sombra miserável de um tempo que morreu. O sertão estraga as mulheres e a pobreza as consome. Mas, devastação maior lhes causa porventura a nossa imprudência, querendo cotejar com a realidade as invenções de uma desenfreada fantasia. A lagoa foi drenada e convertida em pasto. Como se pode suprimir uma lagoa? Como se pode cortar uma árvore? É como se destruíssemos um ser humano, vivo, fremente.

A velha fazenda, que foi dos Borbas, exibiu-me apenas a ossatura desnuda daquilo que, em outros tempos, fora um corpo exuberante de vida.

Percebi que vago delírio se apossara de mim, envolvendo-me naquela onda de saudade e naquele desejo de encontrar uma forma de morte, que é procurar as sombras de um mundo que se perdeu na noite do tempo.

***

Não voltarei a Vila Caraíbas. As coisas não estão no espaço, leitor; as coisas estão é no tempo. Há nelas ilusória permanência de forma, que esconde uma desagregação constante, ainda que infinitesimal. Mas não me refiro à perda da matéria, no domínio físico, e quero apenas dizer-lhe que, assim como a matéria se esvai, algo se desprende da coisa, a cada instante: é o espírito quotidiano, que lhe configura a imagem no tempo, pois lhe foge, cada dia, para dar lugar a um novo espírito que dela emerge. Esse espírito sutil representa a coisa, no momento preciso em que com ela nos comunicamos. Em vão o procuramos depois: só veremos outro, que nos é estranho.

Na verdade, as coisas estão é no tempo, e o tempo está é dentro de nós. A essência das coisas, em certa manhã de abril, no ano de 1910, ou em determinada noite primaveril, doce, inesquecível noite, fugiu nas asas do tempo e só devemos buscá-la na duração do nosso espírito.

Dois Romances, Rio de Janeiro,
José Olympio, 1957.

VINÍCIUS DE MORAES

Marcos Vinícius de Melo Moraes nasceu em 1913 no Rio de Janeiro, onde se formou em Direito, tendo posteriormente feito estudos na Universidade de Oxford. Interessado pelo cinema desde estudante, no famoso Chaplin Club, foi crítico e censor cinematográfico. Mais tarde ingressou na diplomacia, tendo servido nos Estados Unidos, na França e no Uruguai. Posteriormente, tornou-se um dos poetas mais populares e queridos do País, graças a suas canções, inclusive as da chamada "bossa nova". Morreu em 1980.

A sua obra inicial denota impregnação da poesia católica francesa e talvez da de Augusto Frederico Schmidt, seja nos processos formais (como o uso do versículo e o gosto pelo poema longo), seja no temário, seja no próprio tom, exaltado e cheio de ressonâncias. A partir de Cinco Elegias *(compostas em 1938), nota-se uma inflexão, manifestada no plano formal pela maior contenção do verso; no plano dos assuntos, por uma maior liberdade de escolha e de expressão. É o que se verifica nitidamente em* Poemas, Sonetos e Baladas *(1946), onde firma a sua maturidade e onde aparecem os matizes mais pessoais da sua inspiração. Inclusive o recurso intensivo às formas regulares, usadas com maestria excepcional, e a ousadia inovadora no uso de palavras muito realistas, e ao mesmo tempo muito líricas, para descrever a ternura física. Esta linha se acentuará nos livros posteriores, que são de um lirismo fortemente marcado pela confidência, a plenitude dos sentidos, a visão familiar do mundo, que o tornam um poeta peculiar, e ao mesmo tempo de grande acessibilidade, fazendo da sua poesia um instrumento privilegiado de transfiguração lírica do mundo e das situações humanas.*

BIBLIOGRAFIA
DO AUTOR:

1. Cronologia: *O caminho para a Distância*, 1933; *Forma e Exegese*, 1935; *Ariana, a Mulher*, 1936; *Novos Poemas*, 1938; *Cinco Elegias*, 1943; *Poemas, Sonetos e Baladas*, 1946; *Pátria Minha*, 1949; *Antologia Poética*, 1954; *Orfeu da Conceição* (drama), 1956; *Livro de Sonetos*; 1957; *Novos Poemas II*, 1959; *Para Viver um Grande Amor* (poesia e prosa), 1965; *Cordélia e o Peregrino,* 1965; *Para uma menina com uma flor* (prosa), 1966.

2. Edição indicada: *Antologia Poética*, 3ª edição aumentada, Rio de Janeiro, Editora do Autor, 1963.

SOBRE O AUTOR:

Octávio DE FARIA, *Dois Poetas — Augusto Frederico Schmidt e Vinícius de Moraes*, Rio de Janeiro, Ariel, 1935; págs. 233-331.
Mário DE ANDRADE, "Belo, Forte, Jovem", *in O Empalhador de Passarinho*, São Paulo, Martins, s/d., págs. 15-21.

O Falso Mendigo

Minha mãe, manda comprar um quilo de papel almaço
　　　　　　　　　　　　　　　　　　　　　　[na venda
Quero fazer uma poesia.
Diz a Amélia para preparar um refresco bem gelado

E me trazer muito devagarinho.
Não corram, não falem, fechem todas as portas a chave
Quero fazer uma poesia.
Se me telefonarem, só estou para Maria
Se for o Ministro, só recebo amanhã
Se for um trote, me chama depressa
Tenho um tédio enorme da vida.
Diz a Amélia para procurar a Patética no rádio
Se houver um grande desastre vem logo contar
Se o aneurisma de dona Ângela arrebentar, me avisa
Tenho um tédio enorme da vida.
Liga para vovó Nenen, pede a ela uma idéia bem inocente
Quero fazer uma grande poesia.
Quando meu pai chegar tragam-me logo os jornais da tarde
Se eu dormir, pelo amor de Deus, me acordem
Não quero perder nada na vida.
Fizeram bicos de rouxinol para o meu jantar?
Puseram no lugar meu cachimbo e meus poetas?
Tenho um tédio enorme da vida.
Minha mãe estou com vontade de chorar
Estou com taquicardia, me dá um remédio
Não, antes me deixa morrer, quero morrer, a vida
Já não me diz mais nada
Tenho horror da vida, quero fazer a maior poesia do mundo
Quero morrer imediatamente.
Ah, pensa uma coisa, minha mãe, para distrair teu filho
Teu falso, teu miserável, teu sórdido filho
Que estala em força, sacrifício, violência,
[devotamento
Que podia britar pedra alegremente
Ser negociante cantando
Fazer advocacia com o sorriso exato

Se com isso não perdesse o que por fatalidade de amor
Sabe ser o melhor, o mais doce e o mais eterno da tua
[puríssima carícia.

Soneto de Fidelidade

De tudo, ao meu amor serei atento
Antes, e com tal zelo, e sempre, e tanto
Que mesmo em face do maior encanto
Dele se encante mais meu pensamento.

Quero vivê-lo em cada vão momento
E em seu louvor hei de espalhar meu canto
E rir meu riso e derramar meu pranto
Ao seu pesar ou seu contentamento.

E assim, quando mais tarde me procure
Quem sabe a morte, angústia de quem vive
Quem sabe a solidão, fim de quem ama

Eu possa me dizer do amor (que tive):
Que não seja imortal, posto que é chama
Mas que seja infinito enquanto dure.

A um Passarinho

Para que vieste
Na minha janela
Meter o nariz?
Se foi por um verso

Não sou mais poeta

Ando tão feliz!
Se é para uma prosa
Não sou Anchieta
Nem venho de Assis.

Deixa-te de histórias
Some-te daqui!

A Manhã do Morto

O poeta, na noite de 25 de fevereiro de 1945, sonha que vários amigos seus perderam a vida num desastre de avião, em meio a uma inexplicável viagem para São Paulo.

Noite de angústia: que sonho
Que debater-se, que treva
... é um grande avião que leva
amigos meus no seu bojo...
... depois, a horrível notícia:
FOI UM DESASTRE MEDONHO!

A mulher do poeta dá-lhe a dolorosa nova às 8 da manhã, depois de um telefonema de Rodrigo M. F. de Andrade.

Me acordam numa carícia...
O que foi que aconteceu?
Rodrigo telefonou:
MÁRIO DE ANDRADE MORREU.

Ao se levantar, o poeta sente incorporar-se a ele o amigo morto.

Ergo-me com dificuldade
Sentindo a presença dele
Do morto Mário de Andrade
Que muito maior do que eu
Mal cabe na minha pele.

Escovo os dentes na saudade
Do amigo que se perdeu
Olho o espelho: não sou eu
É o morto Mário de Andrade
Me olhando daquele espelho.
Tomo o café da manhã:
Café, de Mário de Andrade.

A necessidade de falar com o amigo denominador-comum, e o eco de Manuel Bandeira.

Não, meu caro, que eu me digo
Pensa com serenidade
Busca o consolo do amigo
Rodrigo M. F. de Andrade.

Telefono para Rodrigo
Ouço-o; mas na realidade
A voz que me chega ao ouvido
É a voz de Mário de Andrade.

O passeio com o morto

E saio para a cidade
Na canícula do dia
Lembro o nome de Maria

Remate de males

Também de Mário de Andrade
Do poeta Mário de Andrade

Gesto familiar

Com grande dignidade
A dignidade de um morto
Anda a meu lado, absorto
O poeta Mário de Andrade
Com a manopla no meu ombro.

Goza a delícia de ver
Em seus menores resquícios.
Seus olhos refletem assombro.
Depois me fala: Vinícius
Que ma-ra-vilha é viver!

A cara do morto

Olho o grande morto enorme
Sua cara colossal
Nessa cara lábios roxos
E a palidez sepulcral
Específica dos mortos.

Essa cara me comove
De beatitude tamanha.
Chamo-o: Mário! ele não ouve
Perdido no puro êxtase
Da beleza da manhã.

Mas caminha com ombridade
Seus ombros suportam o mundo
Como no verso inquebrável
De Carlos Drummond de
                      [Andrade
E o meu verga-se ao defunto...

O eco de Pedro Nava

Assim passeio com ele
Vou ao dentista com ele
Vou ao trabalho com ele
Como bife ao lado dele
O gigantesco defunto
Com a sua gravata brique
E a sua infantilidade.

À tarde o morto abandona subitamente o poeta para ir enterrar-se.

Somente às cinco da tarde
Senti a pressão amiga
Desfazer-se do meu ombro...
Ia o morto se enterrar
No seu caixão de dois metros.
Não pude seguir o féretro
Por circunstâncias alheias
À minha e à sua vontade
(De fato, e grande a distância
Entre uma e outra cidade...
Aliás, teria medo
Porque nunca sei se um sonho
Não pode ser realidade).
Mas sofri na minha carne
O grande enterro da carne
Do poeta Mário de Andrade
Que morreu de *angina pectoris*.

Vivo na imortalidade.

Balada das Arquivistas

Oh, jovens anjos cativos
Que as asas vos machucais
Nos armários dos arquivos!
Delicadas funcionárias
Designadas por padrões
Prisioneiras honorárias
Da mais fria das prisões

É triste ver-vos, suaves
Entre monstros impassíveis
Trancadas a sete chaves:
Oh, puras e imarcescíveis!
Dizer que vós, bem-amadas
Conservai-vos impolutas
Mesmo fazendo a juntada
De processos e minutas!
Não se amargam vossas bocas
De índices e prefixos
Nem lembram os olhos das loucas
Vossos doces olhos fixos.
Curvai-vos para colossos
Hollerith, de aço hostil
Como se fora ante moços
Numa pavana gentil.
Antes não classificásseis
Os maços pelos assuntos
Criando a luta de classes
Num mundo de anseios juntos!
Enfermeiras de ambições
Conheceis, mudas, a nu
O lixo das promoções
E das exonerações
A bem do serviço público.
Ó Florences Nightingale
De arquivos horizontais:
Com que zelo alimentais
Esses eunucos letais
Que se abrem com chave yale!
Vossa linda juventude
Clama de vós, bem-amadas!

No entanto, viveis cercadas
De coisas padronizadas
Sem sexo e sem saúde
Ah, ver-vos em primavera
Sobre papéis de ocasião
Na melancólica espera
De uma eterna certidão!
Ah, saber que em vós existe
O amor, a ternura, a prece
E saber que isso fenece
Num arquivo feio e triste!
Deixai-me carpir, crianças
A vossa imensa desdita
Prendestes as esperanças
Numa gaiola maldita.
Do fundo do meu silêncio
Eu vos incito a lutardes
Contra o Prefixo que vence
Os anjos acorrentados
E ir passear pelas tardes
De braço com os namorados.

A Rosa de Hiroshima

Pensem nas crianças
Mudas telepáticas
Pensem nas meninas
Cegas inexatas
Pensem nas mulheres
Rotas alteradas
Pensem nas feridas

Como rosas cálidas
Mas oh não se esqueçam
Da rosa da rosa
Da rosa de Hiroshima
A rosa hereditária
A rosa radioativa
Estúpida e inválida
A rosa com cirrose
A anti-rosa atômica
Sem cor sem perfume
Sem rosa sem nada.

Antologia Poética, 3ª edição, Rio de Janeiro, Editora do Autor, (Adv. de 1960).

RUBEM BRAGA

Rubem Braga nasceu no Espírito Santo (Cachoeiro do Itapemirim) em 1913 e morreu no Rio em 1990. De seu Estado natal, veio concluir o curso secundário em Niterói. Estudou na Faculdade de Direito do Rio, de onde se transferiu para a de Belo Horizonte, formando-se em 1932. Desta época data o seu ingresso no jornalismo, tendo trabalhado na imprensa de Minas Gerais, de São Paulo, Porto Alegre, Recife, Rio de Janeiro. Foi correspondente de guerra na Europa, na última conflagração mundial. Notabilizou-se como cronista de jornais e revistas de importante circulação. Tendo sido chefe do Escritório Comercial do Brasil no Chile, foi depois embaixador em Marrocos.

Talvez o sentido predominante da obra do cronista seja o da vida como um presente insubstituível, o que justifica a sua benévola humildade "diante da pessoa humana", esse "vago bloco de coisas", que precisa ser compreendido e tolerado. Preside-o uma atitude tranqüila e compassiva, repassada de melancolia, contrabalançada pelo humor às vezes na forma de sutil ironia, e por uma espécie de ceticismo risonho. Não omite, contudo, as advertências sérias, sugeridas pela observação do quotidiano, ordinariamente anuviado e dramatizado pela irritação e pela hostilidade freqüentes. É o que nos leva a transformar as exceções em situações predominantes, a esquecermos, ou considerarmos vulgares os gestos diários mais espontâneos, ou os atos gratuitos, bastante valorizados pelo cronista. Por isso, o que deve prevalecer é essa poesia da vida simples, através de instantes aceitos na base do respeito à total liberdade interior, refletida no próprio comportamento das pessoas, que assim, ou se aproximam, com tranqüila alegria, ou se afastam, sem ressentimentos.

Aspira a fazer da sua obra, como reflexo da sua experiência e visão do mundo, "uma lição de insaciável liberdade e gosto de viver", como ele mesmo escreve. Por isso, só retém do quotidiano, das relações humanas e das sugestões da paisagem, o que de fato impressiona e comove a sua sensibilidade e maneira de compreensão, guiadas pela tolerância e solidariedade. Por força desse ângulo subjetivo de visão das coisas, fatos e pessoas, a sua linguagem se reveste, inicialmente, de um tom coloquial, primeiro de quem conversa consigo mesmo, depois com o amigo íntimo ou a pessoa em dado instante querida, finalmente com o leitor desconhecido. Prosa maleável, fluida, se reduz a um ritmo bem marcado pela distribuição das palavras na frase, o que ao mesmo tempo dá ao seu vocabulário características personalíssimas. Faz-se assim o mais poeta dos prosadores do Modernismo, enquanto é o primeiro a elevar a crônica ao nível da mais alta categoria literária, colocando-a acima dos seus compromissos freqüentes com o contingente ou momentâneo.

BIBLIOGRAFIA
DO AUTOR:

1. Cronologia: *O Conde e o Passarinho*, 1936; *Morro do Isolamento*, 1944; *Com a F. E. B. na Itália*, 1945; *Um Pé de Milho*, 1948; *O Homem Rouco*, 1949; *50 Crônicas Escolhidas*, 1951; *Três Primitivas*, 1954; *A Borboleta Amarela*, 1955; *A Cidade e a Roça*, 1957; *Ai de ti, Copacabana*, 1962; *A Traição dos Elegantes*, 1967; Tradução —*A Terra dos Homens*, de Antoine de Saint-Exupéry, s/d.

2. Edições indicadas: *50 Crônicas Escolhidas,* Rio de Janeiro, José Olympio, 1951; *A Borboleta Amarela,* 2ª ed., Rio de Janeiro, José Olympio 1956; *Ai de ti, Copacabana,* 2ª ed., Rio de Janeiro, Editora do Autor, 1962; *O Conde e o Passarinho* e *Morro do Isolamento,* 2ª ed., Rio de Janeiro, Editora do Autor, 1963.

SOBRE O AUTOR:

Olívio MONTENEGRO "Jornal e Ficção", *in O Jornal,* Rio de Janeiro, 10-4-1955.
Wilson MARTINS, "Um cronista", *in O Estado de S. Paulo,* São Paulo, 11-8-1955.
Mário LEÔNIDAS CASANOVA, "A Cidade e a Roça" *in Suplemento Literário d'O Estado de S. Paulo,* São Paulo, 20-7-1957.
Michel SIMON, Prefácio a *Chroniques de Copacabana, de Paris et d'ailleurs,* Paris, Pierre Seghers, XIVe, 1963, págs. 7-9.

A que partiu

É uma doçura fácil ir aprendendo devagar e distraidamente uma língua. Mas às vezes acontece uma coisa triste, e a gente sem querer acha que a língua é que está errada, nós é que temos razão.

Eu tinha há muito, na carteira, o número do telefone de uma velha conhecida, em Paris. No dia seguinte ao de minha chegada disquei para lá. A voz convencional e gentil de uma "concierge" respondeu que ela não estava. Perguntei mais alguma coisa, e a voz insistiu:

— Elle n'est pas là, monsieur. Elle est partie.

Eu não tinha grande interesse no telefonema, que era apenas cordial. Mas o mecanismo sentimental de uma pessoa que chega a uma cidade estrangeira é complexo e delicado. Eu esperava ouvir do outro lado aquela voz conhecida, trocar algumas frases, talvez combinar um jantar "qualquer dia destes". Daquele número de telefone parisiense na minha carteira eu fizera, inconscientemente, uma espécie de ponto de apoio; e ele me falhava.

Então me deu uma súbita e desrazoável tristeza; a culpa era do verbo. Ela tinha "partido". Imaginei-a vagamente em alguma cidade distante, perdida no nevoeiro dessa manhã de inverno, talvez em alguma estação da Irlanda ou algum "hall" de hotel na Espanha. Não, sua presença para mim não tinha nenhuma importância; mas tenho horror de solidão, fome de criaturas, sou dessas pessoas fracas e tristes que precisam confessar, diante da auto-suficiência e do conforto íntimo das outras: sim, eu preciso de pessoas; sim, tal como aquele personagem de não sei mais que comédia americana, "I like people".

E subitamente me senti abandonado no quarto de hotel, porque ela havia partido; este verbo me feria, com seu ar romântico e estúpido, e me fazia pobre e ridículo, a tocar telefone talvez com meses ou anos de atraso para um número de que ela talvez nem se lembrasse mais, como talvez de mim mesmo talvez nem se lembrasse, e se alguém lhe dissesse meu nome seria capaz de fazer um pequeno esforço, franzindo as sobrancelhas:

— Ah, sim, eu acho que conheço...

Mas a voz da "concierge" queria saber quem estava falando. Dei o meu nome. E me senti ainda mais ridículo perante aquela "concierge" desconhecida, que ficaria sabendo o segredo de minha tristeza, conhecendo a existência de um M. Braga que procura pelo telefone uma pessoa que partiu.

***

Meia hora depois o telefone da cabeceira bateu. Atendi falando francês, atrapalhado — e era a voz brasileira de minha conhecida. Estava em Paris, pois eu não tinha telefonado para ela agorinha mesmo? Sua voz me encheu de calor, recuperada assim subitamente das brumas da distância e do tempo, cálida, natural e amiga. Tinha "partido" para fazer umas compras, voltara em casa e recebera meu recado; telefonara para um amigo comum para saber o hotel em que eu estava.

Não sei se ela estranhou o calor de minha alegria, talvez nem tenha notado a emoção de minha voz ao responder à sua. Era como se eu ouvisse a voz da mais amada de todas as amadas, salva de um naufrágio que parecia sem remédio, em noite escura. Quando no dia seguinte nos encontramos para um almoço banal num "bistrô", eu já estava refeito; era o mesmo conhecido de sempre, apenas cordial e de ar meio neutro, e ela era outra vez ela mesma, devolvida à sua realidade banal de pessoa presente, sem o prestígio misterioso da mulher que partira.

Custamos a aprender as línguas; "partir" é a mesma coisa que "sortir". Mas através das línguas vamos aprendendo um pouco de nós mesmos, de nossa ânsia gratuita, melancólica e vã.

Paris, janeiro de 1950.

A Navegação da Casa

Muitos invernos rudes já viveu esta casa. E os que a habitaram através dos tempos lutaram longamente contra o frio entre essas paredes que hoje abrigam um triste senhor do Brasil.

Vim para aqui enxotado pela tristeza do quarto do hotel, uma tristeza fria, de escritório. Chamei amigos para conhecer a casa. Um trouxe conhaque, outro veio com vinho tinto. Um amigo pintor trouxe um cavalete e tintas para que os pintores amigos possam pintar quando vierem. Outro apareceu com uma vitrola e um monte de discos. As mulheres ajudaram a servir as coisas e dançaram alegremente para espantar o fantasma das tristezas de muitas gerações que moraram sob esse teto. A velha amiga trouxe um lenço, me pediu uma pequena moeda de meio franco. A que chegou antes de todas trouxe flores; pequeninas flores, umas brancas e outras cor de vinho. Não são das que aparecem nas vitrinas de luxo, mas das que rebentam por toda parte, em volta de Paris e dentro de Paris, porque a primavera chegou.

Tudo isso alegra o coração de um homem. Mesmo quando ele já teve outras casas e outros amigos, e sabe que o tempo carrega uma traição no bojo de cada minuto. Oh! deuses miseráveis da vida, por que nos obrigais ao incessante assassínio de nós mesmos, e a esse interminável desperdício de ternuras? Bebendo esse grosso vinho a um canto da casa comprida e cheia de calor humano (ela parece jogar suavemente de popa a proa, com seus assoalhos oscilantes sob os tapetes gastos, velha fragata que sai outra vez para o oceano, tripulada por vinte criaturas bêbedas) eu vou ternamente misturando aos presentes os fantasmas cordiais que vivem em minha saudade.

Quando a festa é finda e todos partem, não tenho coragem de sair. Sinto o obscuro dever de ficar só nesse velho barco, como se pudesse naufragar se eu o abandonasse nessa noite de chuva. Ando pelas salas ermas, olho os cantos desconhecidos, abro as imensas gavetas, contemplo a multidão de estranhos e velhos utensílios de copa e de cozinha.

Eu disse que os moradores antigos lutaram duramente contra o inverno, através das gerações. Imagino os invernos das guerras que passaram; ainda restam da última farrapos de papel preto nas janelas que dão para dentro. Há uma série grande e triste de aparelhos de luta contra o frio; aquecedores a gás, a eletricidade, a carvão e óleo que foram sendo comprados sucessivamente, radiadores de diversos sistemas, com esse ar barroco e triste da velha maquinaria francesa. Imagino que não usarei nenhum deles; mas abril ainda não terminou e depois de dormir em uma bela noite enluarada de primavera acordamos em um dia feio, sujo e triste como uma traição. O inverno voltou de súbito, gelado, com seu vento ruim a esbofetear a gente desprevenida pelas esquinas.

Hesitei longamente, dentro da casa gelada; qual daqueles aparelhos usaria? O mais belo, revestido de porcelana, não funcionava, e talvez nunca tivesse funcionado; era apenas um enfeite no ângulo de um quarto; investiguei lentamente os outros, abrindo tampas enferrujadas e contemplando cinzas antigas dentro de seus bojos escuros. Além do sistema geral da casa — esse eu logo pus de lado, porque comporta ligações que não merecem fé e termômetros encardidos ao lado de pequenas caixas misteriosas — havia vários pequenos sistemas locais. Chegaram uns amigos que se divertiram em me ver assim perplexo. Dei conhaque para aquecê-los, uma jovem se pôs a cantar na guitarra, mas continuei minha perquirição melancólica. Foi então que me veio a idéia mais simples: afastei todos os aparelhos e abri, em cada sala, as velhas lareiras. Umas com trempe, outras sem trempe, a todas enchi de lenha e pus fogo, vigiando sempre para ver se as chaminés funcionavam, jogando jornais, gravetos e tacos e toros, lutando contra a fumaceira, mas venci.

Todos tiveram o mesmo sentimento: apagar as luzes Então eu passeava de sala em sala como um velho capitão, vigiando meus fogos que lançavam revérberos nos móveis e paredes cuidando carinhosamente das chamas como se fossem grandes flores ardentes mas delicadas que iam crescendo graças ao meu amor. Lá fora o vento fustigava a chuva, na praça mal-iluminada; e vi, junto à luz triste de um poste, passarem flocos brancos que se perdiam na escuridão. Essa neve não caía do céu; eram as pequenas flores de uma árvore imensa que voavam naquela noite de inverno, sob a tortura do vento.

Detenho-me diante de uma lareira e olho o fogo. É gordo e vermelho, como nas pinturas antigas; remexo as brasas com o ferro, baixo um pouco a tampa de metal e então ele chia com mais força, estala, raiveja, grunhe. Abro: mais intensos clarões vermelhos lambem o grande quarto e a grande cômoda velha parece se regozijar ao receber a luz desse honesto fogo. Há chamas douradas, pinceladas azuis, brasas rubras e outras cor-de-rosa, numa delicadeza de guache. Lá no alto, todas as minhas chaminés devem estar fumegando com seus penachos brancos na noite escura; não é a lenha do fogo, é toda a minha fragata velha que estala de popa a proa, e vai partir no mar de chuva. Dentro, leva cálidos corações.

Então, nesse belo momento humano, sentimos o quanto somos bichos. Somos bons bichos que nos chegamos ao fogo, os olhos luzindo; bebemos o vinho da Borgonha e comemos pão. Meus bons fantasmas voltam e se misturam aos presentes; estão sentados atrás de mim, apresentando ao fogo suas mãos finas de mulher, suas mãos grossas de homem. Murmuram coisas, dizem meu nome, estão quietos e bem, como se sempre todos vivêssemos juntos; olham o fogo. Somos todos amigos, os antigos e os novos, meus sucessivos eus se dão as mãos, cabeças castanhas ou louras de mulheres de várias épocas são lambidas pelo clarão do mesmo fogo, caras de amigos meus que não se conheciam se fitam um momento e logo se entendem; mas não falam muito. Sabemos que há muita coisa triste, muito erro e aflição, todos temos tanta culpa; mas agora está tudo bom.

Remonto mais no tempo, rodeio fogueiras da infância, grandes tachos vermelhos, tenho vontade de reler a carta triste que outro dia recebi de minha irmã. Contemplo um braço de mulher, que a luz do fogo beija e doura; ela está sentada longe, e vejo apenas esse braço forte e suave, mas isso me faz bem. De súbito me vem uma lembrança triste, aquele sagüi que eu trouxe do Norte de Minas para minha noiva e morreu de frio porque o deixei fora uma noite, em Belo Horizonte. Doeu-me a morte do sagüi; sem querer eu o matei de frio; assim matamos, por distração, muitas ternuras. Mas todas regressam, o pequenino bicho triste também vem-se aquecer ao calor de meu fogo, e me perdoa com seus olhos humildes. Penso em meninos. Penso em um menino.

Paris, abril, 1950.

O Sino de Ouro

Contaram-me que, no fundo do sertão de Goiás, numa localidade de cujo nome não estou certo, mas acho que é Porangatu, que fica perto do rio de Ouro e da serra de Santa Luzia, ao sul da serra Azul — mas também pode ser Uruaçu, junto do rio das Almas e da serra do Passa Três (minha memória é traiçoeira e fraca; eu esqueço os nomes das vilas e a fisionomia dos irmãos, esqueço os mandamentos e as cartas e até a amada que amei com paixão), — mas me contaram que em Goiás, nessa povoação de poucas almas, as casas são pobres e os homens pobres, e muitos são parados e doentes e indolentes, e mesmo a igreja é pequena, me contaram que ali tem — coisa bela e espantosa — um grande sino de ouro.

Lembrança de antigo esplendor, gesto de gratidão, dádiva ao Senhor de um grã-senhor — nem Chartres, nem Colônia, nem S. Pedro ou Ruão, nenhuma catedral imensa com seus enormes carrilhões tem nada capaz de um som tão lindo e puro como esse sino de ouro, de ouro catado e fundido na própria terra goiana nos tempos de antigamente.

É apenas um sino, mas é de ouro. De tarde seu som vai voando em ondas mansas sobre as matas e os cerrados, e as veredas de buritis, e a melancolia do chapadão, e chega ao distante e deserto carrascal, e avança em ondas mansas sobre os campos imensos, o som do sino de ouro. E a cada um daqueles homens pobres ele dá cada dia sua ração de alegria. Eles sabem que de todos os ruídos e sons que fogem do mundo em procura de Deus — gemidos, gritos, blasfêmias, batuques, sinos, orações, e o murmúrio temeroso e agônico das grandes cidades que esperam a explosão atômica e no seu próprio ventre negro parecem conter o germe de todas as explosões — eles sabem que Deus, com especial delícia e alegria, ouve o som alegre do sino de ouro perdido no fundo do sertão. E então é como se cada homem o mais pobre, o mais doente e humilde, o mais mesquinho e triste, tivesse dentro da alma um pequeno sino de ouro.

Quando vem o forasteiro de olhar aceso de ambição e propõe negócios, fala em estradas, bancos, dinheiro, obras, progresso, corrupção — dizem que esses goianos olham o forasteiro com um olhar lento e indefinível sorriso e guardam um modesto silêncio. O forasteiro de voz alta e fácil não compreende; fica, diante daquele silêncio, sem saber que o goiano está quieto, ouvindo bater dentro de si, com um som de extrema pureza e alegria, seu particular sino de ouro. E o forasteiro parte, e a povoação continua pequena, humilde e mansa, mas louvando a Deus com sino de ouro. Ouro que não serve para perverter, nem o homem nem a mulher, mas para louvar a Deus.

E se Deus não existe não faz mal. O ouro do sino de ouro é neste mundo o único ouro de alma pura, o ouro no ar, o ouro da alegria. Não sei se isso acontece em Porangatu, Uruaçu ou outra cidade do sertão. Mas quem me contou foi um homem velho que esteve lá; contou dizendo: "eles têm um sino de ouro e acham que vivem disso, não se importam com mais nada, nem querem mais trabalhar; fazem apenas o essencial para comer e continuar a viver, pois acham maravilhoso ter um sino de ouro".

O homem velho me contou isso com espanto e desprezo. Mas eu contei a uma criança e nos seus olhos se lia seu pensamento: que a coisa mais bonita do mundo deve ser ouvir um sino de ouro. Com certeza é esta mesma a opinião de Deus, pois ainda que Deus não exista ele só pode ter a mesma opinião de uma criança. Pois cada um de nós quando criança tem dentro da alma seu sino de ouro que depois, por nossa culpa e miséria e pecado e corrupção, vai virando ferro e chumbo, vai virando pedra e terra, e lama e podridão.

Goiânia, março de 1951.

Partilha

Os irmãos se separam e então um diz assim:

"Você fique com o que quiser, eu não faço questão de nada; mas se você não se incomoda, eu queria levar essa rede. Você não gosta muito de rede, quem sempre deitava nela era eu.

O relógio da parede eu estou acostumado com ele, mas você precisa mais de relógio do que eu. O armário grande do quarto e essa mesa de canela e essa tralha de cozinha, e o guarda-comida também. Tudo isso é seu.

O retrato de nossa irmã você fica com ele também: deixa comigo o de mãe, pois foi a mim que ela deu: você tinha aquele dela de chapéu, e você perdeu. O tinteiro de pai é seu; você escreve mais carta; e até que escreve bonito, você sabe que eu li sua carta para Júlia.

Essas linhas e chumbadas, o puçá e a tarrafa, tudo fica sendo seu; você não sabe nem empatar um anzol, de maneira que para mim é mais fácil arrumar outro aparelho no dia que eu quiser pescar.

Agora, tem uma coisa, o canivete. Pensei que você tivesse jogado fora, mas ontem estava na sua gaveta e hoje eu acho que está no seu bolso, meu irmão.

Ah, isso eu faço questão, me dê esse canivete. O fogão

e as cadeiras, a estante e as prateleiras, os dois vasos de enfeite, esse quadro e essa gaiola com a coleira e o alçapão, tudo é seu; mas o canivete é meu. Aliás, essa gaiola fui eu que fiz com esse canivete me ajudando. Você não sabe lidar com canivete, você na sua vida inteira nunca soube descascar uma laranja direito, mas para outras coisas você é bom. Eu sei que ele está no seu bolso.

Eu estou dizendo a você que tudo que tem nesta casa, menos o retrato de mãe — a rede mesmo eu não faço questão, embora eu goste mais de rede e fui sempre eu que consertei o punho, assim como sempre fui eu que consertei a caixa do banheiro e a pia do tanque, você não sabe nem mudar um fusível, embora você saiba ganhar mais dinheiro do que eu, eu vi o presente que você deu para Júlia, ela que me mostrou, meu irmão; pois nem a rede eu faço questão, eu apenas acho direito ficar com o retrato de mãe, porque o outro você perdeu.

Me dê esse canivete, meu irmão. Eu quero guardar ele como recordação. Quem me perguntar por que eu gosto tanto desse canivete eu vou dizer: é porque é lembrança de meu irmão. Eu vou dizer: isso é lembrança de meu irmão que nunca soube lidar com um canivete, assim como de repente não soube mais lidar com seu próprio irmão. Ou então me dá vergonha de contar e eu digo assim: esse canivete é lembrança de um homem bêbado que antigamente era meu amigo, como se fosse um irmão. Eu estarei dizendo a verdade, porque eu acho que você nunca foi meu irmão.

Eu sou mais velho que você, sou mais velho pouca coisa, mas sou mais velho, de maneira que posso dar conselho: você nunca mais na sua vida, nunca mais puxe canivete para um homem; canivete é serventia de homem, mas é arma de menino, meu irmão. Quando você estiver contrariado com um homem, você dê um tiro nele com sua garrucha; pode até matar à traição; nós todos nascemos para morrer. De maneira que, se você morresse agora, não tinha importância; mas eu não estou pensando em matar você, não. Se eu matasse, estava certo, estava matando um inimigo; não seria como você que levantou a arma contra seu irmão.

Bem, mas veja em que condições você me dá esse canivete; um homem andar com uma coisa suja dessas no bolso; não há nada, eu vou limpar ele; nem para isso você presta; mas para outras coisas você é bom.

Agora fique sossegado, tudo que tem aí é seu. Adeus, e seja feliz, meu irmão."

Rio, junho de 1951.

Visão

No centro do dia cinzento, no meio da banal viagem, e nesse momento em que a custo equilibramos todos os motivos de agir e de cruzar os braços, de insistir e desesperar, e ficamos quietos, neutros e presos ao mais medíocre equilíbrio — foi então que aconteceu. Eu vinha sem raiva nem desejo — no fundo do coração as feridas mal cicatrizadas, e a esperança humilde como ave doméstica — eu vinha como um homem que vem e vai, e já teve noite de tormenta e madrugadas de seda, e dias vividos com todos os nervos e com toda a alma, e charnecas de tédio atravessadas com a longa paciência dos pobres — eu vinha como um homem que faz parte da sua cidade, e é menos um homem que um transeunte, e me sentia como aquele que se vê nos cartões-postais, de longe, dobrando uma esquina —

eu vinha como um elemento altamente banal, de paletó e gravata, integrado no horário coletivo, acertando o relógio do meu pulso pelo grande relógio da estrada de ferro central do meu país, acertando a batida do meu pulso pelo ritmo da faina quotidiana — eu vinha, portanto, extremamente sem importância, mas tendo em mim a força da conformação, da resistência e da inércia que faz com que um minuto depois das grandes revoluções e catástrofes o sapateiro volte a sentar na sua banca e o linotipista na sua máquina, e a cidade apareça estranhamente normal — eu vinha como um homem de quarenta anos que dispõe de regular saúde, e está com suas letras nos bancos regularmente reformadas e seus negócios sentimentais aplacados de maneira cordial e se sente bem disposto para as tarefas da rotina, e com pequenas reservas para enfrentar eventualidades não muitos excêntricas — e que cessou de fazer planos gratuitos para a vida, mas ainda não começou a levar em conta a faina da própria morte — assim eu vinha, como quem ama as mulheres de seu país, as comidas de sua infância e as toalhas do seu lar — quando aconteceu. Não foi algo que tivesse qualquer conseqüência, ou implicasse em novo programa de atividades; nem uma revelação do Alto nem uma demonstração súbita e cruel da miséria de nossa condição, como às vezes já tive.

Foi apenas um instante antes de se abrir um sinal numa esquina, dentro de um grande carro negro, uma figura de mulher que nesse instante me fitou e sorriu com seus grandes olhos de azul límpido e a boca fresca e viva; que depois ainda moveu de leve os lábios como se fosse dizer alguma coisa — e se perdeu, a um arranco do carro, na confusão do tráfego da rua estreita e rápida. Mas foi como se, preso na penumbra da mesma cela eternamente, eu visse uma parede se abrir sobre uma paisagem úmida e brilhante de todos os sonhos de luz. Com vento agitando árvores e derrubando flores, e o mar cantando ao sol.

Rio, novembro de 1953.

A Borboleta Amarela — Crônicas,
Rio de Janeiro, José Olympio, 1955.

GUIMARÃES ROSA

João Guimarães Rosa nasceu em Cordisburgo (Minas Gerais) no ano de 1908 e morreu no Rio de Janeiro em 1967. Formou-se em Medicina, clinicou no interior do seu Estado, de cuja Força Pública foi médico, e a seguir entrou na diplomacia, chegando a embaixador. A sua carreira literária teve como prólogo o prêmio a um livro de versos que não publicou. Mas começa realmente com Sagarana *(1946), livro de contos que lhe deu renome e se caracterizava por um tipo diferente de regionalismo, no qual a invenção, inclusive lingüística, sobrepujava de muito os valores locais. Isso foi confirmado de maneira triunfal dez anos depois, quando publicou simultaneamente um livro de novelas* (Corpo de Baile) *e um romance* (Grande Sertão: Veredas), *que formam o bloco central da sua obra. A obra-prima é sem dúvida o romance, que a princípio deveria ser uma das novelas da coletânea, mas que se ampliou até às dimensões atuais. Graças a ele, Guimarães Rosa foi reconhecido quase unanimemente como um dos maiores escritores brasileiros, pela originalidade criadora do estilo e da visão do mundo. Dentro de uma tendência gasta, como o regionalismo (que se revela porém arsenal sempre novo da nossa ficção, há mais de cem anos), conseguiu fazer um livro de valor universal, em que os elementos pitorescos são meros condutores de um senso profundo dos grandes problemas do homem. Isso é devido em parte à sua capacidade de criar um estilo próprio, baseado na contribuição regional e remontando, graças ao arcaísmo desta, a velhas matrizes da língua. Mas que ao mesmo tempo é apto para exprimir com sutileza todos os matizes da inquietação moral e metafísica, encontrados apenas na mais requintada literatura do Ocidente. Esta fusão de local e universal, de presente e eterno, aproxima a sua obra das grandes experiências literárias da cultura moderna.*

BIBLIOGRAFIA

DO AUTOR:

1. Cronologia: *Sagarana*, 1946: *Com o Vaqueiro Mariano*, 1952; *Corpo de Baile*, 2 vols. 1956; *Grande Sertão: Veredas,* idem*; Primeiras Estórias*, 1962; *Tutaméia* (Terceiras Estórias), 1967; *Corpo de Baile* é publicado atualmente em três pequenos volumes independentes: *Manuelzão e Miguilim*, Rio, José Olympio, Col. Sagarana, nº 12; *No Urubuquaquá, no Pinhém*, ib. id., nº 13; *Noites do Sertão*, ib. id., nº 14.

SOBRE O AUTOR:

Diálogo, Revista de Cultura, nº 8, 1957, dedicado a Guimarães Rosa.

Oswaldino MARQUES, "Canto e Plumagem das Palavras", em *A Seta e o Alvo*. Rio de Janeiro, Instituto Nacional do Livro, 1957, págs. 9-128.

M. CAVALCÂNTI PROENÇA, "Trilhas do Grande Sertão", *in Augusto dos Anjos e Outros Estudos*, Rio de Janeiro, José Olympio, 1958, págs 151-241.

Mary L. DANIEL, *João Guimarães Rosa: Travessia literária, Em memória de João Guimarães Rosa*, Rio de Janeiro, José Olympio, 1968.

Ney LEANDRO DE CASTRO, *Universo e vocabulário do Grande Sertão*, Rio de Janeiro, José Olympio, 1970.

Benedito NUNES, "Guimarães Rosa", *in O dorso do tigre*, São Paulo, Perspectiva, 1969, págs. 141-210.

GRANDE SERTÃO: VEREDAS

O romance é narrado na primeira pessoa, em monólogo ininterrupto, por Riobaldo, velho fazendeiro do Norte de Minas, antigo jagunço, que conta a sua vida e as suas angústias. Primeiro bandido, depois chefe de bando, a sua tarefa principal é vingar a morte do grande chefe Joca Ramiro, assassinado à traição. Para isso estabelece um pacto com o diabo, que não sabe se foi realmente feito, mas que depois o atormenta pelo resto da vida, numa dúvida insanável. O seu maior amigo e companheiro de armas é Reinaldo, a quem chama Diadorim e por quem sente uma amizade extrema, que se aproxima do amor e o deixa perturbado. O fato se explica quando Diadorim morre em duelo, matando ao mesmo tempo o traidor Hermógenes: era a moça Deodorina, filha de Joca Ramiro, disfarçada em homem.

Na estrutura do livro, os fatos são transpostos para uma atmosfera lendária e o real se cruza com o fantástico. O trecho abaixo se situa quando o chefe do bando ainda é Zé Bebelo, a quem sucederá Riobaldo. Tendo parado para descanso numa fazenda abandonada, os jagunços se vêem cercados pelos contrários, desenrolando-se uma das mais belas e longas seqüências do livro, de que damos um fragmento.

[A Matança dos Cavalos]

....
....

Madrugada, no em que se ia partir dali, eu acordei ainda com o escuro, no amiudar. Só assim acordei, por um rumor, seria o Simião, que estava dormindo no mesmo cômodo e tacteando se levantava. Mas me chamou. — "A gente vai pegar a cavalhada. Vamos?" — ele disse. Não gostei. — "Estou enfermo. Então vou?! Quem é que rala a minha mandioca?" — repontei, áspero. Virei para o canto; assim eu estava apreciando aquele catre de couro. O Simião decerto ia, mais o Fafafa e Doristino, estavam bons para o orvalho dos pastos. Diadorim, que dormia num colchão, encostado na outra banda, já tinha se levantado antes e desaparecido do quarto. Ainda persisti numa madorna. Aquela moradia hospedava tanto — assim sem donos — só para nós. Aquele mundo de fazenda, sumido nos sussurros, os trastes grandes, o conforto das arcas de roupa, a cal nas paredes idosas, o bolor. Aí o que pasmava era a paz. Pensei por que seria tudo alheio demais: um sujo velho respeitável, e a picumã nos altos. Pensei bobagens. Até que escutei assoviação e gritos, tropear de cavalaria. "Ah, os cavalos na madrugada, os cavalos!..." — de repente me lembrei, antiquíssimo, aquilo eu carecia de rever. Afoito, corri, comparei numa janela — era o dia clareando, as barras quebradas. O pessoal chegava com os cavalos. Os cavalos enchiam o curralão, prazentes. Respirar é que era bom, tomar todos os cheiros. Respirar a alma daqueles campos e lugares. E deram um tiro.

Deram um tiro, de rifle, mais longe. O que eu soube. Sempre sei quando um tiro é tiro — isto é — quando outros vão ser. Deram muitos tiros. Apertei minha correia na cintura. Apertei minha correia na cintura, o seguinte emendando: que nem sei como foi. Antes de saber o que foi, me fiz nas minhas armas. O que eu tinha era fome. O que eu tinha era fome, e já estava embalado, aprontado.

Às tantas o senhor assistisse àquilo: uma confusão sem confusão. Saí da janela, um homem esbarrou em mim, em carreira, outros bramaram. Outros? Só Zé Bebelo — as ordens, de sobrevoz. Aonde, o quê? Todos eram mais ligeiros do que eu? Mas ouvi: — "...Mataram o Simião..." Simião? Perguntei: — " E o Doristino?". — "Ãã? Homem, não sei..." — alguém me respondendo. — "Mataram o Simião e o Aduvaldo..." E eu ralhei: — "Basta!" Mas, sobre o instante, virei: — "Ah, e o Fafafa?" O que ouvi: — "Fafafa, não. Fafafa está é matando!..." Assim era, real verdadeiramente de repente, caído como chuva: o rasgo de guerra, inimigos terríveis investindo. — "São eles, Riobaldo, os hermógenes!" — Diadorim aparecido ali, em minha frente, isto falou. Atiraram um horror, duma vez, tiros e tiros que estavam contra nós desfechando. Atiravam nas construções da casa. Diadorim sacripante se riu, encolheu um ombro só. Para ele olhei, o tanto, o tanto, até ele anoitecer em meus olhos. Eu não era eu. Respirei os pesos. "Agora, agora, estamos perdidos sem socorro..." — inventei, na mente. E raciocinei a velocidade disto: "Ser pego, na tocaia, é diverso de tudo, e é tolo..." Assim enquanto, eu escutando, na folha da orelha, as minúcias recontadas: as passadas dos companheiros, no corredor; o assoviar e o dar das balas — que nem um saco de bagos de milho despejado. Feito cuspissem — o pôr e pôr! Senti como que em mim as balas que vinham estragar aquela morada alheia de fazenda. Medo nem tive, não deu para ter — foi outra noção, diferente. Me salvei por um espetar de pensamento: que Diadorim, cenho franzindo, fosse mandar eu ter coragem! Ele nem disse. Mas eu me inteirei ligeiro demais, num só destorcer. — "Eh, pois vamos! É a hora!" — eu declarei, pus a mão no ombro dele. Respirei depressa demais. Aquele me apatetar — saiba o senhor — não deve de ter durado nem os menos minutos. No átimo, supri a claridade completa de idéia, o sangue-frio maior, essas comuns tranqüilidades. E, por aí eu sabia mesmo exato: a gente já estava debaixo de cerco.

....
....

Ao menos, daí desajoelhei e vim para a alpendrada, avistar o que se passava com Diadorim; e eu estipulava meu direito de reverter por onde que eu quisesse, porque meu rifle certeiro era que tinha defendido de tomação o chiqueiro e a tulha, nos assaltos, e então até a Casa. Diadorim guerreava, a seu comprazer, sem deszelar, sem querer ser estorvado. Datado que Deus, que me livrou, livrara também meu amigo de todo comezinho perigo. As raivas, naquela varanda, vinham e caíam, desmasiadas, vi. Tiros altos, revoantes: eram os bandos de balas. Assunto de um homem que estava deitado mal, atravessado, pensei que assim em pouco descanso. — "Vamos levar para a capela..." — Zé Bebelo mandou. Assunto que era o Acrísio, morto no meio; torto. Devia de ter se passado sem tribulação. Agora não caçavam uma vela, para em provisão dele se acender? — "Quem tem um rosário?" Mas, no sobrevento, o Cavalcânti se exclamou:

— "A que estão matando os cavalos!..."

Arre e era. Aí lá cheio o curralão, com a boa animalada nossa, os pobres dos cavalos ali presos, tão sadios todos, que não tinham culpa de nada; e eles, cães aqueles, sem temor de Deus nem justiça de coração, se viravam para judiar e estragar, o rasgável da alma da gente — no vivo dos cavalos, a torto e direito, fazendo fogo! Ânsias, ver aquilo. Alt'e-baixos — entendendo, sem saber, que era o destaque do demônio — os cavalos desesperaram em roda, sacolejados esgalopeando, uns saltavam erguidos em chaça, as mãos cascantes, se deitando uns nos outros, retombados no enrolar dum bolo, que reboldeou, batendo com uma porção de cabeças no ar, os pescoços, e as crinas sacudidas esticadas, espinhosas: eles eram só umas curvas retorcidas! Consoante o agarre do rincho fino e curtinho, de raiva — rinchado; e o relincho de medo — curto também, o grave e rouco, como urro de onça, soprado das ventas todas abertas. Curro que giraram, trompando nas cercas, escouceantes, no esparrame, no desembesto — naquilo tudo a gente viu um não haver de doidas asas. Tiravam poeira de qualquer pedra! Iam caindo, achatavam no chão, abrindo as mãos, só os queixos ou os topetes para cima, numa tremura. Iam caindo, quase todos, e todos; agora, os de tardar no morrer, rinchavam de dor — o que era um gemido alto, roncado, de uns como se estivessem quase falando, de outros zunido estrito nos dentes, ou saído com custo, aquele rincho não respirava, o bicho largando as forças, vinha de apertos, de sufocados.

— "Os mais malditos! Os desgraçados!"

O Fafafa chorava. João Vaqueiro chorava. Como a gente toda tirava lágrimas. Não se podia ter mão naquela malvadez, não havia remédio. À tala, eles, os hermógenes, matavam conforme queriam, a matança, por arruinar. Atiravam até no gado, alheio, nos bois e vacas, tão mansos, que, desde o começo tinham querido vir por se proteger mais perto da casa. Onde se via, os animais iam amontoando, mal morrido, os nossos cavalos! Agora começávamos a tremer. Onde olhar e ouvir a coisa inventada mais triste, e terrível — por no escasso do tempo não caber. A cerca era alta, eles não tiveram fuga. Só um, um cavalão claro, que era o de Mão-de-Lixa e se chamava Safirento. Se aprumou, nas alças, ficou suspenso, cochilasse debruçado na régua — que nem que sendo pesado em balança, um ponto — as nádegas ancas mostrava para cá, grossas carnes; depois tombou para fora, se afundou para lá, nem a gente podia ver como terminava. A pura maldade! A gente jurava vinganças. E, aí, não se divulgava mais cavalo correndo, todos tinham sido distribuídos derrubados!

Aquilo pedia que Deus mesmo viesse, carnal, em seus avessos, os olhos formados. Nós rogávamos as pragas. Ah, mas a fé nem vê a desordem ao redor. Acho que Deus não quer consertar nada a não ser pelo completo contrato: Deus é uma plantação. A gente — e as areias. Aturado o que se pegou a ouvir, eram aqueles assombrados rinchos, de corposo sofrimento, aquele rinchado medonho dos cavalos em meia-morte, que era a espada de aflição: e carecia de alguém ir, para, com pontaria caridosa, em um e um, com a dramada deles acabar, apagar o centro daquela dor. Mas não podíamos! O senhor escutar e saber — os cavalos em sangue e espuma vermelha, esbarrando uns nos outros, para morrer e não morrer, e o rinchar era um choro alargado, despregado, uma voz deles, que levantava os couros, mesmo uma voz de coisas da gente: os cavalos estavam sofrendo com urgência, eles não entendiam a dor também. Antes estavam perguntando por piedade.

— "Arre, eu vou lá, eu vou lá, livrar da vida os pobrezinhos!..." — Foi o que o Fafafa bramou. Mas não deixamos, porque isso consumava loucura. Não dava dois passos no eirado, e ele morria fuzilamento, em balas se varava, ah. Agarramos segurado o Fafafa. A gente tinha de parar presa dentro de casa, combatendo no possível, enquanto a ruindade enorme acontecia. O senhor não sabe: rincho de cavalo padecente assim, de repente engrossa e acusa buracões profundos, e às vezes dão ronco quase de porco, ou que desafina, esfregante, traz a dana deles no senhor, as dores, e se pensa que eles viraram outra qualidade de bichos, excomungadamente. O senhor abre a boca, o pêlo da gente se arrupeia de total gastura, o sobregelo. E quando a gente ouve uma porção de animais, se ser, em grande martírio, a menção na idéia é a de que o mundo pode se acabar. Ah, que é que o bicho fez, que é que o bicho paga? Ficamos naquelas solidões. A lembrar que tão bonitos, tão bons, inda ora há pouco esses eram, cavalinhos nossos, sertanejos, e que agora estraçalhados daquela maneira não tinham nosso socorro. Não podíamos! E que era que queriam esses hermógenes? De certo seria tenção deles deixar aqueles relinchos infelizes em roda da gente, dia-e-noite, noite-e-dia, dia-e-noite, para não se agüentar, no fim de alguma hora, e se entrar no inferno? Senhor então visse Zé Bebelo: ele terrivelmente todo pensava — feito o carro e os bois se desarrancando num atoleiro. Mesmo mestremente ele comandava: — "Apuremos fogo... Abaixado..." —, fogo, daqui, dali, em ira de compaixão. Adiantava nada. Com pranchas de munição que a gente gastasse, não alcançávamos de valer aos animais, com o curral naquela distância. Atirar de salva, no inimigo amoitado, não rendia. No que se estava, se estava: o despoder da gente. O duro do dia. A pois, então, me subi para fora do real; rezei! Sabe o senhor como rezei? Assim foi: que Deus era fortíssimo exato — mas só na segunda parte; e que eu esperava, esperava, esperava, como até as pedras esperam. "A faz mal, não faz mal, não tem cavalo rinchando nenhum, não são os cavalos todos que estão rinchando — quem está rinchando desgraçado é o Hermógenes, nas peles de dentro, no sombrio do corpo, no arranhar dos órgãos, como um dia vai ser, por meu conforme... Assim, d'hoje-em-diante doravante, sempre temos de ser: ele o Hermógenes, meu de morte —

eu militão, ele guerreiro..." Assim o relincho em restos, trescortado. Aqueles cavalos suavam de derradeira dor.

Agarrávamos o Fafafa, segurado, disse ao senhor. Mas, mais de repente, o Marruaz disse: — "A bom; vigia: olha lá..." O que era. Que eles — quem havia de não crer? — que eles mesmos agora estavam atirando por misericórdia nos cavalos sobreferidos, para a eles dar paz. Ao que estavam. — "As graças a Deus!..." — exclamou Zé Bebelo, alumiado, com um alívio de homem bom. — "Ah, é marmo!" — o Alaripe exclamou também. Mas o Fafafa nem nada não disse, não conseguia: o quanto pôde, se assentou no chão, com as duas mãos apertando os lados da cara, e cheio chorou, feito criança — com todo o nosso respeito, com a valentia ele agora se chorava.

Aí, então, se esperou. Durado de um certo tempo, descansamos os rifles, nem um tirozinho não se deu. O intervalo para deixar a eles folga de matarem em definitivo nossos pobres cavalos. Mesmo quando o arraso do último rincho no ar se desfez de vez, a gente ainda se estarrecia quietos, um tempo grande, mais prazo — até que o som e o silêncio, e a lembrança daquele sofrer, pudessem se enralecer embora, para algum longe. Daí, depois, tudo recomeçou de novo, em mais bravo. E nisto, que conto ao senhor, se vê o sertão do mundo. Que Deus existe, sim, devagarinho, depressa. Ele existe — mas quase só por intermédio da ação das pessoas: de bons e maus. Coisas imensas no mundo. O grande-sertão é a forte arma. Deus é um gatilho?

Mas conto menos do que foi: a meio, por em dobro não contar. Assim seja que o senhor uma idéia se faça. Altas misérias nossas. Mesmo eu — que, o senhor já viu, reviro retentiva com espelho cem-dobro de lumes, e tudo, graúdo e miúdo, guardo — mesmo eu não acerto no descrever o que se passou assim, passamos, cercados guerreantes dentro da Casa dos Tucanos, pelas balas dos capangas do Hermógenes, por causa. Vá de retro! — nanje os dias e as noites não recordo. Digo os seis, e acho que minto; se der por os cinco ou quatro, não minto mais? Só foi um tempo. Só que alargou demora de anos — às vezes achei; ou às vezes também, por diverso sentir, acho que se perpassou, no zuo de um minuto mito: briga de beija-flor. Agora, que mais idoso me vejo, e quanto mais remoto aquilo reside, a lembrança demuda de valor — se transforma, se compõe, em uma espécie de decorrido formoso. Consegui o pensar direito: penso como um rio tanto anda: que as árvores das beiradas mal nem vejo... Quem me entende? O que eu queira. Os fatos passados obedecem à gente; os em vir, também. Só o poder do presente é que é furiável? Não. Esse obedece igual — e é o que é. Isto, já aprendi. A bobéia? Pois, de mim, isto o que é, o senhor saiba — é lavar ouro. Então, onde é que está a verdadeira lâmpada de Deus, a lisa e real verdade?

    A ser que aqueles dias e noites se entupiram emendados, num ataranto, servindo para a terrível coisa, só. Aí era um tempo no tempo. A gente povoava um alvo encoberto, confinado. O senhor sabe o que é se caber estabelecido dessa constante maneira? Se deram não sei os quantos mil tiros: isso nas minhas orelhas aumentou — o que azoava sempre e zinia, pipocava, proprial, estralejava. Assentes o reboco e os vedos, a linhas e telhas da antiga casarona alheia, era o que para a gente antepunha defesa. Um pudesse narrar — falo para o senhor crer — que a casa-grande toda ressentia, rangendo queixumes, e em seus escuros paços se esquentava. Ao por mim, hora em que pensei, eles iam acabar arriando tudo, aquela fazenda em quadradão. Não foi. Não foi, como logo o senhor vai ver. Porque, o que o senhor vai é — ouvir toda a estória contada.

....
....

Grande Sertão: Veredas, Rio de Janeiro, José Olympio, 1956.

Este livro foi impresso no
Sistema Digital Instant Duplex da Divisão Gráfica da
DISTRIBUIDORA RECORD DE SERVIÇOS DE IMPRENSA S.A.
Rua Argentina, 171 - Rio de Janeiro/RJ - Tel.: (21) 2585-2000